Vivre pleinement son ikigai

ISBN : 978-2-412-09564-5

Dépôt légal : septembre 2024

Imprimé en Espagne

Illustrations : Chimène Vanbremeersch

Mise en page : Istria

Éditions First, un département d'Édi8

92, avenue de France

75013 Paris

France

Tél : 01 44 16 09 00

Email : firstinfo@efirst.com

Ste Internet : www.editionsfirst.fr

Nous sommes tenaces,
et on ne nous brisera pas en une nuit.

FRIEDRICH NIETZSCHE

L'homme à la marinière

Tout commence par un souvenir d'enfance... plusieurs souvenirs d'enfance, qui se mélangent en un seul avec la même sensation : berk. Aujourd'hui, comme souvent, je porte une marinière (quand ce n'est pas une marinière, c'est un pull marin, quand ce n'est pas un pull marin, c'est une chemise à rayures bleues et blanches). Joie de la marinière, de ces rayures, de cette amplitude, du coton épais, solide, joie aussi de porter un vêtement « professionnel » – moi qui pourtant n'ai pas le pied marin.

MES DEUX BEAUX VIEUX

Mon œil, depuis la prime enfance, se réjouit de cette photo prise par Robert Doisneau, du peintre Pablo Picasso âgé déjà, portant une marinière. « Quel beau vieux ! » me suis-je exclamée intérieurement la première fois que j'ai vu cette photo. J'adorais son œil noir et vif, son regard de côté, de gamin qui fait une blague. « Quel vieux majestueux ! » me suis-je exclamée intérieurement la première fois que j'ai vu la représentation d'un portrait de Victor Hugo, dans sa période barbue, l'art d'être grand-père.

Mais alors. Quand on m'a montré des photos d'eux entre 40 et 50 ans – Pablo à l'œil triste et aux cheveux dépenaillés en mèches grasses, l'air vouté et perdu ; Victor en bourgeois bien nourri et content de lui – j'ai refusé de croire que ces clichés représentaient la même personne que mes deux vieillards magnifiques. Il a pourtant fallu me rendre à l'évidence ; chez Pablo notamment, les yeux noirs, on ne pouvait pas se tromper, c'était bien lui…

Quoi ! mes deux splendides étaient passés par des phases aussi ingrates, aussi médiocres, aussi laides et douloureuses – pas une douleur sublime, la douleur des rhumatismes ou de l'arthrose de ma grand-mère que je connaissais bien, enfin, par ouïe dire – elle m'en parlait beaucoup. Non, une douleur liée à n'en pas douter (c'est beau les simplifications de l'enfance…) à la laideur et l'insignifiance de de leur apparence ; à la pesanteur de leur vie d'adulte. Après avoir été des jeunes acceptables et avant d'être des vieux dont le visage passerait à la postérité, ils ont dû passer par une loooongue traversée du désert – esthétique et, je le pressentais, sans joie de vivre.

Moi qui rêvais de devenir une belle vieillarde – oh, pas tout de suite, quand mon temps serait venu ! – j'ai compris qu'il faudrait d'abord en passer par cet âge ingrat : l'entre-deux-âges. J'ai alors fort déchanté.

L'ADOLESCENCE AVEC UNE CARTE BLEUE

« *50 ans, c'est l'adolescence avec une carte bleue* », aurait dit Florence Foresti. J'ai toujours trouvé de la grâce aux adolescents - quel bonheur de voir évoluer ces êtres en devenir ! Ainsi, je fonds devant mes neveux, des jumeaux aux pantalons souvent trop courts (surtout l'année où ils ont pris un centimètre par mois !), leur voix pas encore posée, leur peau parsemée de rougeurs... Je suis loin d'éprouver la même tendresse pour les cinquantenaires - et pourtant, eux aussi, nous aussi devrais-je écrire, nous sommes en partance vers un autre âge qui a ses charmes ; nous aussi sommes à un âge de transition.

Mais comment trouver de la grâce dans le *middle âge* ?

Cet âge (45-64 ?) que mon imaginaire a pensé sans goût ni grâce depuis aussi longtemps que je me souvienne ? Maintenant que j'y arrive (houps, je suis en plein dedans), il serait temps, grand temps, de commencer à l'aimer. Et ainsi mener une vie non pas « plus que supportable », mais digne d'être vécue. Faisons mentir, que diable, l'air misérable de Victor et de Pablo lorsqu'ils ont été photographiés dans ces âges - oui, pour une fois tentons de faire mieux que les génies. On y va ? On y va !

UN LIVRE À LIRE ET À AGIR

On y va, ça veut dire, à ton tour. La vocation de ma vie, et la vocation de ce livre, c'est de t'accompagner sur le chemin de l'introspection et de l'action. La première action, c'est de lire le chapitre. Mais tu ne peux pas t'arrêter à la simple lecture, sinon le livre ne sert pas à grand-chose. Ce qui est intéressant dans un livre de développement personnel, c'est ce que *toi* tu vas écrire. Tes trouvailles. Tes pensées. Tes idées. Tes remémorations. Tes aspirations.

Pourquoi l'écrire et pas juste le rêvasser ?

Parce que ce que tu écris prend plus de force dans ton cerveau.

Parce que ce que tu écris, tu peux y revenir.

Parce que ce que tu écris, tu peux le modifier.

Parce que ce que tu n'écris pas, tu risques de l'oublier.

Parce que ce que tu écris, c'est un premier geste - un premier geste qui facilite le passage à l'action, si elle te parait juste.

Donc, bien sûr rêvasse et médite les bouts de ce livre qui t'invitent à la rêverie. Mais aussi, écris. Écris le double de ce livre – *tes* réponses *à toi*, *tes* pensées à *toi*.

J'y ai un intérêt personnel : tous les lecteurs de mes livres précédents qui ont écrit la réponse aux questions que je pose à la fin de chaque chapitre... ont adoré mes livres ! ils y ont trouvé du génie... Le leur ! Du coup ils ont eu envie de l'offrir à leur meilleur pote et de laisser des super *reviews* sur les sites des libraires. Tout le monde y gagne !

✔ Écris !

Matériel

Pour accompagner ta lecture, tu as besoin d'un cahier ou carnet au papier qui t'inspire ; une de mes lectrices utilise des *posts its* dont elle a recouvert toutes les pages de notes, de commentaires et de réponses à mes questions. Peu importe ! fais ce qui marche.

Il te faut aussi un bon stylo, pour aller avec le papier, qui glisse, qui ne bave pas et qui te plait.

Il te faut aussi un minuteur - pour bien définir le temps que tu veux y consacrer. Tu verras que l'écriture sous contrainte de temps est très efficace.

Il te faut une bonne paire de baskets pour aller marcher lorsque certaines questions te parlent et, peut-être, te résistent.

Et puis, il te faut de la patience. Le temps est l'un des principaux ingrédients - de la cuisine, de nos relations, des situations qui se nouent et se dénouent.

MES INVITÉS DE MARQUE

J'ai invité quelques amis et mentors à faire avec nous ce voyage. Ce sont toutes et tous des personnes que j'admire. Ils sont venus me dire et te dire par mon truchement, nous raconter, comment ils vivent ou ont vécu les choses, le passage par l'âge moyen, l'entre-deux âges. Ils ont des enfants ou n'en ont pas, sont journaliste, professeur, entrepreneur, coach, engagés dans une asso, artiste, directrice de la communication et ont tous entre 45 ans et 75 ans. J'ai confiance en leur sagesse, et en la tienne, pour y trouver, peut-être, quelque chose que tu cherches.

J'ai invité aussi mon prisme « américain », des auteurs et entrepreneurs et « gourous » dans le bon sens du terme, qui viennent d'Amérique du Nord. Je les cite, le plus souvent en anglais, car je trouve que ça sonne mieux, et je traduis à chaque fois. Pardonne-moi ce filtre – et c'est de là où je parle, ma culture de référence, je te préviens et ainsi tu pourras « rétablir la balance ».

On y va ? On y va, on y va, mais avant d'y aller, je me demandais quel est, à toi, ton rapport à notre « entre deux âges » ? Quelle est ta première prise de conscience que cet âge existait ?

Pour ma part,

Je me souviens du petit Marcel dans *Le château de ma mère*. Il avait peur que l'enfant de son oncle et sa tante (un enfant de vieux), naisse déjà vieux.

Je me souviens de ma grande tante, Tante Andrée, que je voyais comme une très belle vieille et qui se trouvait mieux, elle, à 20 ans.

Je me souviens de ma mère le jour de ses 33 ans, j'ai senti sa mélancolie du temps passé.

Je me souviens d'une femme aimée, qui m'a dit quand j'avais 25 ans « *Passé 50 ans, les hommes ne te regardent plus* », elle avait l'air d'en être peinée. Moi, j'ai pensé « Pourquoi elle me raconte ça à moi » ?

Je me souviens d'un homme qui, peu après mon mariage, m'a dit « *Tu verras, quand tu auras 50 ans, il te quittera* ». Lui-même venait d'atteindre cet âge, je ne me suis pas privée de le lui faire remarquer.

À toi !

Prends ton carnet, un stylo, et note 5 « je me souviens » à propos du middle age.

entre le
beau jeune
et le
beau vieux
y'a le
MIDDLE
AGE !!

Première partie

J'ai trouvé mon ikigaï. *So what ?*

Et bien voilà. Je me suis récupérée. C'est vertigineux. 22 ans ont passé, je ne suis plus cette toute jeune femme enceinte de son premier enfant – et je tâtonne à me demander, quelle forme j'ai, sans mes enfants. Comment j'occupe ce temps immense qui s'est libéré, sans leur présence quotidienne ? Il y a tellement, tellement de possibles – alors qu'auparavant, il y en avait également des tonnes, et beaucoup tournaient autour de ces deux personnes que j'avais enfantées.

Voilà le point de départ de ce livre : une recherche pour apprivoiser cette cinquième partie de vie (enfance, adolescence, adulte sans enfant, adulte avec enfants, et aujourd'hui). Une quête pour la rendre utile, féconde, créative – en un mot : **épanouie**.

✓ Tu as trouvé des pistes, toi ?

À ton tour !

Chère lectrice, note où tu en es, toi, aujourd'hui.
Prends ton carnet, ton stylo, mets le minuteur sur 15 minutes...
Et note avec le plus de détails, de précision, de justesse, de texture :
le côté pile (là où c'est dur), le côté face (ce qui t'enchante),
de ta médaille. Trouve au moins 5 items dans chaque face.

à nous deux,
middle age !
wouf !

LE FRAGILE ÉQUILIBRE D'UN IKIGAI

Coucou ma lectrice ! ***Je ne sais pas si tu as lu le livre qui est venu avant celui-ci,*** **Trouver son ikigai.** ***Si tu ne l'as pas lu et si tu aimerais le lire, plusieurs solutions. Tu peux le trouver encore tout neuf dans ta librairie ; tu peux l'emprunter dans ta bibli ; tu peux acheter sa version légèrement raccourcie illustrée par ma fille aînée*** **5 minutes pour trouver son ikigai** ***; ou tu peux le trouver d'occasion sur Vinted, pas cher du tout.***

L'IKIGAI EN VERSION OCCIDENTALE, SOUS-TITRÉE

生き **iKi** — *vie*

甲斐 **GAïi** — *qui en vaut la peine*

Dans l'introduction, je définis l'ikigai dans sa version occidentale (car en version originale, au Japon, ikigai veut dire « vie bonne où je me lève chaque matin avec envie »). Dans la version occidentale, et professionnelle, l'ikigai se trouve à l'intersection de 4 types d'activités :

- Ce que tu aimes faire (ta passion) ;
- Ce que tu sais faire (ta compétence) ;
- Ce qui a du sens pour toi (ta mission) ;
- Ce pour quoi tu peux être payé suffisamment pour vivre ou contribuer à faire tourner l'économie familiale (ta rétribution, aussi appelé : le pognon).

Bref, l'ikigai c'est une activité épanouissante, dans laquelle tu ne vois pas le temps passer ; qui a du sens pour toi ! dans laquelle tu se sens compétente ; et qui te permet de vivre dignement ou de contribuer significativement à l'économie de ton foyer.

Tu sautes de ton lit le matin… car tu as envie d'aller travailler !

HOUPS…

Mes beaux-parents habitent à Lyon ; à côté de chez eux il y a le charcutier Crauser et Bello, qui a été deux années de suite vice-champion du monde du pâté en croûte. Vice-champion du monde, c'est une place honorable ! Et frustrante… et notre charcutier a un objectif simple et précis. Sa vie ne sera peut-être pas aussi simple et orientée vers un objectif, le jour où il sera devenu champion du monde. Il en va de même lorsque l'on a trouvé son ikigai : comme une place sur un podium ou à un concours de pâté en croûte, une fois qu'on l'a trouvé… il faut le garder. Or, les places ne sont jamais acquises. On peut les croire fixées… on peut les désirer stables ! Et si un paramètre change… l'équilibre s'écroule.

Ce que j'aime faire, je peux arrêter d'aimer le faire, parce que je l'ai trop fait, ou parce que mes goûts changent, ou encore parce que les conditions pour pratiquer se détériorent. Je travaillais avec un collègue super sympa… et il change de job. J'appréciais mon patron… et soudain je le trouve tocard, ou au contraire, lui, ne peux plus me piffrer. J'aimais aller au bureau… et le bureau devient un *flex office*, avec moins de postes de travail que de travailleurs, et je ne suis plus sûre de trouver une place à côté de mes collègues.

Ce que je sais faire, ce pour quoi je suis compétente, je peux continuer à savoir le faire – et si je le fais sans âme, sans présence, de manière mécanique… est-ce que je reste compétente ?

Ce qui a du sens pour moi… mais le sens, ma brave dame, ça s'émousse ! Il y a des moments où l'on se demande « À quoi bon, à quoi ça sert ? ». Les confinements de 2020 et 2021 ont été l'occasion d'une immense remise en cause intime et collective. On est fatigué d'œuvrer pour une goutte d'eau dans l'océan. On est fatigué de travailler pour des clopinettes, ou sans reconnaissance, ou sans soutien, ou avec une organisation du travail qui vide le travail d'une grande partie de sa substance.

Ce qui me rapporte du pognon… peut m'en rapporter moins, pour toute une foule de raisons. L'apparition d'un concurrent, le marché qui s'effondre, le plus gros client fait faillite ou mon interlocuteur change de job, la Covid 19 et sa batterie d'impossibilités d'exercer… La hausse des taux d'intérêts et la crise dans le secteur immobilier… La liste est longue.

LA JOIE FRAGILE
ET CEPENDANT IMPRENABLE

Il y a 7 ans, quand j'entreprends l'écriture de *Trouver son ikigai*[1], je nage en plein bonheur ikigaiesque. Je suis détentrice d'une commande officielle pour écrire un livre (le sus nommé *Trouver…*), et j'exerce un tout jeune métier de formatrice en entreprise pour le compte d'une entreprise… en formation, dans laquelle je me sens accueillie, stimulée, à l'aise. Équipe sympa (tant la direction que l'équipe support), bureau accueillant au centre de Paris, missions diversifiées dans des boîtes aux cultures très différentes et pour des sujets qui m'intéressent, gestion du temps, écriture, créativité, synthèse orale et écrite… Hi ! Ce n'est pas facile mais passionnant, et je me sens soutenue et membre d'une équipe. Pour moi qui aime tant parler et écrire, rencontrer, découvrir – vivre de ces deux métiers, l'écriture et la formation, c'est le rêve.

La formation est un business saisonnier. Certains mois cartonnent (l'automne), d'autres se trainent (l'hiver). Les locaux coûtent cher et ne sont pas remplis toute l'année. L'équipe support coûte cher et n'est pas occupée toute l'année. Pour permettre à l'entreprise de garder sa rentabilité ou tout simplement de survivre, le patron de la boîte décide de résilier le bail des locaux – un choix judicieux en mars 2019. Il nous annonce que nous irons animer chez le client ou dans des salles louées. Ce n'est pas du tout la même mayonnaise. Nous les formateurs, moi Christie, je n'ai plus de lieu d'attache professionnel, et ne vis plus la joie et le soutien de retrouvailles avec une équipe d'ailleurs externalisée. Je me retrouve seule avec les formés. Sans papotes avant « encouragements » avec l'assistante de formation, sans papotes avec les collègues durant lesquelles sont permises discussions sérieuses et détente au sein de l'entreprise.

Errant de salle louée en salle de réunion chez le client - chaque lieu ayant ses propres règles, sa propre connectique, ses propres systèmes d'ascenseur[2], ses propres rituels pour le déjeuner. Bon.

J'attendrai 4 ans après cette fin des bureaux. 4 ans et un confinement, 4 ans et plus une seule rencontre avec les responsables de l'entreprise, 4 ans et des formations *via* Zoom, 4 ans et des clients gagnés, puis perdus ou qui ne me sont plus attribués. J'attendrai la proximité du départ de mes filles de la maison. J'attendrai avec un tarif qui n'a pas évolué depuis le début de notre collaboration (je prends ma part de responsabilité : je n'ai rien demandé et n'ai jamais tenté de négocier)… j'attendrai que le ras-le-bol monte pour dire « **la relation de travail ne me convient plus.** »

Après l'avoir dit à mes responsables qui n'ont pas cherché à me retenir, ça a été plié en 3 jours. La joie n'était plus au rendez-vous depuis un moment. Le sens s'était émoussé : on a besoin de pouvoir échanger avec des pairs pour le trouver, le retrouver, le maintenir, pour évoluer dans sa pratique. Un formateur sans étincelle, ça fait illusion combien de temps ?

Blessure d'amour propre. Soulagement. Perte d'une part importante de mes revenus. Liberté d'inventer la suite.

Et une fois que c'est dit - comment retrouver mon ikigai ? Notamment dans sa partie financière mais aussi dans tout ce qui venait structurer mon année, dans les rencontres, les contraintes d'un travail qui certes devenait de plus en plus alimentaire mais - j'ai toujours besoin de m'alimenter et de contribuer à nourrir ma famille !

Comment me remettre dans les conditions justes pour éprouver joie, sens, utilité et gagner ma vie – parce que, écrire et former, et coacher (j'ai retrouvé la note « coaching » à ma harpe), c'est vraiment ce que j'aime faire !

2. As-tu déjà pris l'ascenseur dans une tour de la Défense ? Je ne sais même comment décrire les 10 ascenseurs et plus sur plus de 25 étages. Brrrr.

Comment, aussi, remettre à profit le temps libéré par le départ de mes enfants pour faire évoluer ma contribution professionnelle et à la société ?

✅ On vient de poser le sujet de ce livre !

Et toi, chère lectrice ?

Comment les conditions de ton travail ont-elles évolué au cours des 7 dernières années ? Prends ton carnet, ton stylo, mets le chrono sur 15 minutes, et raconte.

✓ Pense aux lieux où tu exerces...
✓ Pense à tes collègues...
✓ Pense à tes commanditaires ou clients...
✓ Pense à l'argent que tu gagnes...
✓ Pense à la nature de ce qui t'est demandé ou de ce que tu proposes...
✓ Pense à toutes les questions que j'oublie de te poser.

Bonne exploration !

FACTEURS QUI PEUVENT SE DÉGRADER DANS L'IKIGAÏ
la compétence peut dégringoler car on en a marre
le sens du travail peut s'émousser
la rentabilité peut décliner
le plaisir peut baisser

UNE VIE DURE 7 ANS

Ne désespérez jamais. faites infuser davantage.

HENRI MICHAUX

Je t'écris chère lectrice, ***depuis mon bateau-lit. C'est l'endroit où je reprends de l'énergie quand j'en ai peu – c'est l'endroit où j'ai la force d'écrire quand ma chaise me pèse, et aussi quand j'ai besoin de me rassurer à la présence collée de mon chien, et aux branches même nues de mon figuier qui se balancent au gré du vent. La nuit est tombée, on est encore en hiver, j'ai allumé les lumières dans la maison. J'ai ôté mes bagues pour taper plus vite sur l'ordinateur. Mon chien est étalé sur le flanc à l'autre bout du lit et une musique de flûte de pan envahit la pièce... suivie d'une valse, magie des playlists. À mes oreilles pendent les boucles d'oreilles que je me suis offertes à Noël, les boucles d'oreilles légères fines et précieuses que j'ai achetées pour célébrer le premier trimestre sans nos enfants et, aussi, pour m'encourager dans l'écriture de ce livre.***

Fais attention aux désirs que tu exprimes, ils pourraient se réaliser ! J'ai tellement rêvé d'entrer de nouveau en écriture – et me revoilà, 7 ans après ce miracle de *Trouver son ikigai*[3], 5 ans après *Changer avec le kaizen*[4] – je réalise ce rêve : écrire un nouveau livre ! Bien sûr, je n'ai pas arrêté d'écrire, tu sais que j'ai un blog, maviesansmoi.fr, dans lequel j'écris presque tous les jours depuis 20 ans... Et ce n'est pas la même chose d'accomplir une activité aimée

---

3. Hééé ! un livre qui trouve son public, qui est transformé en audiobook, traduit en russe, en espagnol et en allemand, qui est imprimé et réimprimé puis transformé en petit livre... Si c'est pas un miracle pour un écrivaine ça !
4. En parlant de miracle, on ne sait jamais ce que va être la vie d'un livre ! Celui-là sorti en février 2020, oui oui un mois avant le premier confinement, n'a pas eu de carrière en France... Mais il fait un tabac en Italie, où il vient d'être réédité pour être vendu dans les kiosques à journaux.

gratuitement que de l'accomplir de manière rémunérée. Le chèque (celui que j'ai reçu à la commande, puis tous les autres revenus liés aux ventes du livre) et le délai sur lequel je me suis entendue avec l'éditeur, produisent une pression qui aident à écrire tout en générant la peur de ne pas être à la hauteur. J'espère ainsi que ces boucles d'oreilles de reine vont me hisser, vont m'aider à me hisser à la hauteur de la tâche - de la mission. Je l'ai déjà accomplie maintes fois, cette mission d'écrire un livre, ou plutôt cette mission d'écrire un texte après l'autre, quand, à la fin, (ô miracle : les textes retravaillés mis bout à bout, les suggestions de coupe et de déplacement puis de titrailles de l'éditeur auxquels s'ajoute le travail d'un génial graphiste et d'une illustratrice sans oublier le choix du papier et de la fabrication - oui miracle !) ça forme un livre !

Mais d'abord, un mot après l'autre.

7 ans entre une lumière qui s'allume et une lumière qui s'éteint.

7 ans de collaboration avec cette entreprise de formation (fructueuse, joyeuse, puis de moins en moins joyeuse, de moins en moins fructueuse), et puis s'en va.

LES CYCLES DE VIE... EN 7 ANS

Lors de la première conversation que j'ai eue avec Pierre Girault, qui deviendra ensuite mon ami « bilanteur de compétences ». Il m'a parlé de la théorie des cycles de vie selon laquelle chaque cycle, tu l'as deviné, dure 7 ans.

De 0 à 7 ans, la petite enfance, je m'ouvre progressivement sur le monde mais le plus important c'est ma famille. J'aime cette image du bébé porté en porte-bébé, d'abord le visage posé contre le torse de sa maman ou son papa, dans son odeur, puis au bout de quelques mois le bébé est tourné pour faire face au monde. Pendant cette phase de 0 à 7 ans j'alterne ma famille, le monde, ma famille, le monde.

De 7 à 14 ans, je sais lire, je me dégourdis, j'explore le monde extérieur à la famille, mes amis comptent de plus en plus. Peut-être que j'expérimente mes premières colos, ou mes premières classes vertes, ou mes premiers camps scouts, bref je passe plusieurs nuits de suite hors de la maison !

De 14 à 21 ans, la sexualité prend une place croissante dans mes préoccupations, en même temps que je construis mon avenir professionnel. Oui, ces deux buts sont souvent contradictoires !

De 21 à 28 ans, je commence ma vie professionnelle et m'émancipe du foyer de mes parents. Oui, si tout va bien, je les quitte ! Enfin !

De 28 à 35 ans, (j'ai peut-être rencontré ma compagne ou mon compagnon à l'étape précédente), je conçois mon ou mes enfants et assume davantage de responsabilités dans ma vie professionnelle. Tout me tombe dessus d'un coup !

De 35 à 42 ans j'élève mes enfants, je suis dans ma plénitude, je continue à progresser dans l'échelle sociale.

De 42 à 49, c'est l'apogée ! L'adolescence de mes enfants, l'émerveillement, le besoin d'un sens nouveau aussi car on sent arriver un changement radical - qui se double pour les femmes de l'approche de la ménopause.

De 49 à 56 ans, une nouvelle jeunesse peut nous tendre les bras - surtout si on a pris soin (ou si on décide de prendre soin) de sa santé et de sa vitalité. Pour la plupart d'entre nous, les enfants quittent progressivement le nid.

De 56 à 63 ans, on se sent appelé par une nouvelle mission et on lui consacre tous nos talents ! On commence aussi à préparer sa retraite, voire à la prendre.

De 63 à 70 ans, vient l'âge de donner, des conseils, de la sagesse, tout en bénéficiant encore d'une santé correcte.

Après 70 ans, je me détache peu à peu de mes responsabilités et réfléchis à ma vie.

Voilà les cycles tels que les a définis le philosophe et mystique Rudolf Steiner. Dans l'héritage de cet homme charismatique et génial, il faut en prendre et en laisser - comme dans les héritages de la plupart des génies, qui ont eu des bonnes et des mauvaises idées. Et c'est intéressant de savoir que nos préoccupations vont changer, que nos aspirations et nos aptitudes, nos motivations, nos croyances, vont se transformer - en fonction de notre corps, de notre expérience et des personnes qui entrent et sortent de notre vie.

En vrai - on le sait qu'on va changer - mais si on le sait intellectuellement, on ne le croit pas. Deux études[5] le prouvent, qui ont demandé à 19 000 adultes âgés entre 18 et 68 ans, « êtes-vous le ou la même qu'il y a 10 ans ? » puis « pensez-vous que vous aurez significativement changé dans 10 ans ? ». La vaste majorité des répondants, toutes classes d'âges confondues, reconnaissent qu'elles ont beaucoup changé au cours des 10 dernières années mais pensent qu'elles ne vont plus se transformer significativement au cours des 10 prochaines. « Je suis moi maintenant, ma personnalité va rester telle qu'elle est ! ». **Bon eh bien, c'est faux.**

La seule chose, c'est qu'on n'arrive pas à imaginer comment nos expériences à venir vont transformer notre personnalité. Au cours des 10 et même des 7 prochaines années, des choses vont nous arriver et nous serons étonnés voire déconcertés voire désespérés ou émerveillés, de la manière dont elles impactent notre personnalité – *c'est moi, ça ?*

Le serpent qui se mord la queue[6]

Est-ce que ça m'aide, ou est-ce « crucifiant » de me voir vivre et revivre et repasser par les mêmes affres à 28 ans d'écart ? Lorsque j'avais 20 ans, à la fin du cycle 3 donc, j'ai connu une crise personnelle importante. Le grand objectif de ce cycle (fin de collège, lycée, prépa) était, pour moi, de réussir le concours d'HEC - je l'avais réussi. J'avais un but clair et qui prenait une grande place. Une fois ce but atteint - au lieu de me réjouir - j'étais perdue. Je n'avais plus de Nord puisque j'avais atteint mon Nord.

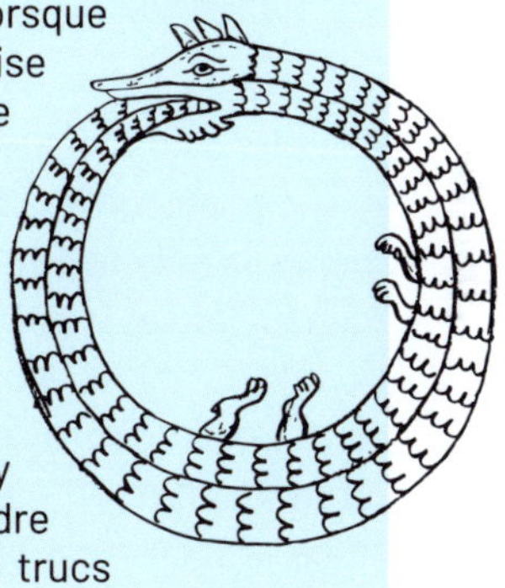

Cela m'a demandé 18 mois avant de me trouver un nouvel objectif fort - préparer un départ au Chili pour y vivre dans une *poblacion*[7] pendant un an. Fallait apprendre l'espagnol, trouver les sous, préparer tout un tas de trucs

5. Menée par Jordi Quoidbach puis Dan Gilbert et Tim Wilson, sur 19000 adultes entre 18 et 68 ans
6. *Ouroboros* : c'est le nom grec de ce symbole présent dans plusieurs traditions, grecque égyptienne et chinoise, ainsi que dans la mythologie nordique et brahmane, du serpent ou du dragon qui se mord la queue, et signifierait (si on simplifie) l'éternel retour des choses.
7. Une poblacion est un quartier populaire, celui où j'ai habité est situé dans la banlieue de Santiago, à San Bernardo.

avant de m'exporter à 14 000 kilomètres, dans l'hémisphère sud à tout point de vue ! Et j'avais tellement envie de cette expérience au Chili que rien ne pouvait m'arrêter - ouf. Un vrai gros objectif motivant !

Aujourd'hui, 4 cycles plus tard, je quitte une vie tirée par l'objectif d'aider à grandir mes enfants - pas étonnant que ma boussole s'affole. Où est mon Nord ?

Je repense à la *moi* de 20 ans, désorientée et sans objectif clair. Je repense aux 18 mois que ça m'a pris de trouver un nouvel objectif aussi fort que « intégrer HEC » - qui a été un objectif important pour moi, quel que soit le sens que l'on puisse donner à des études de commerce et quelle qu'ait été la pertinence de cette orientation au vu de mon caractère, *hum*.

La *moi* d'aujourd'hui a le droit à un peu de temps, elle aussi, pour trouver le nouveau Nord qui fera frétiller sa boussole. J'ai confiance que si je cherche, je vais trouver.

C'EST MOI, ÇA ?!

J'ai 49 ans, je suis une femme, et ces 4 dernières années, mes cycles menstruels se sont faits plus courts (plutôt 3 semaines que 4), mes règles ont duré plus longtemps (plutôt 10 jours que 5) et j'ai perdu du sang de manière hémorragique.

Par ailleurs, j'ai eu des moments de colère... sans commune mesure avec leur stimulus ; des impulsions d'égorger mes filles, mon mari - pour des raisons oubliées aujourd'hui mais vraiment, elles étaient oubliables. Tous ces phénomènes m'ont inquiétée, jusqu'au jour où j'ai commencé à me documenter sur la ménopause et la préménopause. J'ai découvert que ces symptômes font partie du possible menu des réjouissances, qu'ils sont dus à la chute d'hormones - OK, je garde mes colères pour moi et je ne m'inquiète plus de perdre autant de sang qu'un rôti - un genre de bouquet final avant l'arrêt complet du feu d'artifice. J'ai compris aussi que mes alliés habituels, mon mari et mes filles, ne peuvent pas comprendre ni être en empathie avec ce que je vis, l'un parce qu'il ne le vivra jamais, les autres parce qu'elles sont dans leurs cycles « 14-21 » pour l'une et « 21-28 » pour l'autre. En pleine fécondité et dans la pente ascendante de leur pouvoir sexuel, elles n'ont pas envie de penser que ça pourrait s'arrêter.

Après deux ou trois moments gênants où les personnes que j'aime le plus au monde ont accueilli mes paroles blessées avec des yeux de poisson mort, je me tourne vers… des femmes de mon âge ! Soit des femmes un tout petit plus âgées et qui m'éclairent, soit des femmes un tout petit plus jeunes et qui souffrent des mêmes symptômes et avec qui je partage mes découvertes toutes fraiches. Découvertes que je propose de partager avec toi dans ces pages, pas dans le sens « t'enseigner » car tu sais déjà plein de choses que j'ignore, mais dans le sens « mettons au pot, mettons au pot ».

Comprendre et accepter le changement de paradigme lié à la phase de vie qui se termine et à celle qui s'ouvre, comprendre les nouvelles règles du jeu : ah ben, je me sens rassurée ! Je sais « comment me traiter » lors des montagnes russes émotionnelles. Je sais comment accompagner la phase qui s'ouvre.

Et toi, amie lectrice ?

À quel cycle de vie es-tu arrivée ? Comment te situes-tu à l'intérieur de ton cycle de 7 ans ? Tu galères ? Tu l'apprivoises ? Tout baigne et tu t'y sens bien, ou les signes se font sentir que tu vas bientôt clôturer ce cycle et passer au suivant ?

Prends ton cahier, ton stylo, mets ton minuteur sur 10 minutes et fais le point :

- ✓ En ce moment, j'en suis là….
- ✓ Une ressource que j'ai en abondance et que je serais heureuse de partager, c'est…
- ✓ J'ai besoin d'aide pour…

À la cinquantaine, je suis témoin d'un grand rebattage des cartes !

Entretien avec Guillemette Faure, journaliste

J'ai connu Guillemette Faure, écrivain et aujourd'hui journaliste pour *Le Monde*, par l'entremise Nicolas, mon mari – nous tenions tous les trois un blog, au début des années 2000… Depuis lors, sa vive intelligence et son esprit original ainsi que son humour et sa sagesse, n'ont pas cessé de m'impressionner, de me secouer, voire de m'aider à changer…

« Je me souviens d'un déjeuner de Noël en famille. Une de mes tantes a demandé « quelles sont les 10 années qui, pour vous, ont été les meilleures ? » Ce qui m'a marqué est que personne n'a répondu « la cinquantaine ». Et pourtant, c'est un âge où il se passe plein de trucs ! Bien sûr, nous, les femmes, nous vivons d'importantes modifications hormonales, mais j'observe aussi d'importants changements dans la vie professionnelle : à partir de 50 ans, plus aucun de mes amis ou connaissances de cet âge ne semble avoir gardé un job. Certains sont au chômage, d'autres se mettent en indépendants, poussés hors de leur boîte ou ayant eu envie d'autre chose. Peut-être qu'à 50 ans on se sent davantage libre de quitter certains jobs parce qu'on a confiance en nos acquis ; puis le temps est compté - au moins les années de vie professionnelle ! Autour de moi, nombreuses sont les personnes qui ont mené une carrière en entreprise impatientes d'être en retraite, ayant le sentiment d'avoir accompli des choses vaines, comptant leurs trimestres. Ces personnes veulent peut-être se convaincre qu'elles n'ont pas travaillé pour rien. Pour ma part, je ne compte pas spécialement m'arrêter de travailler. Même si, et ça me fait tout drôle de me dire qu'à mon âge d'aujourd'hui, 58 ans, mes deux parents avaient pris leur retraite.

Pendant 7 ans, j'ai été journaliste mais aussi prof à l'école de journalisme de Sciences Po. Si l'école prône l'inclusion, j'enseignais surtout à des jeunes qui me semblaient plutôt privilégiés. Un jour, une de mes collègues m'a fait cette réflexion : 'Je ne suis pas sûre que donner ces cours soit la meilleure utilisation que je fasse de mon temps…' C'est comme si elle avait exprimé, en plus du sien, le fond de ma pensée. J'ai démissionné quelques semaines plus tard et cette question, - suis-je en train de faire le meilleur usage de mon temps ? - je continue à me la poser depuis.

À la cinquantaine, je suis témoin d'un grand rebattage des cartes ; je vois parmi mes amis une forte proportion de reconfiguration de la vie (séparation, licenciement ou maladie...). La relation parentale se transforme aussi car tu n'as plus le temps de te fâcher ! Le vieillissement, la maladie, l'évidente mortalité, voire la mort d'un parent (j'ai perdu mon papa en 2023), ça change aussi les relations avec les frères et sœurs, les témoins de ton enfance. Tout commence à disparaitre, des maisons d'enfance aux albums photos en passant par les discussions de fratrie. J'ai davantage vu les miens durant l'année où la santé de mon père a été ma priorité qu'au cours de toute notre vie d'adulte. Nous avons vécu des moments très forts – je n'oublierai jamais la main de mon frère sur mon épaule quand mon père a été dans le coma.

C'est pendant la maladie de mon père que je me suis mise à noter les questions que je voulais poser à mes parents, notamment, des positions de mon père, militant anti-guerre, lors de la guerre d'Algérie. Je suis contente d'avoir pu, avant sa mort, parler avec lui de choses dont on n'avait jamais parlé. J'ai toujours de la peine d'entendre les reproches que les enfants de plus de 50 ans font encore à leurs parents. T'as perdu deux fois – une première fois dans la relation difficile à l'enfance, et une seconde fois en trainant ces reproches et la mauvaise relation, toute ta vie. Je suis fermement opposée à l'injonction de notre temps de couper les ponts. Amis toxiques, parents toxiques, on devrait trier notre environnement entre ce qui nous fait du bien et ce qui nous fait du mal ? Je n'aime pas cette vision utilitariste. Elle amène à renouveler son entourage dès qu'il y a des désaccords, or, la longévité c'est le sel des liens familiaux et amicaux. En laissant entendre qu'il faut couper les ponts, on va finir par fabriquer des armées de personnes esseulées.

Durant la première partie de vie, on surestime ce qu'on a construit seul, ne voyant que les distances prises avec les routes familiales, croyant qu'on s'est inventé tout seul. Durant la deuxième partie de vie, quand notre cadre de départ commence à s'effacer, on voit ce qu'on tient de ses parents et on l'assume. Tu comprends davantage de quel bois tu es fait. L'épaisseur de l'épiderme qui augmente – j'ai appris que « rien n'est grave », ou pas grand-chose. Toutes les galères passées m'ont appris que je pouvais rebondir.

Bon alors, c'est quoi les risques du middle age *?*

Je suis vexée par le vouvoiement. Je perçois, en moi et autour de moi, un risque de mémérisation. Des personnes qui m'entourent et se mettent à avoir l'air vieux. Tout d'un coup, tu ne prends plus l'escalier, tu ne vas plus dans des

0-7 ans
7-14 ans
14-21 ans
21-28 ans
28-35 ans
35-42 ans
42-49 ans
C'EST MOI, ÇA ?

endroits où les gens dansent, tu ne vois plus que des personnes de ton âge, tu passes trop de temps à parler de bouffe et de ta santé. Oui, je perçois une flemme pour se lever d'une manière générale : sortir de chez soi, parler à un inconnu. La mémérisation, c'est aussi se fermer aux nouvelles expériences, vouloir que les choses se passent comme on a prévu, ne plus faire un détour, ne pas arriver à prendre les raccourcis dans la montagne, déplacer les coupelles que la personne avant a « mal rangées » dans le lave-vaisselle... C'est avoir de plus en plus de mal à lâcher sur ses habitudes. Mon amie Eva Joly, qui vient d'avoir 80 ans et reste super jeune, m'a dit 'il faut se méfier de notre tendance à ne pas vouloir bouger nos plans quoiqu'il arrive ; quand un truc ne tient plus, il vaut mieux savoir dire ça, je ne pourrai pas le faire'. C'est un bon conseil.

J'ai aussi compris ce que veut dire l'expression « la ménagère de moins de 50 ans ». Les annonceurs la visent parce qu'après 50 ans, tu consommes moins, notamment parce que certains ont commencé à vider la maison de leurs parents. Tu as commencé à comprendre que l'accumulation, c'est con. Les intérieurs encombrés c'est sympathique chez les adolescents - mais ça donne 20 ans de plus et ça, à 50 ans - on ne veut pas !

Mon conseil ? Comme d'habitude, j'en ai plusieurs...

Le premier : prends l'escalier.

Mon deuxième : fais des projets - tout ce que tu prévois, tu peux le changer.

Bon, mon troisième : ne déplace pas une tasse de café posée par un autre dans le lave-vaisselle !

Mon quatrième : avoir toujours dans son frigo ou ses placards de quoi nourrir plus que les personnes qui habitent là. J'habite à côté de la gare Montparnasse, et mon appart est surnommé le lounge par mes copains et cousins venus passer une heure ou une nuit avant d'attraper leur train. Je suis contente d'être connue comme quelqu'un que l'on peut déranger. Donc mon cinquième conseil : laisse-toi déranger !

Mon sixième conseil : quand tu as un truc à dire à quelqu'un, téléphone. Oui ça prend un peu plus de temps - et ça permet de parler d'autre chose. Avec le texto, on ne parle jamais d'autre chose !

Et enfin, mon dernier conseil : si tu peux te libérer, va aux obsèques de ceux qui comptent pour toi. Ceux dont on a été aux obsèques des parents, c'est comme ceux avec qui tu as pris le petit déjeuner en pyjama pendant un week-end à la campagne - après, tu as un lien qui n'est plus le même.

Que garder de ce café pris avec Guillemette, pour ma propre vie ? Pour commencer, cette phrase, laisse-toi déranger ! Voilà des semaines que je me trouve fort planplan – enfin, plutôt rigide, dans le sens « si tu me proposes un truc imprévu, j'ai tendance à refuser » - bon ok, planplan donc !
Et je commençais à me dire - Mais elle est passée où la spontanéité ? Guillemette a mis le doigt sur cette rigidité, je prends ! et, je pose pour moi une intention de plus grande souplesse. Je me laisse déranger devient l'un de mes mantras. Ensuite, le conseil que je garde et que j'ai commencé à appliquer, c'est « va aux enterrements ». C'est dingue comme ça dérange, la mort, et c'est dingue comme ça rapproche d'assister ensemble à un enterrement.

Enfin, le point qui me frappe c'est notre mutuelle obsession de comment faire le meilleur usage de mon temps ? Je ne suis pas sûre d'apporter toujours une réponse satisfaisante à cette question – mais je me la pose, c'est déjà un début.

Quant à quitter mon habitude de remanier les assiettes rangées « n'importe comment » dans le lave-vaisselle- c'est pour l'instant au-dessus de mes forces !

LA FAUSSE SÉCURITÉ

Safety is not the absence of threat...;
it is the presence of connection.

GABOR MATÉ[8]

Chère lectrice, ***un beau jour j'ai rencontré (par le biais de ses livres puis de ses enseignements en vidéo) le moine bouddhiste Thich Nath Hahn. Si je devais résumer son propos en 4 mots, ce serait « seule la présence compte ». Grâce à ses livres, et grâce aux pistes qu'il propose pour se ramener au moment présent (je te livre quelques-uns d'entre eux dans une minute), j'ai commencé à vivre dans l'instant présent. Pour moi, c'est une révolution – j'oscillais auparavant entre la nostalgie du passé, ou bien, l'anticipation heureuse ou anxieuse du futur. Mais j'étais rarement là où je suis.***

CULTIVER LA PRÉSENCE

Et puis ces petits livres, *La sérénité de l'instant* et *Le miracle de la pleine conscience*, m'ont donné « un mode d'emploi » : cultiver la présence partout où je suis, non pas en me retirant pour méditer mais pendant l'action en elle-même. On passe à table... au lieu de râler « il manque les couverts pour servir », je peux regarder silencieusement les convives et remercier silencieusement pour notre présence réunis autour de cette table et d'un repas préparé avec soin. Je fais la vaisselle. Je lave mon assiette, mes couverts, mon verre. Au lieu de chercher à expédier cette « corvée », je peux profiter de l'eau chaude sur mes mains. Je peux contempler la porcelaine de l'assiette, le métal des couverts. Je me peux sentir dans ma bouche les réminiscences de saveurs du repas (*ouh qu'elles étaient moelleuses et parfumées, ces dattes du dessert !*). Je marche dans la rue, perdue dans mes pensées. Soudain, la cloche de l'église sonne pour m'informer qu'il est « l'heure pile ». Je peux m'arrêter un instant,

8. La sécurité ne vient pas de l'absence de menace, mais de la présence de la connexion.

juste pour écouter la cloche et regarder avec attention autour de moi, les passants, la vitrine de la boulangerie sur le trottoir d'en face, la couleur précise du gris du trottoir et comment elle tranche avec le goudron de la rue... Ces propositions sont faciles à inclure dans le flux de ma vie, sans m'arrêter ou juste quelques instants, mais en décidant de porter toute mon attention sur le geste... Ces propositions qui n'ont l'air de rien, ont révolutionné ma manière de percevoir le temps ; ont redirigé mon attention : quelle joie d'être là où je suis, et pas avant, ni après, non, juste là maintenant.

J'ai connu cette « conversion » à la pleine conscience autour de mes 35 ans - *it seems a life time ago* ! Je démarrais alors un nouveau cycle de vie, un cycle qui, comme le précédent, et comme le suivant, connaîtrait ses crises - mais pas les mêmes ! Cette aptitude à la présence a indéniablement plus de bénéfices que d'inconvénients - et je découvre aujourd'hui un écueil de taille. Tout occupée à vivre dans le présent... je me situe dans un présent absolu ; et j'ai tendance à négliger la pensée stratégique qui se nourrit de l'avenir.

VIVRE AU PRÉSENT, MAIS L'AVENIR ALORS ?

Bref : à 48 ans, j'étais heureuse dans mon travail, avec certes plusieurs activités et cordes à mon arc, la conception et l'animation de formations pour les entreprises, la conception et l'animation de formations pour les particulier, le coaching de particuliers, et l'écriture ; et l'une de ces activités (et un de ces clients) générait 56 % de mes revenus - ce qui stratégiquement est une énorme bourde, le ratio à ne pas dépasser est 20 % généré par un seul client, parce que, s'il s'en va, en-deça de 20 % on s'en remet, au-delà, c'est la cata. Mon activité de formatrice en entreprise pour le compte d'une entreprise de formation pesait bien trop lourd dans mon chiffre d'affaires général. Et ce n'était pas une activité salariée qui, en France, apporte une certaine sécurité et notamment, le droit au chômage. Voilà, tout pouvait s'arrêter du jour au lendemain. Et comme tout se passait bien - j'animais de nombreuses formations, je m'entendais bien avec la boîte qui m'employait et ses dirigeants, j'avais des contrats de livres, j'avais aussi des projets de formation en mon nom propre - je ne me suis pas dit «Tiens, on va diversifier les contrats de formations et les interlocuteurs ». Non, j'ai pris ce qu'on me donnait d'un côté, j'ai développé mes idées de l'autre - et c'était formidable. Formidable de sentir que j'avais cette sécurité financière et de journées de formation programmées à l'avance : que je sois en forme ou pas, j'étais engagée et j'y allais. Et que je vende mes propres programmes ou pas, que je les vende chers ou pas chers, je ne dépendais pas des revenus générés par ces programmes pour vivre, car le gros de mes rentrées financières était assuré par les honoraires perçus avec les formations dans les grands groupes, via la boîte de formation qui m'employait.

Un coin de moi savait que ça pouvait s'arrêter du jour au lendemain – et ce coin de moi préférait imaginer de nouvelles formations, ou de nouveaux livres, ou se reposer pour être en forme, plutôt que de diversifier son portefeuille de collaborations.

Ce coin de moi se sentait en sécurité de bien faire son travail et de se mettre dans les conditions de toujours bien le faire. Travailler sur le présent immédiat.

METTRE SES ŒUFS DANS LE MÊME PANIER ?

Le jour où ça s'est arrêté avec la boîte de formation, où j'ai dit « *Je ne veux pas continuer comme ça* » et le jour où ils n'ont pas dit « *On veut te garder, on t'augmente !* » – je n'avais pas de plan B, pas d'entreprise de formation B où c'était facile pour moi d'entrer. J'avais aussi négligé la pratique assidue du *networking* où j'ai pourtant été très active à d'autres périodes de ma vie. Non, je suis partie de cette entreprise – pas du jour au lendemain, ça faisait longtemps que je ne m'y sentais plus à mon aise ; mais sans aucun filet financier si ce n'est celui d'être mariée – ce qui est énorme – et d'avoir des cordes à mon arc, un diplôme reconnu (HEC), une pratique de coaching, mon blog et un « public » depuis 20 ans.

✓ **De quoi tire-t-on, de quoi est-ce que je tire ma sécurité ? Comment naviguer entre les temporalités - être à la fois dans le présent, tout en se préoccupant du futur et en tirant les leçons du passé ?**

À toi, ma lectrice

Si je suis loin d'avoir répondu à ces questions, je te propose la liste suivante : « je tire ma sécurité de... ».
Trouve 10 piliers de ta sécurité.

Pour ma part :
1. Je tire ma sécurité de mon amour des chiens.
2. Je tire ma sécurité de mon diplôme.
3 Je tire ma sécurité de mon enthousiasme.
4. Je tire ma sécurité de ma capacité à avoir des idées (et à les mettre en œuvre).
5. Je tire ma sécurité de ma bonne santé.
6. Je tire ma sécurité de mon livret A.
7. Je tire ma sécurité de mes crayons de couleurs.
8. Je tire ma sécurité de l'argent donné par mes tantes.
9. Je tire ma sécurité de mon amour pour mon frère.
10. Je tire ma sécurité de mon amour et de ma connaissance des plantes.
À ton tour ! Trouve au moins 10 piliers !

Je cultive la présence.
Et l'avenir alors ?

UN DÉFAUT DE *LEG WORK*

Vers qui me tourner ? Oy oy ! ***Plus personne ne me connait !! ai-je ressenti lorsque je suis sortie du cocon-pas-si-protecteur de l'entreprise qui me donnait du travail sur une base régulière.***

CENTROVERTIE

Il y a certaines personnes pour lesquelles il est dur de savoir si elles sont introverties ou extraverties. Je fais partie de celles-là – je me ressource davantage dans la solitude ou avec quelques personnes bien choisies, que dans les grands raouts pleins d'inconnus. Et ça dépend.

Des grands raouts, j'en ai animé, j'y ai participé, j'en ai même un qui m'attend à la maison dans 10 jours, dont je suis à l'initiative. Et dont la perspective me met en joie – on va être une vingtaine d'adultes, à apporter « un fromage qui nous ressemble », et un livre lu et aimé dans l'année qui vient de s'écouler, pour les partager – les fromages tout entier et un passage du livre, pour le faire découvrir aux autres. Ça s'appelle la soirée pain vin fromage et livre, et cette année Nico mon mari et moi, animons la 4ème édition. Mais quand même. Au moment où avec « ma boîte de formation » ça s'est terminé, je me suis retrouvée un peu, pas isolée – j'ai de bons amis ! – mais dans un trou de réseautage professionnel. Vers qui me tourner pour rebondir ? Cela fait des années que j'ai laissé tomber l'affaire des réseaux.

En bonne « centrovertie » à dominante introvertie, mes 6 années comme formatrice pour adultes une large partie de mon temps, ont comblé mon besoin de rencontres ; lorsque j'étais sortie des formations, en distanciel ou en présentiel, j'étais contente de retourner dans ma tanière – me reposer, analyser ce qui avait marché et ce que je voulais améliorer, et inventer la suite. Tout ce processus demande du temps ! Et je n'avais pas envie de le « gaspiller » dans des évènements réseau qui réclament tellement de temps, d'énergie, de gentillesse – que j'avais envie de consacrer plutôt à mes clients, à ma famille, à mes amis, et à moi-même pour commencer.

POURQUOI ME SUIS-JE PRIVÉE DU RÉSEAUTAGE PROFESSIONNEL ?

Participer à des évènements réseau (ou participer à l'animation de réseaux professionnels, comme je l'ai fait à plusieurs reprises), a de nombreux avantages.

- J'y ai noué de belles amitiés ; notamment, avec des hommes (hé, pas si évident je trouve quand on « vieillit » et qu'on se case, de rencontrer des hommes sur une base de franchise, de camaraderie, d'échanges honnêtes de *feedbacks*) ; mais aussi avec des femmes ! des amitiés transcendant les préjugés, transcendant le milieu professionnel et social, des amitiés facilement alimentées car on se voyait régulièrement et dans un but précis – celui donné par le réseau.
- J'y ai trouvé des idées nouvelles et appris des choses que je ne savais pas.
- J'y ai reçu un écho pour mes propositions, et des *feedbacks* utiles même si parfois douloureux.
- J'ai pitché, pitché, pitché – à propos de mon métier et de mon actualité professionnelle et des contacts que je recherchais pour me développer.
- J'ai rencontré des clients !
- Et j'ai eu l'occasion de rendre plein de services et de mettre les gens en relation, de les rendre visibles… énorme *kif* !
- Je me suis sapée ! Parce que, en évènement réseau, même quand il est régulier… on se sape ! Avec la veste, les talons, le make up et tout et tout !
- Je m'y suis bien amusée et ai eu le sentiment de participer à une œuvre commune.

Alors, pourquoi me suis-je privée de tout cela ?

Lorsque j'anime ou participe très activement à un réseau notamment professionnel, j'ai du mal à être dans la demi-mesure. Ma participation à chaque réseau – ou la création de plusieurs réseaux ou évènements a répondu à chaque fois à un besoin précis. Par exemple, lorsque j'ai intégré l'équipe d'animation d'HEC au féminin, je désirais deux choses :

1. que l'on réseaute en apprenant quelque chose d'intéressant (je coordonnais la partie « ateliers de développement professionnel ») ;

2. et que chaque participante se sente accueillie comme si elle était chez elle, ce qui était le cas ! (je trouvais que l'accueil laissait à désirer lors des évènements des anciens élèves d'HEC).

Pendant 3 ans, c'est le programme que j'ai suivi - se rencontrer en apprenant des choses intéressantes ou amusantes, de préférence les deux, et avant cela, que chacune soit accueillie comme une reine. Puis j'en ai eu assez... ou plutôt, le sens s'est émoussé... alors, j'ai passé la main. Lorsque 4 ans plus tard, j'ai intégré le réseau *Business Network International*, j'avais envie de sortir de ma solitude professionnelle et j'ai été fan de la structure très précise et minutée proposée par ce réseau. A chaque démarrage de réseau, les premiers mois je suis super enthousiaste ; puis l'an et demi qui suit je suis super enthousiaste ET super impliquée ; puis un jour... le sens commence à m'échapper et je commence à me demander *À quoi bon ?* Et généralement, un mois plus tard, *I'm out of there* – je n'y remets plus les pieds. ***Finito.***

Les membres de ces deux réseaux pros dans lesquels je me suis tellement investie, je leur ai à peine dit au revoir ! Je n'en étais pas capable. J'aimerais être plus mesurée, tant dans mon engagement que dans ma décision de partir. Et sans doute, cela fait partie de celle que je suis, ai été jusqu'à présent : alterner des phases de « beaucoup avec les autres », avec des phases de « beaucoup toute seule et avec quelques intimes ».

LE RETOUR DU BALANCIER

Je sens poindre aujourd'hui une phase de réouverture au plus large monde. Sans doute est-ce le retour du balancier (après avoir passé beaucoup de temps avec ma famille, mon mari, mon chien, quelques amis très proches... j'ai besoin d'élargir !). Et mes enfants ont quitté la maison, elles aussi élargissent leur univers ; et me laissent le champ libre pour rouvrir le mien.

D'où ce raout, ces 20 amis qui vont nous rejoindre à la maison dans 10 jours pour parler chacun d'un livre aimé au cours de l'année écoulée, tout en partageant vins et fromages. Je me suis engagée (avec moi-même, et Nicolas est d'accord !) à accueillir à la maison au moins 4 évènements d'amis chaque année

Si on sortait ?

Si on restait ?

– avec des cercles différents qui se rejoignent, et une proposition originale. Voilà les principes qui me guident lorsque j'imagine et anime une *fiesta*.

- Se demander de quoi j'ai besoin (de quoi je sens qu'on a besoin collectivement) en ce moment. Imaginer la forme idoine de la rencontre.
- Créer l'invitation avec mon mari.
- Répondre à chacun qui nous répond.
- Être en forme le jour J pour accueillir tout le monde.
- Assumer un cadre assez tenu – si on vient pour parler de livres, on parle de livres ! tout en étant chaleureuse.
- Oui, j'aspire à créer des moments qui ne soient pas convenus, où il y a des surprises, où des personnes qui ne se rencontrent pas habituellement, se rencontrent en vérité.

Bon, cette pratique de réunir des personnes appréciées autour d'un sens commun, je n'en ai pas (encore) créé un job ! Et elle me mobilise et m'enchante au moins 4 fois dans l'année. Et elle permet à des gens qui ne se connaissent pas, de se rencontrer ; et à des gens qui se rencontrent surtout par notre truchement, de se retrouver. Tant que je peux, tant que nous pouvons – j'aimerais continuer à animer « ces rassemblements » et sur la base d'intérêts communs.

Et toi, ma lectrice ?

À quels réseaux professionnels ou amicaux, as-tu aimé appartenir dans ta vie ?

Prends ton carnet, ton crayon, et termine les phrases suivantes.

✓ Un réseau auquel j'ai aimé (ou j'aime) participer, c'est…

✓ Ce réseau m'a apporté (ou m'apporte)…

✓ Et moi voilà ce que j'apporte à un réseau quand j'y participe…

LE RISQUE DE LA MÉMÉRISATION

Coucou my dear lectrice ! ***Kevin Kelly, le fondateur du magazine américain* Wired *(et de plein d'autres trucs) a publié un livre d'aphorismes où il donne ses meilleurs conseils de vie :* Excellent advice for living (wisdom I wish I had known earlier). *L'un de ses conseils (je cite de mémoire et traduis à la va-comme-je-te-pousse), c'est « approfondis 2/3, explore 1/3 ».***

J'adore pour ma part approfondir – les amitiés, les centres d'intérêt, les auteurs aimés, j'aime goûter et regoûter les mêmes plats adorés, j'aime retourner aux endroits où j'ai été heureuse… je crois dans les vertus de l'approfondissement, de la fidélité, et quand elle est habitée de la routine.

Et le ratio proposé, 2/3-1/3, m'enchante, car je me rends compte à quel point cela me rend joyeuse de découvrir des endroits nouveaux, des pratiques nouvelles – j'appelle cela, étendre mon territoire. Malheureusement, il y a plus d'une manière de s'encroûter, de s'engourdir, voire de se mémériser.

LA CHAINE DE LUNETTES

Une de ces manières de devenir « mémère » est le look. Entre 25 et 40 ans, j'adorais porter le manteau «années 60 » de ma grand-mère, en tissu épais pied de poule bleu marine et blanc. Aujourd'hui… j'ai arrêté… À 30 ans, l'idée de ressembler à ma grand-mère me plaisait. Plus maintenant ! Mon amie Anne a cessé d'utiliser les magnifiques sacs Kelly hérités de sa mère – *Autour de 40 ans*, m'a-t-elle confié, *je n'ai plus pu les porter.*

Je pense aussi aux lunettes… Depuis l'enfance, je rêvais de porter des lunettes (et un appareil dentaire ! Au secours !). Bon, à 43 ans, une visite chez l'ophtalmo m'a *enfin* permis d'exaucer ce rêve pour cause de presbytie. Surprise, je trouve le port de lunettes moins drôle que prévu ; et surtout, si j'ai bien intégré que c'est mieux de les porter quand je travaille sur mon ordi ou quand lis un bouquin, j'ai négligé pendant très longtemps de les emporter quand je sors. Quelle humiliation de ne pas pouvoir lire la liste des composants sur le paquet au magasin ; ou de ne pas arriver à déchiffrer le menu au resto ; ou les directions données par Google map dans mon téléphone, pour guider Nico en voiture. Sans parler des fautes quand j'écris un sms ou un post Instragram, alors que les lunettes sont restées dans ma chambre et que je suis descendue dans la cuisine avec mon téléphone.

Je perds mes lunettes sans arrêt ; comme je ne les mets que pour lire et écrire, et les enlève pour le reste de ma vie, je les pose « quelque part » (une étagère sans doute mais dans quelle pièce, ah aha) et *pfiout*, 5 minutes plus tard je les cherche dans toute la maison.

Lorsque je vois l'une de ces chaines de téléphone portable ou de lunettes, à gros maillons colorés, qui font fureur dans les grands magasins… je suis tentée. Et puis ma fille me surprend à les regarder avec envie, elle secoue la tête vigoureusement en ouvrant grands les yeux (exprimant sans mots un *Ne pense même pas à porter ce truc en ma présence*), l'air horrifié corroboré par le souvenir de ma grand-mère maternelle… qui en effet avait ajouté à sa tenue une chaine à lunettes du plus bel effet. J'avais beau être fondue d'admiration pour ma grand-mère (et sa chaîne *dorée* !), je n'assume pas de lui ressembler sur toute la ligne (déjà que je reprise mes chaussettes et rassemble mes cheveux en chignon…). Donc pour le moment, pas de chaîne à lunettes, je fais des fautes sur Instagram, tant pis, je corrige quand je m'en aperçois.

Mes rôles-modèles de look

Celles qui m'aident à ne pas glisser sur la pente de la mémérisation vestimentaire sont moins mes sylphides de filles, que ma belle-mère, ma belle-tante, et mes copines plus âgées de 10, 15, 25 ans - celles qui sont toujours méga stylées. Leur style n'a pas tant changé depuis qu'on se connait, et moi je suis toujours en admiration devant leur allure. Elles portent moins de chaussures à talon mais je n'en porte plus non plus depuis plusieurs années à cause de mon dos tordu et cambré. Je leur demande leurs marques de prédilection et elles n'ont pas changé depuis leur quarantaine, période à laquelle je les ai connues - je prends note avant d'aller faire un tour sur Vinted où j'accède à ces trésors à une fraction du prix. Ça ne me dérange pas d'être habillée comme ma belle-mère, plutôt ça m'honore - c'est davantage mon amoureux qui est perturbé parfois quand je porte une robe que sa mère m'a donnée ; j'essaie de garder ma synthèse propre, et de m'inspirer de plusieurs sources.

LAISSE-TOI DÉRANGER

Il y a malheureusement plein d'autres risques d'engourdissement et de mémérisation que le risque vestimentaire. Celui que pointe Guillemette Faure et sur lequel je n'arrivais pas à mettre le doigt, mais je tournais autour depuis plusieurs semaines (voire des mois, voire des années, voire depuis ma naissance !) - c'est le côté rigide et, osons le mot, disgracieux, de celle ou celui qui a trouvé une façon de vivre qui lui convient ET REFUSE DE SE LAISSER DÉRANGER. Ce côté grognon, encroûté, aurait tendance à s'accentuer dans la vie post-enfants, où on s'est ENFIN débarrassé des contraintes liées aux enfants dans le quotidien (les accueillir, les écouter, cuisiner pour eux...).

Je croise une copine dans la rue. Elle m'invite à passer chez elle. J'ai prévu de déjeuner seule à la maison - j'ai donc un peu de temps. Pourtant, je refuse. Je ne me l'explique toujours pas. Pourquoi suis-je incapable de sortir de mon propre agenda ? Pourquoi cela me coûte-t-il d'adopter, une fois de temps en temps, le temps de l'autre, le rythme de l'autre, et m'ouvrir à des propositions spontanées ? L'encroutement mémérisé ce serait ça aussi, le refus de l'imprévu ? Un temps si bien structuré dans ma tête avec des activités et un rythme qui me convient... que je ne m'ouvre plus aux propositions des autres ?

« Je fais gaffe », me dit mon frère (de deux ans et sept mois mon cadet), « je fais attention qu'à force de dire non à trop de propositions, on ne va plus me proposer grand-chose ; je n'aimerais pas finir tout seul. » (Je me suis demandé s'il disait ça juste pour lui-même ou aussi en pensant à moi, sa grande sœur qui déjà à 7 ans ne devait pas être dérangée, car en train de lire… tout le temps !).

Mon mantra des 7 dernières années, entre 42 et 49 ans disons, a été *Effata - ouvre-toi*. Ouvre-toi à des idées nouvelles, à des expériences nouvelles, à l'Autre avec un grand A. Le mantra des 7 prochaines années va se décaler mais à peine, et devenir *Je me laisse déranger !*

Bon je t'avoue, je ne sais pas encore comment je vais m'y prendre. Me laisser déranger, j'ai envie… et surtout pas trop envie ! Et je perçois à quel point c'est nécessaire de m'arrêter net sur cette pente de l'encroûtement. J'ai aussi confiance dans le pouvoir des intentions et dans l'aide de tous les chéris qui m'entourent pour m'ouvrir aux propositions imprévues… et même à devenir un peu plus gracieuse !

Et toi, ma lectrice…

Quel danger de mémérisation pourrait te guetter ?
Allez, soyons fous, lequel te *tente* ?

Prends ton carnet, ton bon stylo et note :

- ✓ Le danger de mémérisation qui me guette c'est…
- ✓ La pente de mémérisation que j'ai envie de suivre c'est…
- ✓ La menace de mémérisation à laquelle je me refuse c'est…
- ✓ Une personne ou une chose qui m'aide à ne pas sombrer dans la mémérisation c'est…

Toutes ces choses que j'aime et qui font mémé :
- les chaînes de lunettes
- les chignons
- le manteau de ma grand-mère
une vraie mèmère à son chienchien ♡

QUAND L'ÊTRE DIT NON !

Strictement parlant, nous ne prenons pas les décisions. Les décisions nous prennent.

JOSÉ SARAMAGO

✓ Ne cherche pas à tout décider, m'a-t-elle dit.

J'étais déjà assez « vieille » (2017, presque 43 ans) lorsque je suis allée trouver Catherine, ma psy « la queue entre les jambes » - je venais de quitter le BNI (Business Network International), mon groupe chéri de réseautage, presque malgré moi ; disons qu'un beau jour je me sentais « à fond » et le lendemain, je ne pouvais plus y mettre les pieds. J'étais fort marrie car une bonne partie de ma vie sociale était liée à ce réseau pro ; et à la fois, fort résolue, BNI et moi, c'était fini.

Je ne l'avais pas vu venir, cette défection ; elle a paru soudaine à tout le monde, moi compris. Et si je regarde les mois qui l'ont précédée, je peux rétrospectivement trouver plusieurs signaux faibles qui, individuellement, ne disent pas grand-chose ; et si je les examine mis bout à bout, je ne peux qu'admettre « Ah oui ». Soupir.

« Ne cherche pas à tout décider », m'a dit Catherine, ma psy, lorsque je lui raconte, désolée, ma défection de ce réseau que j'affectionne mais où je n'ai plus ma place. Je me suis demandé d'où elle tirait cette sagesse, ce savoir qu'une partie de moi sait des choses qu'une autre partie de moi ignore. (Elle a fait des études Tatasse ! elle a rencontré des dizaines de patients ! elle l'a sans doute vécu, ce moment où quelque chose d'impérieux en soi prend le contrôle et balaye nos arguments notre vie telle qu'elle est constituée et notre « petit confort »).

REBELOTE

Le plus « drôle » est que, 6 ans plus tard, je reviendrais la voir, en pleurant très fort, pour lui annoncer que nos entretiens mensuels allaient s'arrêter. La décision s'est prise d'elle-même, comme pour l'arrêt du réseau tant aimé ; et j'avais pu observer au fil des mois, les signes avant-coureurs qui ont conduit à cette décision ; de ce fait, j'ai été moins surprise quand mon être a dit « Avec Catherine, c'est terminé ». Comme un fruit qui tombe de l'arbre parce qu'il est bien mûr après avoir tenu sur la branche pendant 11 ans.

En lui annonçant cette décision prise par « quelque chose en moi », je pleurais à gros bouillons, à m'en étouffer. J'étais tellement triste de quitter cette femme, qui m'a tellement aidée ; de faire mes adieux à ce lieu sûr, l'espace de son cabinet, où j'ai pu vivre toute la palette des émotions, pleurer, rire, quasi m'endormir, avoir envie de me rouler par terre ou lui balancer un coussin dans la figure – ce que je n'ai jamais fait bien sûr, et que j'ai pu verbaliser sans que ça pose de problème. Je pleurais à gros bouillons et pourtant, la décision était prise – c'était terminé.

7 mois plus tôt, belote – avec cette histoire de boîte de formation à laquelle j'avais fini par dire un « plus comme ça » en forme de « bon ça va bien on a fait notre temps vous et moi ». Je ne pouvais plus dire oui. Moi qui suis théoriquement mesurée et favorable aux changements progressifs – en fait les prises de conscience le sont, progressives – mais la décision, elle, apparait assez brutale.

À MA PLACE… ET PUIS UN JOUR, PLUS À MA PLACE

Quand je vois la *moi* de 2015 s'enthousiasmer pour le BNI et me lever à 5h30 du matin pour assister aux réunions (c'est un réseau de « potron minet »).

Quand je me vois toutes ces années depuis 2012 fidèle au poste et tellement nourrie par les échanges avec ma psy (même dans la dèche, j'ai continué à trouver de l'argent pour aller la voir) !

Quand je me vois sauter comme une écolière avec mon gros cartable, tellement motivée pour animer les formations dans les grandes boîtes et améliorer ma prestation d'une fois sur l'autre, tellement « à ma place » dans cette petite entreprise de formation...

J'éprouve une immense nostalgie pour ce qui est et qui n'est plus. J'ai trouvé hier (ou elle m'a trouvée) cette phrase de Paulo Coehlo : « Tu peux te languir de quelque chose, et ne pas vouloir le récupérer. » Cette phrase rend tellement bien compte de ce que je ressens ! C'est consolant de trouver sous la plume d'un écrivain, pile les mots pour exprimer l'expérience que je vis.

L'autre parole consolante est celle de Chine Lanzmann, qui a été ma coach pendant près de 10 ans. « Si tu n'es plus à l'aise dans un projet ou une situation, m'a-t-elle dit en substance, alors il faut l'arrêter, dire stop, dire non – enlever ce qui ne te convient plus, même si tu ne sais pas encore ce qui te convient. Une fois que tu auras « fait le ménage », désencombré ta vie, tu as de la place et de la clarté pour faire advenir le nouveau. »

Alors voilà – j'ai dit stop – j'ai créé le vide. En sachant que c'était juste, mais sans savoir ce qui viendrait après.

Et toi, *my dear* lectrice ?

As-tu déjà expérimenté des décisions qui se sont prises à l'intérieur de toi, sans que le toi conscient ait eu son mot à dire ? Juste, parce que la décision était mûre et que c'était le moment ?

Prends ton carnet et ton stylo et complète la phrase suivante :
Une fois qu'une décision s'est prise en moi malgré moi, ça a été quand...

Bon, ça y est ! C'est fini.
Mais je n'ai pas été consulté !

L'AIDE DES AMIS

L'ami est l'ami de la vie en moi.

CHARLES PÉPIN

Mes 30-32 ans ont été une période délicate à passer. Je me considérais depuis l'enfance comme une amie dévouée et investie – le peak, le sommet de cette expérience ayant été les années de prépa, puis d'école de commerce, puis les premières années de vie professionnelle. On vivait en bande !

RETOURNEMENT DES PRIORITÉS

Nicolas et moi nous sommes mariés parmi les premiers ; ça n'a pas changé grand-chose à ma disponibilité – on se voyait en bandes. Quand ma première fille est arrivée, nos amis étaient encore très jeunes (comme nous) et sans enfants pour la plupart – puis chacun s'est mis à convoler puis à enfanter, une fois, deux fois, trois fois au moins quand nous nous sommes arrêtés à deux. J'ai alors eu l'impression que notre vie amicale, dans sa profondeur, prenait un coup d'arrêt.

En tout cas, elle était devenue moins prioritaire, tant pour Nicolas et moi que pour nos amis. Déjà les garçons, devenus des hommes, investissaient « à mort » leur carrière – et ils aimaient parler boulot boulot boulot. Les filles, devenues des femmes... de quoi on parlait ? De nos enfants ? Oui, j'ai commencé à trouver les dîners entre amis un peu genrés et un peu *boring*, pas super foufous ; à m'y endormir, ce qui est la clé pour ne pas avoir envie d'y revenir trop souvent ni d'ailleurs être réinvitée. Je me suis mise à préférer les déjeuners deux à deux ou les soirées avec des propositions originales ; je me suis mise aussi à privilégier les amitiés où on avait des projets ensemble – comme animer un réseau, ou écrire un livre par exemple.

Aujourd'hui, je préfère toujours ça – les déjeuners deux à deux, les soirées avec des propositions originales, et mener avec mes amies des projets, même petits et humbles, qui nous donnent une direction et créent un monde à nous.

Les soirées à forte proposition.

Protect, equalize, connect – protège, égalise, connecte. Ce sont 3 « des commandements » de la (ma) papesse des réunions avec du sens, Priya Parker. Son constat, c'est que l'on est souvent trop *chill* (trop mou !), c'est-à-dire pas assez intentionnel ni cadrant dans nos réunions personnelles. Ces amis que j'ai envie de réunir chez moi, qu'est-ce qui me pousse à les rassembler ? Cela peut être un motif tout simple, comme « contrer le gris de février quand on n'est pas encore en vacances ». Ou « célébrer les 49 ans d'une amie fort aimée et secouer l'angoisse qui nous étreint quant à notre avenir ».

J'ai toujours envie de parler « en profondeur » à mes amis ; mieux les connaître ; découvrir d'eux des facettes insoupçonnées ; or, le format des dîners en ville ne permet pas toujours cette intimité – souvent, celui ou celle qui se sent avec le statut le plus élevé, peut confisquer la parole. Moi, ça m'ennuie ! et plus que ça m'ennuie, ça m'irrite. J'ai envie de parole vraie. Et j'aime cette idée que tous mes invités aient un statut égal (ce sont tous mes invités !) ; qu'ils soient protégés de se sentir « comme des nullos » parce que l'un ou l'autre va pérorer non-stop ; et enfin, que cette soirée « serve à quelque chose » dans le sens que les gens se rencontrent plus en profondeur eux aussi !

De plus en plus, même dans un dîner classique, j'ai recours à des questions *ice breakers*. Par exemple : « Si vous étiez une étendue d'eau, laquelle seriez-vous ? » ou « C'est quoi pour vous, une bonne vie ? ». À mes amis qui se connaissent depuis 30 ans, j'ai demandé au dîner de Noël « Quoi de neuf depuis 3 mois, que tout le monde à table ne sait pas ? » Chacun choisit son degré de confidence et d'intimité, plus ou moins longuement. Mais on apprend plein de choses qu'on ne savait pas... et des conversations se forment... On se rend sur d'autres territoires. On est habité autrement par l'image de ses amis.

J'ai pris cet engagement vis-à-vis de moi-même, d'organiser chaque année 3 à 4 « gros raouts » (avec plus de 10 personnes invitées), avec des propositions fortes. Pourquoi je fais ça ? Parce que je pense que nous avons un grand besoin de nous retrouver ! autour de propositions qui nous réjouissent et qui ont du sens ! Et je me suis rendu compte que Nicolas et moi avions un don pour rassembler les gens, tout en créant un cadre (et le tenir). Et puis, nous avons de l'énergie libérée par le départ de nos filles… et besoin de voir des amis ou de nous en faire de nouveaux !

Ces réunions ou rassemblements ont des formes déjà établies, et elles peuvent bouger – à la marge. Les gens qui viennent jouent le jeu proposé à l'avance, dans l'invitation – et si le jeu ne leur convient pas, ils ne viennent pas, et on décide de se voir à un autre moment. En novembre, organisé avec mon amie Camille, *Ça t'ira mieux qu'à moi* est un vide-dressing à prix doux entre amies et amies d'amies. Que des femmes, des vêtements de femmes, du thé, des gâteaux, des vêtements et des billets qui changent de main, et un esprit joyeux ! En novembre toujours, je célèbre mon anniversaire ! J'arrive avec un thème plus ou moins « chiadé » - Habille toi en rouge, viens vêtu en Japonais et raconte-nous une histoire de fantôme… En janvier, la soirée pain-vin-fromage et un livre aimé dont chacun va lire une page. En juillet ou en septembre, une *garden party* dans notre petit jardin. Une amie nous a dit, « Vous avez la pêche d'organiser ça ». C'est vrai, mais surtout ça nous donne la pêche d'imaginer et d'organiser ces moments collectifs chargés de sens et de poésie.

Ça facilite d'avoir pris la décision d'organiser ces évènements ; et toujours je me pose la question « de quoi avons-nous besoin, en ce moment ? » - pour renouveler ce qui a besoin de l'être et ne pas nous figer dans une forme qui ne servirait pas un véritable objectif. Pfiou. C'est du boulot ! Et en vrai, pas tant que ça.

COMMENT VEUX-TU REMPLIR TON VIDE ?

La question que je me pose aujourd'hui est : « Maintenant que les enfants ont quitté le nid, vais-je retrouver du temps pour mes amis ? Du temps et de la disponibilité affective ».

Il faut dire, dans le cas de mes filles, qu'elles ont été de merveilleuses compagnes. Bien sûr les enfants ne sont pas des amis… Mais le compagnonnage est réel et omniprésent, « On fait des crêpes ? » « On va se balader ? » « Comment t'as passé ta journée ? » Pour quelqu'un d'un peu introverti, qui en plus a un travail et des clients… la jauge humaine était pas mal remplie.

Leur départ crée un vide en termes de compagnonnage. Comment veux-tu remplir ton vide ? C'est la question que m'avait posé ma psy Catherine et oh mon Dieu, elle m'aide tellement cette question.

Quelle est la stratégie féconde et non pas destructrice, de moi ou des autres, pour remplir ce vide nouveau que laisse l'absence des enfants ?

Je reste avec cette question qui appelle plusieurs réponses – c'est peut-être même l'un des sujets de ce livre ! Et l'une des réponses, ce sont les amis. Les amies. Oui, j'ai envie (et besoin) de repeupler ma vie de présences affectueuses, intelligentes, décentrantes, drôles la plupart du temps ; j'ai besoin d'écouter et d'être écoutée, d'imaginer et de mener des projets avec d'autres adultes, de partager aussi les expériences de vie : Où en es-tu, où en suis-je ? Comprendre et me sentir comprise. Toutes ces années, j'avais encore et bien sûr besoin d'amitié, mais de manière aussi criante ?

Y'a quelqu'un ?

La question est la suivante : les amis (de mon âge pour la plupart, mais ayant des enfants encore à la maison) vont-ils répondre à mes appels et propositions qui s'intensifient ? J'ai en ai l'impression. Ils sont là pour moi et répondent à l'appel (qui n'est pas quotidien, hein, j'sais me tenir !) comme s'ils m'avaient attendue (ou que je ne m'étais pas finalement complètement absentée de leurs vies). Comme si pour eux aussi, la période de maternage intense était terminée. Comme si... ils et surtout elles avaient un peu pitié de moi, « c'est dur de s'habituer à l'absence de ses enfants ! » Comme si aussi, elles anticipaient leur propre désarroi futur lorsque leurs propres enfants quitteront le nid. Enfin, peut-être tout simplement qu'ils et elles apprécient ma compagnie. À l'époque spécifique du *middle âge*, mes amis ont donc ce rôle de nouvelle famille. La liberté de s'inviter à dîner ou à l'apéro à la dernière minute chez des copains : *yessss* ! Que c'est agréable de partager un repas ou un apéro assis dans leur cuisine, de manière « informelle », sans penser à nos enfants puisqu'ils sont loin et (on l'espère) heureux, ni à rien d'autre qu'au moment présent.

Y'A QUELQU'UN ?
mais oui !
on est là nous !

TU ME COMPRENDS TOI !

Françoise Dolto disait que chacun a besoin de passer du temps avec des personnes appartenant à sa classe d'âge – et c'est particulièrement vrai en ce moment où nous, les femmes, traversons des modifications physiologiques déroutantes... et impossibles à partager avec l'homme et les enfants de nos vies. C'est précieux de pouvoir s'ouvrir à des amies qui ont vécu, vivent ou s'apprêtent à vivre une métamorphose similaire. « Aaah ! toi tu me comprends ! Aaaah, toi tu **sais** que je ne me fais pas des « idées » ! Aaaah, tu me préviens des risques de la piste – tu sais à quoi sont dues mes sautes d'humeur – qu'elles ne sont pas le fait d'une dépression, mais « juste » d'une chute d'hormones. Toi, tu me vois, à une époque où je me sens moins regardée... » Wahou... ça fait du bien, de ne pas être seule face à ces changements. Et aussi de pouvoir faire profiter mes copines, mes clientes et mes lectrices de mes découvertes – et qu'elles me **remercient** au lieu de rouler les yeux, comme faisaient mes filles et mon mari quand j'imaginais encore qu'ils pourraient être mes interlocuteurs sur ce sujet.

UNE AIDE À PRENDRE DES DÉCISIONS

Un autre moment clé quant au besoin d'amies est celui qui précède une prise de décision. « J'ai tel dilemme... T'en penses quoi ? » ou bien, « Tu as l'air chiffonnée – qu'est-ce qui t'arrive ? » J'arrivais à ce dîner (non intime car une quinzaine de participantes) quand mes copines m'ont vu « avec une drôle de tête ». En effet, une décision se préparait en moi (apparemment depuis 2 jours, mais en réalité depuis 4 ans !) : quitter la boîte qui me donnait (de moins en moins) de travail qui avait lui-même de moins en moins de sens. J'avais envie (ou plutôt, je ressentais la nécessité) de m'envoler vers une mission plus porteuse de mes valeurs ; et j'avais peur. Les amis (les bons) font souvent preuve de clarté en ce qui nous concerne, souvent bien plus que nous. « Vas-y, claque leur ta dem ! » m'ont dit en chœur les deux amies auxquelles je me suis ouverte ce soir-là. Bon, techniquement il ne s'agissait pas d'une démission, puisque je suis indépendante... Et j'ai toujours en tête cette phrase de mon père, « Écoute les conseils mais prends ta décision en te souvenant que c'est toi qui l'assumeras ». En tout cas, leur certitude et leur soutien m'ont aidée à « y aller » ; elles ont renforcé ma confiance dans cette décision qui se murissait depuis des années et était maintenant prête à éclore. Aujourd'hui, c'est moi, en effet, qui vis avec cette décision et mes amies sont encore là pour me soutenir et m'aider à réfléchir à la suite.

J'EN VOUDRAIS DAVANTAGE !

Au fur et à mesure que passent les semaines, je me dis que j'aimerais, en compagnie de mes amis, partir marcher quelques jours ; partager à nouveau des week-ends tous ensemble ; dîner en semaine à 3 ou 4, vraiment organiser ces soirées fofolles avec de nombreux invités ; profiter de tous nos week-ends et fêtes qui se profitent. Et la bonne nouvelle, c'est que l'un ou plusieurs de mes *j'aimerais* ont tout à fait le potentiel pour se réaliser. Vivent les amis !

Et toi, ma lectrice ?

Comment tes relations avec tes amis et amies t'aident-elles à traverser cette période de ta vie ?

Prends ton carnet et poursuis les 3 débuts de phrases suivantes…

✓ Une chose que j'apprécie spécialement dans mes amitiés aujourd'hui, c'est…

✓ Une chose que mes amies et amis m'aident à traverser, c'est…

✓ Une chose que j'aimerais vivre davantage avec mes amis, c'est…

TIENS-TOI AU PINCEAU…

There is a time for depature, even when there is no certain place to go[9].

TENNESSEE WILLIAMS

« Je suis de celles qui s'en vont », m'a raconté Charlotte, l'une de mes copines éditrices qui a réalisé un mouvement de carrière déjà observé chez plusieurs de « mes éditrices » : quitter une maison d'édition dans laquelle tout se passait bien, mais où la progression était bloquée, pour un poste plus « capé » dans une autre maison ; puis elle est revenue au bout de quelques années dans la maison initiale, à un poste d'envergure – auquel elle n'aurait pas pu prétendre si elle était restée dans ladite maison… Cela demande du courage de quitter une maison où l'on fait du bon travail et où on est apprécié – et d'un autre côté c'est frustrant voire mortifère, de ne pas se sentir progresser dans sa carrière. Alors tant pis pour le confort, mon amie est partie voir si ailleurs l'herbe n'était pas plus verte. Pour Charlotte, le mouvement a été coûteux mais bénéfique puisqu'elle a pu revenir dans son ancienne maison à un poste nettement supérieur à celui qu'elle occupait auparavant. « Les grands chefs qui ne m'imaginaient pas dans des fonctions de direction ont vu que je m'en sortais bien à la concurrence ; ils ont pu me projeter dans ce type de poste, et moi, j'étais plus que prête à revenir », me raconte-t-elle en souriant.

LA PEUR DE LÂCHER

Que c'est dur (je trouve) de lâcher ce que l'on connait, pour – parfois, quelque chose, mais parfois rien. Cette dernière année, j'ai eu peur de lâcher :

9. On pourrait traduire cette phrase par « il y un temps pour le départ, même quand il n'y a pas d'endroit certain où se rendre. »

- Ma relation avec la boîte de formation ;
- Mes filles, parties de la maison 15 jours l'une après l'autre (j'ai donc lâché la « maternité active ») ;
- Deux manuscrits ! que j'ai écrits, puis rendus à mes éditrices ;
- La relation avec ma psy.

La question à chaque fois a été « Mais qu'est-ce qui va venir remplacer cet élément important de ma vie ? » OK, la vraie question est « Si je perds ce pan entier de mon identité - ce boulot, cette relation - alors, qui suis-je ? » Je sais ce que je lâche (ou qui me lâche), je connais ce à quoi je m'agrippe, ce qui tient encore à moi par un fil ; je n'ai aucune idée de ce que je vais trouver après, une fois que j'aurai sauté ou que le fil aura lâché.

UN ACTE DE FOI

Ce saut vers l'inconnu - qu'il vienne d'une décision qui n'est pas de mon fait ou d'une décision qui m'incombe et il ne reste « plus » qu'à l'acter - demande une véritable confiance en la vie et en soi ! Dans ces moments-là, cela m'aide de me souvenir de ce texte de Goethe :

« Tant que nous ne nous engageons pas, le doute règne, la possibilité de se rétracter demeure et l'inefficacité prévaut ». En ce qui concerne les actes d'initiatives et de créativité, il est une vérité dont l'ignorance a des incidences innombrables et fait avorter des projets splendides. Dès le moment où on s'engage, la Providence se met également en marche. Pour nous aider, se mettent en œuvre toutes sortes de chose inattendues. Un enchaînement d'évènements, de situations et de décisions crée alors en notre faveur toutes sortes d'incidents imprévus, des rencontres et des aides matérielles que nous n'aurions jamais rêvé rencontrer sur notre chemin. Tout ce que tu peux faire ou rêver de faire, tu peux l'entreprendre. L'audace renferme en soi génie, pouvoir et magie. Débute maintenant. Sauter - lâcher ce qui demande à être lâché - c'est une forme d'engagement.

L'autre phrase qui m'aide à sauter - à acter la décision qui s'est mûrie autour de moi ou en moi - est celle de Julia Cameron : « Saute, et le filet apparaitra. »

Alors, mon filet - mes filets - sont-ils apparus ? Après avoir constaté les flux sortants de ma vie - quels flux y sont entrés ?

Quand j'ai lâché mon travail avec la boîte de formation, je me suis réengagée dans l'écriture ! Notamment, l'écriture de ce livre, et de deux petits autres. Je me suis aussi réengagée dans le coaching, j'ai accentué ma pratique. Je n'ai pas récupéré les revenus de mon activité de formation auprès de grands groupes - mais j'ai récupéré de la fierté et du sens pour mon travail, ça oui.

Quand mes filles se sont installées, l'une à Bruxelles, l'autre à Versailles, je me suis réengagée plus pleinement dans ma relation avec leur père, mon homme, Nicolas. Et aussi, dans mes pratiques de dessin, de couture - réparation, de collages.

Quand les manuscrits de mes deux premiers petits livres ont été rendus à l'éditeur... Je suis tombée malade ! Un vrai bon repos !

Quand j'ai arrêté les séances avec ma psy... je suis allé manger un très bon *chawerma*... et j'ai décidé que l'année à venir serait l'année de la *street food* !

À chaque fois, le vide a été comblé par ce qui avait du sens, différent de ce que j'imaginais, mais c'est délicieux, une surprise.

PAR QUOI JE COMBLE LE VIDE ?

Tiens-toi au pinceau, j'enlève l'échelle ! Cette formule adorée s'est si souvent vérifiée dans ma vie - quand un gros bloc structurant (l'échelle) s'est dérobé, je me suis toujours raccrochée à des gestes créatifs (mes pinceaux) ; c'est grâce à eux que j'ai traversé le deuil, l'inconfort, l'incertitude, et que j'ai retrouvé mon chemin vers une nouvelle échelle. Cette phrase rejoint la question que m'avait posé ma psy - *qu'est-ce que tu choisis de bon pour toi, pour combler ton ou tes vides ?* Vide de fait - une chose qui était dans ma vie, n'est plus ; ou vide existentiel - je me sens vide, sans savoir pourquoi. Deux ou trois semaines avant le départ des enfants, j'ai vu apparaitre (et décidé d'accueillir) une pratique de yoga quotidienne. Moi qui pratique le yoga comme une cancre, depuis 40 ans, certes, mais n'importe comment, je décide chaque jour, de pratiquer 5 à 10 minutes de yoga. Je déroule le tapis devant la fenêtre et, au contact du ciel et des oiseaux, je m'étire et m'équilibre. Le jour où j'ai rendu le deuxième manuscrit, je me sentais toute vide – mon temps des dernières semaines avait été fort structuré par l'écriture et je me suis demandé : *que vais-je faire ?* C'est à ce moment-là qu'un projet qui me tient fort à cœur, laissé de côté jusque-là, s'est rappelé à mon bon souvenir – l'agenda de l'année suivante à concevoir et à réaliser. Ce jour-là, mue par l'énergie de tristesse (j'ai fini l'écriture du livre) et de soulagement (j'ai rendu le manuscrit dans les temps), j'ai commencé et bien avancé mon agenda.

✓ Ces deux expériences de grande clarté sont très rassurantes. Je peux lâcher l'échelle, les pinceaux apparaissent. Et pour les endroits de ma vie où le vide n'est pas encore comblé - je cherche et j'attends avec confiance.

Et toi, chère lectrice ?

Quels morceaux d'échelles se sont détachés de ta vie au cours de la dernière année ?

Prends ton carnet, ton stylo, et notes-en trois trois flux sortants :

✓ Les 3 pans de ma vie qui se sont détachés de moi, ce sont...

Puis toujours stylo à la main, note dans ton carnet 3 « pinceaux » - flux entrants, pratiques, personnes, centres d'intérêt, ou activités, qui sont apparues dans ta vie au cours de la dernière année :

✓ Les nouveaux flux qui sont entrés dans ma vie, ce sont...

Je te souhaite une heureuse exploration !

et si je lâche le pinceau ?

COMMENT REBONDIR ?

***But we can not simply sit and stare at our wounds forever*[10]**

HARAKI MURAKAMI

Ma chère lectrice, ***une fois que j'ai lâché l'échelle... (ou qu'elle s'est dérobée sous mes pieds... même si c'était une échelle vermoulue, trop lourde, instable, enfin, une échelle inadaptée à la réalité de ma vie ou de la vie autour de moi) comment me résoudre à ce que la situation, peut-être une situation à laquelle je tenais, prenne fin ? Comment surmonter la nostalgie, la colère ou l'amertume ? Les regrets, la culpabilité, la honte ? Comment retrouver my next big thing, après celle qui vient de s'arrêter ? En un mot, comment rebondir ?***

PAS LE CHOIX

Lorsque j'ai posé la question à mon amie Céline, Comment as-tu rebondi après la fin de 11 ans à ton précédent poste, elle m'a répondu : « C'est assez simple - je n'avais pas le choix ! » Pas le choix, étant donné son référentiel et son caractère de battante habituée à résoudre des problèmes pour les autres et pour elle-même. Pas le choix quand on ne veut pas avoir « les plus belles années de sa vie derrière soi », mais qu'on veut les avoir aussi devant soi.

En ce qui me concerne, j'ai entendu toute mon enfance puis ma jeunesse, puis le début de mon âge adulte, ma grand-mère paternelle me dire : « Tu as mangé ton pain blanc ». Sous-entendu, *Tu as été très gâtée enfant, mais tu vas voir ado, ça se gâte...* Quand je lui faisais remarquer que mon adolescence avait eu

10. « Mais on ne peut pas rester simplement assis, et contempler nos blessures à jamais. »

des bons moments, elle me disait « Tu as eu de la chance, adolescente, mais tu vas voir la vie d'adulte c'est pas de la tarte ! » Et ainsi de suite, jusqu'à sa mort en septembre 2011 – j'avais alors presque 37 ans, un mari aimé et deux filles adorables et adorées – j'étais toujours en train de manger mon pain blanc. C'est comme si cette annonce, *Tu as mangé ton pain blanc*, m'avait programmée à démontrer à ma grand-mère (même à présent qu'elle est morte) que des expériences qui en valent la peine, je continue à en vivre. Le bonheur et les challenges intéressants ne sont pas derrière moi. Et donc, d'une certaine manière, moi aussi je suis programmée pour rebondir – pour passer d'une miche de pain blanc à une autre.

L'ENTRE DEUX MONTAGNES

On manque de projets, tel a été le constat fait avec mon mari il y a deux ou trois semaines. Des projets, on en a hein. Mais des projets qui nous enthousiasment, des projets à moyen-long terme, des projets personnels, des projets pour notre couple, des projets pour notre famille... Pas si facile à réenvisager, la projection dans le temps, et aussi trouver ce que l'on désire, quand notre grand projet de ces 20 dernières années – grandir avec elles au quotidien – et la vie commune avec nos deux filles – est derrière nous.

Enfin, pas complètement derrière nous – nos filles reviennent, certains week-ends, et n'ont pas encore de projets pour la totalité de leurs vacances. Je me sens entre deux montagnes ; j'ai quitté la montagne précédente, fait de présence maternelle quotidienne, avec ses contraintes et ses joies ; et n'ai pas encore trouvé le rythme et la montagne suivante. Alors, j'erre ou me promène (selon les jours) dans la vallée entre la première montagne quittée, et de mes yeux plissés je cherche à apercevoir la montagne suivante – encore masquée par une épaisse nappe de brouillard. Au bord de ma rivière, dans cette vallée entre les deux montagnes, celle que je viens de quitter et celle qui n'est pas encore apparue, je vis dans un instant présent... omniprésent. Il n'est pas désagréable, voire très souvent heureux et jubilatoire, ce présent, quand l'activité effectuée répond au besoin du moment.

youhou !

RECONNAITRE QUAND C'EST DUR

Je me sens triste. La nappe de tristesse s'est abattue sur moi à la fin d'un bon week-end dans notre maison en Bourgogne. Nous nous apprêtions à rentrer à la maison de Malakoff – d'où notre fille cadette, en prépa, qui ne vit pas avec nous la semaine mais rentre le week-end, viendrait de repartir pour Versailles. L'émotion habituelle qui dure 1 minute 30 (enfin, selon une partie de la recherche, d'autres parlent de 7 secondes de durée de vie pour une émotion, d'autres de 30 minutes !). La durée d'1 minute 30 me convenait) donc, cette tristesse, apparue un dimanche soir, est restée comme un gros nuage stationnaire, incrusté au-dessus de ma vie, pendant... 12 jours. Je pouvais animer des formations, écouter et conseiller mes clientes au téléphone, écrire, dessiner – mais en dehors de ces moments de travail productif et de concentration, une grosse mélancolie s'est abattue sur moi : parfois un simple poids dans la poitrine et un *pas envie de grand-chose* - et parfois un mal de tête, voire, les larmes qui montent aux yeux, voire, des gros bouillons de pleurs. La psychologue et neuroscientifique américaine Lisa Feldman Barrett, appelle cet état *the emotionnal flu*, la grippe émotionnelle. Mes émotions sont en charivari, et ça ne passe pas.

Depuis le départ des filles en septembre, je monitore mes émotions à l'aide d'une application mise au point par une équipe de psys de l'université américaine de Stanford : *how we feel*. Cette appli, en anglais et gratuite, propose des *check in* réguliers pour noter avec précision et retenir, comment on se sent. Première innovation que m'apprend l'appli : les émotions ne sont ni positives ni négatives mais catégorisées selon qu'elles sont agréables ou non à ressentir, et avec une énergie haute ou basse. Nous commençons avec un choix de 4 catégories et une couleur pour chacune d'elle : émotion agréable et haute énergie (jaune), agréable et basse énergie (verte), désagréable et haute énergie (rouge), désagréable et basse énergie (bleue). Une fois la catégorie choisie (ce qui est facile), toute une série d'émotions par catégorie nous sont proposées, avec leur définition (en anglais courant). Quand je veux alors savoir « comment je me sens à cette minute », je vais aller très précisément regarder les quelques définitions qui paraissent convenir à mon état en cet instant et choisir l'émotion dont la définition répond le plus finement à mon ressenti.

À quoi ça sert ? À me comprendre précisément. Je ne me sens pas « bien » ou « mal ». Je me sens irritée, découragée, déçue, frustrée... enthousiaste, tranquille, sereine, empathique... effrayée, agacée, fébrile, démotivée,... mettre de la granularité dans ma perception de « comment je me sens », m'aide à me dire que, déjà, quelqu'un y est pour moi - moi. Lorsque l'émotion est désagréable à ressentir, rien que le fait d'en prendre conscience et de la nommer correctement aide à faire retomber la pression... se sentir un peu mieux ! Et lorsque l'émotion ressentie est plaisante, cela augmente le plaisir 1. De s'en apercevoir, et 2. De la nommer avec justesse.

Nommer avec précision l'émotion ressentie aide à la traverser et à la comprendre. Ainsi, j'y suis pour les autres - mon mari, mes enfants, mes clientes, mes amis - et j'y suis pour moi. Par ailleurs(cette appli est vraiment chouette !), les psychologues du programme offrent des ressources sous forme de vidéos (1 minute, deux au plus) et de conseils très simples. J'en ai suivi certains) ils se renouvellent souvent. Au pire, les conseils ne font pas de mal, et au mieux... ben oui, ça va mieux !

THE RAIN TECHNIQUE

Mais alors, cette tristesse qui ne passe pas ?

Le meilleur conseil, pour m'aider à vivre avec et à prendre soin de cette tristesse, est de suivre de la méthode RAIN pour Reconnaitre, Accueillir, Investiguer et Nourrir.

R, je reconnais. J'ai d'abord mis un nom sur mon émotion : oui, je suis triste. *Je t'ai reconnue, tristesse, ma vieille compagne - j'avais l'impression de t'avoir plutôt bien échappé ces derniers mois, d'avoir plutôt bien géré mais cette fois, tu es là.*

A, j'accueille. Oui, je l'ai accueillie ma tristesse. *Bon, tu as l'air de t'installer cette fois. Tu dois avoir tes raisons... Prends le temps qu'il te faut.*

I, j'investigue, en allant chercher les raisons de ma tristesse. *Pourquoi as-tu posé tes valises, vieille gredine ? Qu'as-tu à me dire de si important que tu doives t'incruster presque deux semaines, hum ? et là elle s'est mise à me parler, très bavarde - enfin, c'était simple, elle m'a expliqué tout ce que je t'ai écrit un peu plus haut, que je manque de projets à moyen et long terme, que je n'ai pas encore trouvé ma nouvelle montagne à gravir, et que c'est difficile, même si le présent est souvent joyeux.*

N, je me nourris et me chouchoute : une fois que j'ai bien écouté ma tristesse, que j'ai reconnu *je suis paumée et larguée entre deux projets de vie*, j'ai décidé d'attendre tranquillement que la suite émerge ; je me suis demandé ce que je pouvais faire en attendant. Les réponses ont été surprenantes. La première instruction a été de continuer à m'éclater au présent et à écouter ce que le présent demande. La seconde instruction a été de préparer l'avenir, notamment en faisant grossir l'audience de ma newsletter ! Ah, la montagne suivante sortirait-elle du brouillard ? Mes petites cellules grises se sont remises en marche ; j'ai défini un nombre d'abonnés que je voulais atteindre (2 000) à telle date (mai !), et je me suis engagée à consacrer 10 minutes par jour à cet objectif de croissance de mon audience. Pour le moment, je suis loin du compte mais j'essaie ! et quelle joie de me projeter dans un objectif à moyen terme, ça faisait longtemps !

Une fois ce RAIN vécu en profondeur, **1.** J'ai eu le sentiment de *toucher l'fond d'la piscine dans mon p'tit pull marine* - j'avais tout compris et accepté et tout et tout. J'ai été au bout de l'expérience peut-ont dire. **et 2.** Toucher ce fond de la piscine et l'interroger m'a permis par je ne sais quel miracle de repasser en mode stratégie et action à **moyen terme**. Je n'avais pas compris à quel point ça m'avait manqué ! Je retrouve alors une grande majorité de sentiments joyeux.

When in doubt, j'investis en moi-même

Je viens de m'inscrire à un atelier pour améliorer ma pratique de coaching. Et aussi, de demander de l'aide à la kinésiologue qui m'a accompagnée à deux reprises, quand « quelque chose » a été bloqué en moi.

Financièrement, ce n'est pas le moment - mon compte en banque n'est pas à sec, mais il n'est pas rempli-rempli. Pourtant, je me sens bloquée dans ma croissance professionnelle et personnelle, sans précisément mettre le doigt sur ce qui coince. Bref, j'ai besoin d'aide. Et mon expérience me montre que, à chaque fois que j'ai été bloquée, en anglais on dit *stuck*, toujours fauchée, j'ai quand même investi dans une formation ou un accompagnement au sens large - wahou, ça a payé très fort. Par exemple quand en 2011 j'ai investi dans la formation au coaching avec Chine Lanzmann ou quand, en 2020, j'ai investi dans une formation au copywriting (vendre avec ses textes, par mail ou sur les réseaux sociaux ou sur le site internet) avec Marie Forléo. Ça a payé d'un point de vue professionnel – j'y ai gagné de nouvelles compétences qui me manquaient. Et ça a payé d'un point de vue personnel – je suis en devenir et je vaux la peine. Quel *boost* de confiance !

Alors, foin d'hésitation ! oui, j'ai besoin d'aide et d'influx nouveaux ! oui, cette aide et ces influx valent le coup que j'investisse du temps, de l'argent et un certain risque. *Adelante* !

UNE DERNIÈRE CHOSE

Pour être tout à fait honnête, quelque chose d'autre m'aide à traverser ma tristesse puis à la dépasser : l'écoute et l'accueil, l'amour de mes filles, de mon homme et de mon amie July. Pouvoir leur dire et leur montrer ma tristesse et me sentir aimée est un immense cadeau. Leur accueil m'a réconfortée et oui, vraiment aidée à traverser cette tristesse sans en ajouter une liée au rejet ou à la culpabilité de la vivre. À présent, je sais que la tristesse risque de revenir – et peut-être s'installer quelque temps, qui sait ? Et j'ai vérifié que j'ai les moyens de vivre avec elle et de rebondir ensuite vers un sentiment général plus joyeux.

Et toi, ma chère lectrice ?

Quelles sont tes stratégies pour « remonter sur ton cheval », rebondir quand tu traverses une passe délicate (je ne parle pas de dépression mais plutôt d'un sentiment inconfortable qui s'installe, sans aller jusqu'à t'empêcher de vivre). Prends ton carnet, ton stylo, et note :

- ✓ Un moment où je me suis sentie un peu (ou beaucoup) perdue entre deux montagnes ça a été…
- ✓ Une stratégie qui m'a aidée à rebondir a été…
- ✓ Une personne dont la présence m'a aidée à rebondir a été…

LA BLESSURE DE REJET

Pas facile pour l'ego, j'avoue, tous ces départs !

Celui des enfants d'abord, qui depuis quelques années m'éloignent du centre de leurs préoccupations – c'est normal, c'est heureux, c'est sain, (ouf !) qu'elles aient envie de partir vivre leur vie, mais, ça ne veut pas dire que c'est facile. « Où s'en va-t-il, tout cet amour ? » écrivait l'une de mes amies d'écriture, âgée de 15 ans de plus que moi, alors que mes filles étaient toutes petites et que ses enfants à elle étaitent déjà bien grands ? Je n'étais pas concernée alors, mais, déjà, j'ai retenu que l'amour des tout-petits et la place centrale qu'ils nous accordent ne durent pas.

L'autre départ a été le mien, celui si facilement accepté par la boîte de formation pour laquelle je travaillais depuis 6 ans, avec un statut d'indépendant. « Les conditions ne me conviennent plus », « OK, salut ». Comme l'a résumé ma psy – ils n'ont même pas eu besoin de me virer, juste, acter que ça s'arrête. Paradoxe de cette situation : à la fois une grande liberté, l'excitation d'une page blanche ; et quand même, une blessure – ou plutôt, le réveil d'une vieillie blessure – ma blessure de rejet.

JE SUIS L'EXPERTE DE MA BLESSURE

Je suis l'experte de ma blessure – cela pourrait être le titre d'un grand nombre d'œuvres humaines – ce que l'on crée, c'est souvent en réponse à sa blessure préférée, une blessure existentielle immémoriale – immémoriale car elle nous vient de fort loin, probablement d'avant même notre naissance. La mienne, de blessure, c'est la blessure de rejet – c'est-à-dire le sentiment très fréquent que, quoi je fasse, je cours le risque d'être rejetée et repoussée par les autres ; cette peur me vient de ma mère qui la tient sans doute de sa mère et à mon tour je l'ai peut-être bien refilée à l'une de mes filles ; j'en suis rarement consciente mais elle prend les rênes de ma vie et m'amène, juste avant d'être rejetée… à revêtir mon être d'un masque, le masque de fuyant[11]. Hop, avant même d'être rejeté, je me rejette moi-même : je me retire du jeu, ou alors je fais une demande tellement grosse qu'elle n'a aucune chance d'être acceptée.

UNE BRÈVE HISTOIRE DE PISCINE

La peur de prendre sa place dans le monde est l'un des signes que l'on porte le masque de fuyant, que l'on souffre de la blessure de rejet. J'essaie d'aller à la piscine chaque semaine pour nager une demi-heure. J'essaye, quand je m'y rends, d'éviter l'heure de pointe (l'heure du déjeuner, et après 18h30) – mais, c'est souvent peine perdue, car j'y suis à 18h30. La piscine est grande, enfin, plusieurs bassins sont à notre disposition, mais à l'heure de pointe nous sommes nombreux. Je ne suis pas la nageuse la plus rapide de ma ligne, nous sommes 4 ou 5 – j'essaie de m'insérer dans le *flow* de nageurs, et de ne pas éclabousser la personne qui vient après moi avec mes battements lorsque je pratique le dos *crawlé*. Je n'ai même pas conscience de cette attitude de discrétion – jusqu'au moment où je reçois des sauts d'eau dans le nez venus de la ligne voisine, d'un nageur pratiquant la nage papillon. Dans cette ligne, ils sont tout aussi nombreux que nous, mais lui, apparemment, ne se pose pas la question de la place qu'il peut prendre : dans son programme, il y a la nage papillon et tant pis si c'est l'heure de pointe, et tant pis si les autres nageurs se prennent des grosses giclées. Évidemment, je n'ose rien dire. Évidemment, je continue à me faire le plus discrète possible.

LE DÉFI DES 10 REJETS

Sortie de mon rôle de maman au quotidien et de cette entreprise de formation – rôles qui structuraient une partie de mon temps et m'offraient un statut, même temporaire, même précaire, où vais-je ? Me revient en mémoire un *post LinkedIn* de ma copine Estelle Tracy, qui raconte son expérience – je traduis librement de l'anglais : « L'automne dernier, je me suis embarquée dans un défi- le *rejection challenge*. Mon « projet » était de me faire rejeter 10 fois en

11. Ce que je suis en train de t'écrire a été théorisé par la thérapeute canadienne Lise Bourbeau dans sa pratique thérapeutique et une série d'ouvrages, notamment Les 5 blessures qui empêchent d'être soi.

un mois. J'ai postulé pour écrire des chroniques dans des magazines, j'ai écrit à des organisateurs d'évènements pour leur proposer mes services de « sommelière en chocolat », j'ai écrit à des animateurs de podcast pour leur proposer d'être leur invitée… Bon, au bout d'un mois, j'ai bien eu mes 10 lettres de refus ! mais j'ai aussi eu une proposition pour participer à un podcast, une commande pour écrire dans un magazine à propos du chocolat, un oui pour une participation à une conférence sur le chocolat à San Francisco… Et je continue à recevoir des réponses positives à des propositions que j'ai *pitchées* pendant le *challenge* des 30 jours ! Aller à la rencontre du rejet m'a aidée à tranquillement faire taire mon censeur intérieur et à **me lancer** ! Puisse cette publication vous inspirer à faire la même chose ! »

Aller à la rencontre de ce qui nous fait le plus peur - ce fameux rejet - et le prendre comme un objectif - quelle idée courageuse ! et de bon sens, finalement. Je me demande ce que je veux - tout ce que je veux - puis ensuite, je vais le chercher. Le secret de ces 10 rejets est que pour en recevoir 10, il faut formuler potentiellement une quarantaine de demandes - et ainsi on met avec soi la loi des grands nombres. Je ne sais combien de demandes ont été faites par Estelle pour recevoir ces 10 non et tous ces ouis - mais une fois lancée, elle était lancée - une idée souvent en emmenant une autre. Non seulement sa démarche a payé pour elle-même et son business de *chocolate sommelier* - mais en plus, avec sa générosité et son don de la communication, elle a inspiré des dizaines de personnes à lui emboîter le pas.

Si je contacte une personne, et si j'en contacte 40, mes chances ne sont plus du tout les mêmes ! et le poids d'un rejet n'est pas le même non plus ! La loi des grands nombres *baby* ! Le courage d'aller chercher ce qui nous fait le plus peur…

Et toi, ma chère lectrice ?

Qu'irais-tu demander, si tu n'avais pas peur ?
Prends ton carnet, ton stylo et note :

✓ Si je n'avais pas peur, je contacterais… pour lui demander…
✓ Si je n'avais pas peur,
✓ Si je n'avais pas peur,
✓ Si je n'avais pas peur,
✓ Si je n'avais pas peur,
✓ Si je n'avais pas peur,

Moi Christie,
Si je n'avais pas peur, je contacterais une responsable de comm qui me suit depuis des années, pour lui proposer une conférence dans sa boîte.
Si je n'avais pas peur, je lancerais un séminaire de deux jours à Marseille.
Si je n'avais pas peur, je proposerais un café à Benoît pour parler boulot.
Si je n'avais pas peur, je remettrais à plat mon offre de coaching.
Si je n'avais pas peur, je poserais dès maintenant les dates de mes prochains programmes de formation
Bon… en voilà déjà 5… Mon masque de fuyante s'active ! Je vais continuer à réfléchir pour braver ma grande peur…

moi
le monde
mais moi,
je t'aime

QUE DEMANDER, À QUI ?

C'est ce que je fais qui m'apprend ce que je cherche.

PIERRE SOULAGES

Quand deux piliers d'une existence s'amenuisent (une partie de mon boulot et ma vie de maman active) – par quoi les remplacer ? Où aller chercher la matière ? Non pour faire du remplissage mais pour retrouver un revenu et remplir, aussi, une partie de ce vide ?

J'ai suivi - commencé à suivre - le *10 rejection challenge* proposé par Estelle Tracy. Je ne m'interdis pas de recommencer. Bon, tout ne s'est pas déroulé *smoothly smoothly* - et le premier écueil a été de répondre à cette série de questions :

Que vais-je, et que puis-je, demander et à qui ?

Qu'ai-je envie de faire ?

Qu'est-ce qui serait bon de faire ? et utile ?

Qu'est-ce que je sais faire ?

Qu'est-ce qui serait rentable ?

Quelles personnes peuvent m'aider à aller dans cette direction ?

Si certaines questions ont une réponse immédiate, d'autres prennent beaucoup plus de temps – la patience (savoir attendre) et la persistance (continuer à demander), sont de mise !

QU'ON ME DONNE L'ENVIE !

Alors mon ikigai, je l'ai trouvé. Je l'ai même affiné depuis ce paquet d'années où j'ai eu l'opportunité de l'exercer. « Ici, parler est un métier ». Écrire est un métier. Écouter est une nécessité. Piouf, parler (en formation), écrire (des livres et des supports de formations), écouter (mes clients). Voilà les réponses à la question « quels sont mes verbes ? »

Il y a mes verbes « de boulot », et puis mes verbes « hors du boulot » - mes *hobbies*, ce que je fais le reste du temps, « pour me détendre ». Je répare les vêtements aimés. Je dessine les objets du quotidien. Je marche dans la ville avec mon chien.

Et puis, il y a les conditions. Dans quelles conditions ai-je envie d'exercer ces métiers ? Et - encore plus important - pour quels clients ? L'envie nait lorsque j'exerce ces activités pour des publics que je respecte et qui goûtent mon travail. Qui en ont l'utilité et, dirais-je - la soif. Et qui sont solvables - qui peuvent, qui veulent l'acheter. Sinon, ce ne sont pas des clients !

✓ Voilà pour l'envie. L'envie, je l'ai, elle est même très forte - et elle m'oriente.

Pourquoi chercher le bonheur quand je peux viser l'utilité ?

À qui ça va servir, à qui ça peut servir, qu'est-ce que je peux proposer qui serve à quelqu'un ? Pendant 20 ans je savais à quoi je servais - j'étais la maman de mes filles dans leur vie quotidienne. Pendant 6 ans, je savais où m'employer - j'ai vendu des journées de formation *via* un organisme à des personnes qui l'avaient plus ou moins demandé - certaines étaient très motivées, d'autres « poussées » là - et c'est l'une des raisons pour laquelle je me suis demandé, au bout de quelques années, si mon temps était bien employé. C'est l'un des soucis avec le sens et l'utilité - parfois « on » a moins besoin de nous (les enfants grandissent !) ou bien, le sens s'émousse et notre utilité ne nous apparait plus. Les situations changent ; nous changeons. Mais alors aujourd'hui - à quoi, à qui pourrais-je être utile ?

QU'EST-CE QUE JE SAIS FAIRE ?
ET QU'EST-CE QUI SERAIT RENTABLE ?

J'ai besoin d'argent - qu'est-ce que je pourrais faire, que je sais bien faire, et que j'aime faire, qui me permette d'en gagner ? Ah la bonne question. De quoi le monde a-t-il besoin, que je peux offrir, pour lequel il serait prêt à payer ? Finalement, toutes ces questions, c'est un début de bilan de compétences. Une remise à plat de mes compétences, de mes désirs, de mon sens de l'utilité - et de, combien j'ai besoin d'argent pour équilibrer mon budget.

À QUI JE DEMANDE, QUOI, FINALEMENT ?

Ce que j'ai demandé :

- des collaborations à de nouvelles entreprises de formation ;
- des conseils et des rendez-vous à mes éditrices ;
- à être payée pour une journée de formation que j'avais animée gratuitement l'année précédente ;
- des *feed-backs*, notamment sur ma newsletter : « quelle est pour toi sa proposition de valeur ? », ai-je demandé à mes lectrices et lecteurs ;
- de partager ma newsletter lettre avec 5 personnes de leur entourage.

Ce que j'ai proposé :

- des abonnements de coaching, *via* ma newsletter et mon compte Instagram
- des programmes de formation à des particuliers *via* ma newsletter et mon compte Instagram ;
- à une amie d'animer deux journées de séminaire d'équipe avec elle ;
- à une autre amie, d'animer un atelier de célébration pour elle » ;
- des ressources gratuites, « mes trésors » - parce que j'ai besoin de produire du « travail adressé » - créer pour quelqu'un ; et parce que je me suis promis d'avoir toujours une proposition payante ou gratuite « sur le brûleur » ; et enfin, parce que je pense intelligent de « faire goûter » mon travail ! et utile de partager ce que j'ai en abondance.

Qu'est-ce qui a marché ? Qu'est-ce qui n'a pas marché ? Ai-je obtenu mes 10 rejections en un mois ? Je te raconterai la suite au prochain épisode.

y'en a bien un qui va mordre !
t'as qu'à croire…

✓ Demander et proposer peut faire partie de la joie.

Et toi, ma lectrice ?

Dresse un inventaire de ce que tu as demandé et proposé au cours de la dernière année.

Prends ton carnet, ton stylo – trouves-en 5 de chaque, que ce soit dans le domaine personnel ou professionnel, et de manière gratuite ou payante. Ne t'attache pas au résultat, mais seulement aux initiatives que tu as prises. Elles sont ta première réussite.

✓ Une chose que j'ai demandée au cours de la dernière année, c'est

✓ Une chose que j'ai demandée au cours de la dernière année, c'est

✓ Une chose que j'ai demandée au cours de la dernière année, c'est

✓ Une chose que j'ai demandée au cours de la dernière année, c'est

✓ Une chose que j'ai demandée au cours de la dernière année, c'est

RECEVOIR LES "NON"

Le cœur est un muscle qui se muscle.

FLORENTINE D'AULNOY WANG

Ma chère lectrice, ***alors que je t'écris, la tempête fait rage autour de moi. Rafales de pluie et de vent, difficile de faire abstraction de ce temps... de cochon, allais-je écrire, comme pour le caractère... pauvre cochon !***

Et j'ai cherché la définition du terme *fair-play* ; d'après le Robert, cet anglicisme, nom et adjectif masculin invariable, signifie l'« acceptation loyale des règles (dans la pratique d'un sport, la vie professionnelle...) ». Sa grammaire a beau être « invariable », mon ***fair-play*** à moi est tout ce qu'il y a de plus variable...

JE CROYAIS QUE CE SERAIT FACILE !

Tiens-toi au pinceau, j'enlève l'échelle – suite à la fin de ma collaboration avec cette entreprise de formation avec laquelle j'avais beaucoup aimé collaborer, puis moins, je me suis dit « essayons des trucs » – *go*, va demander ma Christie – tente, le *rejection challenge* ! J'avais « *reframé* », recadré pour moi, la proposition d'Estelle qui disait « allez chercher 10 'non' en un mois », de mon côté, j'avais plutôt envie d'aller chercher 100 'non' en un an. En bonne connaisseuse des mécanismes du changement (enfin, de certains mécanismes – par exemple, je n'ai pas suivi le premier facteur clé du succès qui est de « commencer petit », 10 'non' auraient déjà été un début honorable !), en bonne connaisseuse des mécanismes du changement (même si je ne les applique pas tous). J'ai rendu mon projet public. *The rejection project* l'ai-je appelé ; j'ai annoncé mon intention d'aller chercher 100 'non' en un an, à une poignée d'amies proches et sur mon blog maviesansmoi.fr. Les premières réactions ont été encourageantes : « Brrr » « ça me fait dresser les poils sur les bras » « t'es pas folle ? d'aller chercher des rejets ? » Je me suis dit, « Ah, je tiens quelque chose ». En faire un *challenge* et me sentir encouragée par mes amies (et bien oui, elles réagissaient toutes vivement, mon projet ne les laissait pas tièdes), m'a naïvement conduite à penser que les 'non' seraient plus faciles à recevoir...

LA PROMESSE QUE JE ME SUIS FAITE

Victoire, l'une des clientes avec laquelle j'échange le plus, a commenté ainsi mon annonce de me lancer dans ce *rejection challenge* : « Demande : car si tu ne demandes pas, le non, tu l'as déjà. » Ce qui est difficile quand on demande (par rapport à ne pas demander), c'est que tout d'un coup on expose son désir ; demander, c'est se rendre vulnérable, redevable... Il y a certes des bénéfices à la clé, mais aussi on se met en risque ; soi, et la relation. Il y a le risque d'exposer son désir ou son besoin, et aussi le risque que la personne refuse... et celui que la personne accepte, ce qui me donnera... du boulot à la fois désirable et effrayant ! Sachant ou pressentant ces risques, je me suis promis d'accepter les (éventuels) 'non' que je recevrais, avec *fair play*. C'est-à-dire, sans faire la gueule ni jeter ma raquette violemment à terre comme faisaient le célèbre John Mc Enroe ou Brieuc, le partenaire de tennis de mon frère quand il avait 5 ans et que mon frère lui prenait un point... Bien m'en a pris. Je ne sais pas comment j'aurais réagi **si** je ne m'étais pas fait la promesse de *fair play*.

UNE IDÉE COMME ÇA

« Your best job will be one that you will be unqualified for, because it streches you. In fact, only apply for jobs you are unqualified for. »

KEVIN KELLY 12

Un dimanche de mai, mon amie Léonie raconte à quelques amis et moi-même qu'elle prévoit, d'ici 10 jours, un séminaire avec son équipe – et qu'elle n'a pas

12. Ton meilleur boulot sera un boulot pour lequel tu n'es pas qualifié, parce qu'il t'oblige à sortir de ta zone de confort. En fait, ne postule que pour des boulots pour lesquels tu n'est pas qualifié !

trouvé de facilitateur extérieur pour l'animer. Ce n'est pas mon métier d'être facilitatrice, mais j'ai animé de nombreux groupes de différentes tailles, de différentes nationalités, d'âges variant entre 8 et 75 ans – je suis formée au coaching, j'ai lu plusieurs livres sur le *design thinking* dont j'applique plusieurs des méthodes. Bref, si je ne me sens pas complètement compétente, je ne me sens pas non plus détonante, lorsque je lui propose de venir faciliter son séminaire contre une rémunération raisonnable mais non exorbitante. (Il faut savoir aussi que je passe régulièrement du temps à écouter Léonie parler de son boulot ! De longs quarts d'heure, depuis des années.). Quand elle me répond « je ne me sens pas très à l'aise pour faire intervenir une amie dans mon séminaire d'équipe », je la comprends – c'est son droit, et puis son rôle de manager est suffisamment compliqué. Pour autant, et malgré ma compréhension de sa situation, et la promesse que je me suis faite d'être *fair play* – je me sens super vexée ! J'essaye de ne pas le montrer, de ne pas ruminer – et les sentiments de colère et de déception s'impriment en moi un long moment.

Certaines demandes viennent réveiller et chatouiller mon rapport au don. Je donne, je donne sans compter – du moins j'ai l'impression ! et quand je reviens relever les compteurs, présenter l'addition – le non est douloureux.

« L'ennemi, c'est le ressassement »

Cette phrase, je l'ai reçue au micro de Charles Pépin à propos de son livre, *Vivre avec son passé* – peut-être en réponse à la question « comment faire quand le passé ne passe pas ? » Les mauvais ou les bons souvenirs peuvent nous entraver, la tentation être grande de les remâcher, les ruminer - ainsi que les échecs, les « j'aurais dû faire ça ». Et on peut y aller en boucle avec les j'aurais dû et les j'aurais pu et les pourquoi elle ou il m'a fait ça, m'a dit ça, et pourquoi moi je n'ai pas agi différemment. Il y a des choses pires que d'être pris dans une boucle de ressassement – et ce ressassement peut bien nous envahir la vie, et la tête, nous empêcher d'avancer, nous rendre amer, nous empêcher aussi de voir tout le beau qui est là devant nous !

Pour sortir du *et nien nien nien, et nien nien nien* – cela demande de la volonté, j'ai trois techniques que j'utilise tour à tour, et en combinatoire.

Première technique, c'est la question de ma psy qui m'a recadrée un jour que je me lamentais d'avoir brusqué mes enfants sur le chemin de l'école « tu ne peux pas défaire le passé, arrête de te lamenter sur ce que tu as fait ; en revanche tu auras d'autres occasions de les accompagner à l'école, comment veux-tu te comporter la prochaine fois ? » Alors aujourd'hui je n'accompagne plus mes enfants à l'école mais j'ai toujours des occasions de corriger le tir dans mes relations ! Ce qui m'aide à me lamenter trop longtemps quand je me suis mal comportée.

La deuxième technique est de me laisser un temps limité pour me lamenter. 5 minutes si c'est pas grave, une journée si l'échec est plus important. Puis, je passe à la suite - soit à la question « que ferai-je la prochaine fois », soit je déroule la suite de l'action prévue - *stick to the plan* !

La troisième technique permettant d'arrêter de lutter contre cet ennemi qu'est le ressassement est la rotation des points de vue. Je ne chasse pas de ma tête l'inquiétude, l'agacement, le regret, mais j'ajoute mes 5 sens : mon regret + une chose que je vois (la table bleue par exemple) + une chose que j'entends (les travaux dans ma rue) + une chose que je sens (le mélange d'huiles essentielles citronnées que j'ai mises sur mon poignet) + une chose que je goûte (l'arrière-goût du thé dans mon palais). Et je revis cette boucle 2 ou3 fois ou le temps nécessaire pour me décoller du sujet de ressassement : la contrariété, une chose vue, une chose entendue, une chose sentie, une chose goutée et j'ai oublié une chose touchée - les touches en bakélite de mon clavier d'ordinateur pardi !

Et la quatrième technique que nous allons voir à présent. J'accepte la perte… Je retourne dans le flux de la vie. Qu'est-ce qui m'appelle ?

UN GAGNANT, C'EST UN PERDANT QUI INSISTE

Avec mon amie, nous ne nous sommes pas fâchées. J'ai gardé mon *fair play* devant elle - même si en privé, oh la la qu'est-ce que j'ai ruminé. J'ai mis en pause pour l'été mon *challenge* de 100 rejets ! dont l'un des premiers « non » m'avait mise KO ! Je l'ai repris à la fin du mois d'août, et à l'automne, en lançant « tout un tas de trucs » - et en misant, cette fois, **sur le nombre** !

Léonie a finalement souscrit à l'une de ces propositions - que je ne lui ai pas faite à elle directement, mais par le biais de ma newsletter - vivent les propositions et demandes adressées « à la cantonade » et non personnellement ! Qui veut les attrape ; oui ! Mon amie Marine quant à elle a dit oui sur le champ à une proposition d'animation que je lui ai formulée d'une petite voix dans la file d'une cafétaria pour déjeuner, sans l'avoir préméditée, pouf, dans la conversation ! Et donc voilà, je me suis relevée de ce 'non', j'ai accepté l'éventualité d'autres 'non' ! Et, surtout, je souscris à la loi des nombres : pour obtenir des 'oui', je dois beaucoup demander : dans le lot, parmi tous les 'non', Il y aura des 'oui'. Lesquels ? C'est la surprise !

Oui, nous dit la thérapeute de couple Florentine d'Aulnoy Wang à propos de notre capacité à aimer et à relationner, « le cœur est un muscle qui se muscle ». Comme le cœur, notre capacité à demander – à se mettre sinon à nu, du moins en risque lorsqu'on formule une demande – et à accueillir l'autre à qui l'on demande, dans son oui ou dans son non – dans ce qui est juste pour lui ou elle à ce moment – ça se muscle !

Et recevoir des 'non' est beaucoup plus facile lorsque je me dis « Un 'non' de reçu, un 'oui' de trouvé » ; même si ce n'est pas aujourd'hui, ce sera demain, ou après-demain et sans doute avec une proposition dont je n'ai pas encore l'idée. Bien sûr, je suis déçue, et je vais trouver de nouveaux projets à investiguer, de nouvelles personnes avec qui m'exprimer, avec qui gagner ma vie, auprès de qui exprimer mon don. »

Et toi ma lectrice ?

Quels 'non' as-tu reçus dans l'année qui vient de s'écouler ? Écris-en 3 – et note l'impact qu'ils ont eu sur toi (certains nous font mal, d'autres.. on s'en fiche un peu non ?)

✓ Un non que j'ai reçu... et l'effet que ça m'a fait

✓ Un non que j'ai reçu... et l'effet que ça m'a fait

✓ Un non que j'ai reçu... et l'effet que ça m'a fait

Puis, pense à des 'oui' que tu as reçus au cours de l'année, et à l'effet que ça t'a produit !

✓ Un oui que j'ai reçu... et l'effet que ça m'a produit
✓ Un oui que j'ai reçu... et l'effet que ça m'a produit
✓ Un oui que j'ai reçu... et l'effet que ça m'a produit
Yesse ! vive la vie, avec ses impasses et ses portes qui s'ouvrent !

Je peux avoir peur de quelque chose concernant le vieillissement – c'est le rétrécissement du monde

Entretien avec Philippe Mangeot, professeur de français en khâgne

Il pleut des cordes le jour où je rencontre pour la première fois à l'occasion de cette interview « en chair et en os », Philippe Mangeot, après l'avoir écouté dans Le code a changé une émission de France Culture, dans laquelle il parlait de sa relation à Instagram à son interlocuteur et ami Xavier de La Porte. Sa voix et son intelligence (et notre goût commun pour Instagram) m'ont donné la curiosité d'aller regarder son compte. Je m'y suis abonnée sur-le-champ, tant la diversité des sujets qu'il aborde et leur profondeur et le charme qui émane de son style m'ont semblé séduisants, nourrissants, uniques. Depuis, nous échangeons sur cette appli. J'oscille entre des moments de fascination et des moments d'oubli – nous ne faisons pas partie de la vie réelle l'un de l'autre. Sous ses photos, Philippe, professeur de lettres en classe de khâgne, parle de ses étudiants, de son amoureux, de ses anciens amants, de ses amis dont il tire de merveilleux portraits, de ses indignations, de ses combats politiques (il est l'un des fondateurs d'Act Up et le coscénariste du film 120 battements par minutes) ; il parle aussi de ses parents, de leur personnalité et de leur grand âge. au moment où nous nous rencontrons, dans le salon-cuisine-pièce à vivre de sa maison du 19ème arrondissement, son papa se remet d'une attaque qui l'a laissé très mal en point... Et moi je me laisse surprendre par sa grande taille, sa minceur, sa voix qui n'est pas tout à fait celle entendue à la radio. Je me laisse émouvoir par la réalité de sa présence de chair différente de celle de l'écran ; et moi qui croyais qu'il livrait énormément dans ses lignes, je m'aperçois de tous ces mondes en plus dont il recèle. Vertige d'une personnalité si riche et articulée, oui, dans le sens « qui parvient à formuler sa pensée à la rendre intelligible ». Wahouh !

Ma définition du* middle age *? C›est un terme que je n'utilise pas. Je le comprends bien sûr. Quand j'entends ce terme, j'ai un critère assez simple :

je pense qu'il reste une génération avant moi qui est en train de mourir, et il reste une, voire deux générations après moi qui sont en train de décider de leur vie. Le jour où mes parents vont mourir, je sortirai du fameux middle age.
Une autre façon de prendre les choses, qui va vous déprimer - il m'arrive souvent de me dire, que si je mourrais aujourd'hui ce ne serait pas un scandale ; ce n'est pas un signe de manque d'appétit de vie, mais que quelque chose a été effectué - quelque chose comme une vie. J'ai appris à 21 ans que je devais mourir. A ce moment-là, il y avait quelque chose de très scandaleux, comme une promesse de vie non tenue. Ça n'enlèverait rien de la peur, le moment où on est confronté à sa mortalité - on ne peut pas regarder sa mort en face sans avoir peur. Mais oui, le middle age pourrait être un moment où la perspective de la mort n'est pas prégnante - et pas scandaleuse
Après il y a 1000 choses - d'une, je n'ai pas d'enfants ; deux, je ne fais pas l'expérience biologique de la ménopause. J'ai des étudiants et depuis que j'enseigne en khâgne ils ont toujours le même âge - et moi, non. Quand j'ai commencé à enseigner, j'étais plus jeune que leurs parents et aujourd'hui, à 59 ans, je suis plus âgé que leurs parents... Si leurs parents ont 50 ans, ils ont un rapport au monde différent du mien. J'avais 24 ans au moment de la chute du mur ! Ma maîtrise, j'ai payé quelqu'un pour la taper à la machine. Voilà pour ma définition non-définition.
Si j'habite ici, c'est parce que je suis un héritier. Comme beaucoup de mes amis, je gagne moins bien ma vie que mes parents - contrairement à eux, qui ont mieux gagné leur vie que les leurs. Ceux-ci font partie de la génération qui a bénéficié des 30 glorieuses ; génération qui n'a jamais cessé d'être dominante - ils n'ont pas connu la guerre dans leur chair, ils n'ont pas connu le chômage ; ils ont cru au progrès. Je n'ai jamais eu peur, parce que je savais qu'en cas de besoin, mes parents peuvent donner un coup de main. Mes deux sœurs et moi, c'est comme si on était restés 3 enfants !

Je vis une période troublée. Mon père est très affaibli, nous avons cru qu'il allait mourir... Et puis il va mieux. À cette inquiétude s'ajoute le fait que depuis 4 ans, j'ai rencontré mon amoureux qui a trente ans de moins que moi, Antoine. Malgré lui m'a rappelé à mon âge. Au début, notre différence (une génération !) m'a fait très peur. Et puis, nous avons œuvré pour l'érotiser et lui donner un tour romanesque. Mais je ne peux m'empêcher de penser que si j'avais son âge, on adopterait un enfant... Évidemment, on ne le fera pas. Je le vis comme une histoire qui n'a pas d'avenir, je ne me suis jamais autorisé à espérer qu'elle en ait un. Pour autant, il prend toute la place. Mon désir est plus simple qu'avant. Il est moins adossé sur la joie de plaire et de le vérifier. Je drague moins, je me fais moins draguer... Un vieil amant anglais m'a dit « On est devenus transparents » ; et c'est vrai qu'on n'est plus regardés comme avant. À notre âge, on a perdu en érotisation. On y gagne quoi ? Est-ce mon âge, est-ce l'analyse ? Oui j'ai fait une analyse, malgré une réticence historique et philosophique – j'y suis allé, parce que des choses se répétaient, et me faisaient souffrir. L'intuition folle de la psychanalyse, c'est de dire que si on n'arrive pas à sortir de ses répétitions, c'est parce qu'on en jouit. La jouissance et la souffrance se superposent. On ne sort pas des nœuds et on ruse. Mais je constate parmi mes amis, que ceux qui n'ont pas fait une analyse accèdent au même type de sagesse. ; et d'ailleurs, je ne sais pas si cette sagesse est vouée à durer ! Des gens plus vieux sont repris par une folie avec laquelle ils ne savent plus ruser.

Aujourd'hui, je ne sais pas ce qui me fait envie ; et c'est troublant de ne pas savoir. Pour autant, ça ne me semble pas incompatible avec l'appétit de vivre. Les choses arrivent et je me sens disponible pour les vivre. C'est pour ça que je ne me sens pas menacé par l'encroûtement ! Ah si quand même j'ai des désirs - avoir un jardin. Acheter un terrain non constructible, y construire une cabane. Et puis j'ai très envie de montrer Istanbul à Antoine – mais rien ne presse ; et j'ai décidé que ça ne serait pas facile pour moi de prendre l'avion.. A part cela, il n'y a rien qui me tire ; et ce n'est pas dépressif pour autant.

Je sais que travaillerai toute ma vie – lorsque je prendrai ma retraite de professeur, j'écrirai, je ferai d'autres trucs. Je ne sais pas faire grand-chose à part travailler, je travaille beaucoup. J'ai un rapport souffrant au travail mais je ne sais faire que ça ! Le passé m'occupe énormément. Ce que j'écris sur Instagram est ma seule expérience d'écriture de soi. J'ai écrit dans le passé, Vacarme, avec des amis - mais jamais à ma première personne. Quand on se met à parler de soi, le passé revient à toute vitesse.

Je peux avoir peur de quelque chose concernant le vieillissement – c'est le rétrécissement du monde ; que le monde amical notamment se rétrécisse. Je le vois avec mes parents : notre maison a toujours été pleine, on partait en vacances en bande, tous les dimanches il y avait du monde à la maison ; à présent, il n'y a plus personne – les amis de mes parents sont soit morts, soit dans

l'incapacité de se déplacer. J'ai un peu peur de ça. Avec mes amis, on se pose la question d'acheter une maison tous ensemble pour couler nos vieux jours...

Un conseil à donner pour traverser cette expérience – assumez vos contradictions. Creusez-les, au lieu de les dissimuler sous le tapis. Pas besoin de trancher, il faut tout vivre. Je n'ai pas peur des mots, je n'ai pas peur de dire ce que j'éprouve. Par exemple – la jalousie. Je déteste l'idée d'être jaloux, et ça ne m'empêche pas de l'être, jaloux, d'éprouver de la jalousie. Mon travail : habiter ma jalousie, depuis ma haine de la jalousie. Un autre conseil : amusez-vous. Tout est drôle. Si je me remettais à écrire pour le cinéma, j'écrirais une comédie. Trouver le point de drôlerie de chaque situation !

L'heure et demie accordée est passée. Nous dépassons de 5 minutes, davantage, je m'en serais voulu. Lorsque je pars, il pleut encore. Philippe me fait la bise. Je suis à la fois heureuse et triste, heureuse de l'avoir rencontré, triste de le quitter, et je ne sais pas quand ni si nous nous reverrons. Cette joysadness me hante quelques jours. Je ne fais rien pour la chasser. Qu'ai-je appris ? Des notions si subtiles que j'ai du mal à les exprimer. J'ai appris quelque chose sur les voiles – cet homme qui me semble dire tant sur Instagram, j'ai compris en me tenant 90 minutes en sa présence, qu'il y a tellement de choses qu'il ne peut ni ne veut dévoiler. Plus Philippe se livre et plus le mystère s'épaissit. Parler avec lui, me tenir en sa présence, m'a donné envie de davantage de lui. Je me suis sentie affamée tout d'un coup ! En l'écoutant, j'ai pensé aux femmes de ma famille – à l'aînée de mes tantes devenue vieille le jour d'un coup à la mort de sa mère. J'ai pensé à ma psy, Catherine, qui lors de l'une de nos dernières séances m'a dit « Lorsque tu es entrée pour la première fois dans mon cabinet, tu étais une inconnue ; lorsque tu en sor-tiras, tu seras un mystère ».
Philippe et moi ne sommes plus des inconnus. Il reste pour moi un mystère.

T'as 5 minutes pour râler et c'est TOUT.

L'ÉNERGIE FAIBLARDE ET INSÉCURE QUI FAIT PEUR

Demander. Quoi ? À qui ? Et demander comment ?... Dans les premières semaines post « ma rupture avec mon job dans la boîte de formation », j'étais pressée de retomber sur mes pattes... même si je ne savais pas encore très bien ni où, ni comment. Il y avait en moi une fébrilité, une anxiété – *Mama mia. Où allais-je trouver ma place ?*

LE HALO DE PEUR

Cette insécurité visible, ma voix chevrotante, mes yeux suppliants – « accueille-moi ! » – peuevent difficilement donner confiance à qui que ce soit. J'enlève l'échelle, oui... mais où sont passés le filet, le matelas, et même les pinceaux ? Où sont-ils ? Ah ! le halo de solitude. Le halo de faim. Le halo d'anxiété. Ils sont l'un de nos paradoxes : pour réussir, il faut vouloir réussir – avoir faim – être mobilisé – sinon, enfin, il arrive que ça marche, mais le plus souvent pour réussir, il faut l'avoir voulu au moins un peu et souvent, beaucoup. Et quand le halo de *je veux* est trop fort – ça fait peur. Une barrière invisible mais réelle se construit autour de moi. Personne ne veut avoir affaire avec moi. Mon « prof de contes », Jean-Pascal Debailleul, dit que tout est présence. Mais comment changer la vibration ? Comment m'extirper de ce halo de panique, et de manque ?

JE PEUX T'AIDER

Un jour de grande panique, je me trouvais dans mon groupe de supervision de coachs, en face de ma copine Sarah. La profession de coach et de formateur a une dimension fort solitaire, avec aussi une forte responsabilité sur d'autre humains ; cette dualité rend indispensable une relecture de nos pratiques et de nos difficultés avec un coach plus senior. De mon côté, je pratique la relecture avec un coach plus expérimenté, et un groupe - cela s'appelle une supervision de groupe. Bref, Sarah appartient à mon groupe de supervision et, ce mercredi-là, me voyant paniquer, elle me dit calmement « Je peux t'aider. » Qu'est-ce qui fait que l'on croit quelqu'un ? Qu'une personne, soudain, soit crédible à nos yeux ? J'ai ressenti une confiance - absolue - que oui, Sarah pouvait et allait m'aider. La dernière fois que j'ai ressenti cette confiance très forte basée sur une conviction profonde mais pas (pas encore) étayée sur des faits, ça a été... avec mon père... À part la confiance que j'avais en lui, rien ne venait étayer ce qu'il m'a dit et que j'ai pourtant cru : « Tu vas réussir ma fille, j'ai confiance que tu vas réussir ». J'étais alors en classe prépa pour les concours d'écoles de commerce, en fort mauvaise posture, avec des notes catastrophiques et un classement nul (34ème sur 36 élèves au premier trimestre). Sa foi en moi a été l'un des facteurs qui m'a donné l'énergie pour faire des maths, des maths, et encore des maths - et progresser de 2/20 à mon premier DST à 17/20 au concours de l'ESSEC, réputé parmi les plus difficiles. Je l'ai cru, mon papa. 30 ans plus tard, j'ai cru ma copine Sarah. Le point commun des deux situations : je me sentais au plus profond de l'ornière et leur confiance a agi dans ma psyché comme une main tendue, comme la seule main disponible et ferme.13

Sans doute de mon être au leur, est-il passé ce qui se passe entre les membres des Alcooliques anonymes ou dans les groupes de soutien : une personne qui a traversé une situation et est sortie de la tourmente, est capable d'aider une autre personne qui traverse cette situation - avant de l'aider, elle est capable de la comprendre. J'ai senti que Papa avait douté de sa propre capacité à réussir, et qu'à force de travail et de stratégie, il a accompli quelque chose que je pourrais accomplir, moi aussi, à force de travail et de stratégie ; j'ai senti que Sarah avait connu ma panique et l'avait « domptée » - elle a trouvé un moyen

13. Ces deux situations me rappellent le jour (récent !!) où mon oncle Xav', le jeune frère de Maman, m'a entrainée dans une pente fort raide et fort glissante pour accéder à une plage pas secrète mais pas non plus très fréquentée car difficile d'accès. Bref n'étant pas une grosse crapahuteuse, j'ai peur de glisser et me voilà bloquée au milieu de la pente. Xavier remonte pour m'aider, me tend la main et me dit *Fais toi confiance*. J'avance.. et me casse la figure. Alors il s'assure un peu mieux sur la pente, m'aide à me relever, me tient fermement et me dit Fais-moi confiance. Ben à ce moment-là (et beaucoup tractée par lui !) je suis descendue sans peur et sans problème.

pour elle, de se calmer et de parler au monde à partir d'un endroit de sécurité – et elle peut m'aider à trouver mon propre endroit de sécurité.

Toujours est-il qu'en effet elle m'a aidée et oui, j'ai chassé cette panique ! Je te raconterai un peu plus tard. Mais le vrai coup de pied dans le fond de la piscine, ça a été ce moment de « je peux t'aider », qui veut dire « je crois suffisamment en moi pour savoir que je peux t'aider… je crois aussi suffisamment dans la vie, dans l'action, et en toi pour avoir confiance que tu vas t'en sortir. Ça va marcher ! »

Les clés de la confiance d'après Charles Pépin

En parlant d'école de commerce, Charles Pépin était à HEC en même temps que moi. Aujourd'hui il est ce prof de philo et cet écrivain et ce chroniqueur qui me fait aimer la philo et je reviens de loin ! et j'ai l'impression que la moitié des Français l'apprécient également dans son enthousiasme et sa limpidité.

À l'heure où j'écris ces lignes, Charles Pépin tient une chronique tous les samedis matin à 8h50… tu peux la retrouver en podcast sous l'intitulé *La question philo*. « Mon philosophe préféré » choisit l'une des questions qui lui sont adressées par les auditeurs et la traite en 4 minutes dans sa chronique. Je les écoute toutes sans faillir, en bonne affamée de sens et de nourriture pour l'esprit – bon ok, en bonne groupie ! L'avantage c'est que 4 minutes ce n'est pas long. Et que Charles Pépin explique simplement et avec nuance ! 4 minutes ça peut aussi être fort dense et donner du grain à moudre. Une des chroniques que j'ai aimées traite de la confiance. « Comment retrouver la confiance en soi quand on ne sait ni comment, ni pourquoi on l'a perdue ? »

Ce que nous dit Charles, dans cette chronique, c'est que la confiance vient de trois endroits : la confiance dans ma compétence – je me suis déjà relevée des tonnes de fois, pourquoi pas celle-là ? La confiance dans l'action et dans les autres – si je me mets à agir, si je fais le premier pas, si j'admets par exemple ma fragilité ou que je formule une demande, alors il y a de fortes chances pour que d'autres me prêtent main forte et m'aident à réaliser mon projet ou à me relever ; et enfin, la confiance dans la vie – dans la chance, dans sa bonne étoile, en Dieu – bref, dans un « principe » qui veut notre croissance et notre accomplissement.

Aide des autres, action, compétence, destin : ces 4 facteurs couplés, on ne devrait pas rester longtemps bloqué dans une ornière. Oh la la chère

JE PEUX T'AIDER
oui... je veux bien !

lectrice, fais-toi le cadeau de l'optimisme irrésistible et pourtant empathique, mesuré et étayé, de Charles Pépin !

Et toi, ma lectrice ?

Y a-t-il un moment dans ta vie où tu t'es sentie très fragile, perdue, affamée – à un point d'isolement et d'ornière qui te paraissait sans retour ? Et où quelqu'un est venu te chercher et a cru en toi, et sa foi en toi n'a peut-être pas été suffisante, mais un facteur déterminant pour que tu te relèves ?

Prends ton carnet, ton stylo, mets le minuteur sur 15 minutes, et relate l'une de ces expériences où tu t'es sentie fort perdue – puis un peu moins perdue, grâce à une main que quelqu'un a tendu vers toi.

FAIRE PESER À SON ENTOURAGE, QUOI ?

Nobody, even the rain, has such small hands [14]

E.E. CUMINGS, CITÉ DANS LE FILM *HANNAH ET SES SŒURS* DE WOODY ALLEN

Les enfants qui partent, le boulot qui change de contour (et la perte de revenus associée), le corps qui se transforme (et les douleurs et les émotions associées), les parents et mentors plus âgés toujours présents mais dont les limites sont de plus en plus tangibles. Ça en fait, des pans de vie qui se fragilisent. Sur qui peut-on **vraiment** ***compter ?***

ILS ONT SIGNÉ POUR ÇA

Je n'ai pas interviewé, pour ce livre, une personne chère à mon cœur avec laquelle je passe pourtant pas mal de temps à discuter : cette personne est plus âgée que moi et occupe un poste d'ingénieur spécialisé en fixation des prix dans une entreprise de technologie. Elle est en train de se reconvertir dans les éoliennes maritimes. Pour mener à bien sa reconversion, elle a choisi de s'inclure dans un groupe de personnes en reconversion, elles aussi, avec la méthode AVARAP. Quatorze camarades en reconversion définissent leur projet, font le point sur leurs réalisations probantes et les analysent en profondeur, refont leur CV, *pitchent* devant le groupe. C'est intense ! Ça va loin ! C'est profond ! Jai donc recommandé cette démarche à plusieurs amis sans jamais la suivre moi-même – c'est même l'un des seuls conseils que j'ai donnés que je

14. Personne, même pas la pluie, n'a d'aussi petites mains.

n'ai pas (encore) suivi. Oui, en général, j'applique tout ce que je recommande. Et donc, un beau soir, au téléphone, cette personne me raconte qu'elle envoie l'analyse de ses 25 réalisations probantes à ses 14 camarades, en vue de recevoir d'eux un retour.

« - Oh la la, 25 réalisations ! Mais ça ne les saoule pas de relire les réalisations de tout le monde ?

- Je n'en sais rien... me dit-elle de sa voix rationnelle. Ça n'est pas mon problème. Ils ont signé pour ça. »

Ils ont signé pour ça. Quelle sagesse. Et, un gouffre s'ouvre sous mes jambes. Est-ce qu'avec ma vie de bricolette, je ne fais pas peser à mes amis, à mes enfants, aux lectrices de mon blog, à mon mari bien sûr, une charge beaucoup trop lourde ? Ou bien des choses pour lesquelles elles ou ils n'ont pas signé ? L'une de mes clientes - avec qui je travaille en coaching - s'excuse parfois quand elle a un coup de mou durant l'une de nos séances.

«- Mais de quoi tu t'excuses ? c'est fait pour ça nos entretiens, - pour réfléchir et pour que tu puisses exprimer tes coups de mou ! J'ai signé pour ça ! »

Comment savoir ce qui est juste, dans ma demande d'appui et de *feedback* à mes proches ? Comment savoir si je partage trop - d'informations, de poids - avec les personnes que j'aime le plus mais qui ont signé pour quoi, au juste ?

T'es sûre que tu as bien fait de quitter ta psy ?

Et donc en décembre, en plus d'avoir quitté ce demi-boulot et que mes enfants aient quitté le nid, j'ai dit bye bye à ma psy de 19 années. Pourquoi était-ce le moment ? Va savoir Charles - d'un point de vue extérieur, c'était la dernière chose à faire - cela étant, j'avais moins de revenus, ma période de maternité active était révolue, mon être en a décidé ainsi ; pendant les révolutions intérieures, le chamboule-tout affecte toutes les phères de la vie. Dans les semaines qui ont suivi la fin de notre « commerce », j'ai beaucoup pensé à ma psy et à tout ce qu'elle m'a transmis ; à sa sagesse ; à nos conversations. À présent que nous ne sommes plus reliées par un fil de rendez-vous pris d'un mois sur l'autre, je regarde notre lien différemment. Elle m'influence différemment. Ma fille cadette, à qui je m'ouvrais de dilemmes et de frustrations familiales peu de temps avant Noël, m'a

Ai-je signé pour ça ?

posé la question : « T'es sûre que tu as bien fait de quitter ta psy ? » Elle non plus n'a pas signé pour être ma confidente. Pas facile de savoir, ce qui relève de la communication quotidienne avec les enfants ET ce qui relève de l'oversharing/burdening – trop partager, l'encombrer de mes réflexions, de mes agacements, de mes cas de conscience.[15] Je prends en compte sa remarque et tente de mettre la pédale douce avec elle, sur le partage de mes pensées concernant la famille !

DEUX AMIES SUR QUI J'AI PU COMPTER

Ont-elles signé pour ça ? Pour ça « quoi » ? Quand ça s'est arrêté avec ma boîte de formation (avec la boîte, pas **ma** boîte – enfin, c'était quand même l'entreprise à laquelle je m'étais sentie appartenir et pour laquelle j'ai éprouvé et éprouve toujours une forte gratitude, même la relation terminée ; gratitude de m'avoir fait travailler et soutenue dans un métier que j'adore, la formation pour adultes)... Donc, quand ça s'est terminé avec cette entreprise, mon amie Isadora a été super présente. On a pris des tonnes de cafés (serrés avec boule de glace vanille de mon côté, expresso pour elle). Elle m'a conseillée dans ma négo, m'a guidée de manière pertinente et précise pour mon CV sans jamais marquer la moindre trace de lassitude. Isadora n'avait pas signé pour ça, mais elle a consenti, elle a été là dans cette passe délicate – je me suis sentie tenue par les deux bretelles.

Le jour où j'ai installé ma fille cadette dans sa chambre à Versailles, Jeanne m'a envoyé un bouquet de fleurs. Depuis, elle m'envoie chaque jour une blague par *What's App* – vers 17 h, l'heure à laquelle les enfants reviennent de l'école... Cette présence quotidienne, ce clin d'œil, ce « je suis là pour toi » – ça me fait chaud au cœur – je me sens aimée et vue. Bien sûr que c'est chouette pour mes enfants de prendre leur envol ! et c'est important pour moi aussi de me sentir chouchoutée, prise en charge, protégée à mon tour. « Tu es importante » – à

---

15. Et toujours, cet éternel retour du même. Ma grand-mère paternelle, Mam, me demandait ce que je trouvais à toutes mes psys et mes coachs. – Ben je peux leur parler, elles m'aident... – Oh ben moi je n'ai pas besoin de psy ou de coachs, je vous ai, toi et ton père ! Je me suis retenue de lui dire que c'était peut-être un problème... Le nôtre (entendre des confidences que nous n'avions pas demandées) et le sien (être mal écoutée et pas soignée, parce que ni mon père ni moi ne sommes équipés pour être les thérapeutes de notre mère et grand)-mère...).

mes yeux et importante tout court » : c'est cela que me disent les messages de mon amie Jeanne, chaque jour.

LA JOIE DE FRÉQUENTER LES ENFANTS DES AUTRES

Après 18 années exclusives passées avec mes parents et 11 avec Catherine, ma psy, j'ai pensé « Ce qu'ils m'ont donné est très précieux, je vais continuer à méditer et à approfondir leur 'enseignement' et leurs valeurs... et j'ai envie d'aller me nourrir à d'autres sources ! » ; et bien, il en va de même pour mes filles : je suis heureuse de leur opportunité créée, notamment par la distance géographique entre nous, de leur ouverture à d'autres sources et d'autres sagesses - d'autres exemples de vies - de nouveaux rôles modèles. Je suis aussi heureuse de fréquenter des amis de mon âge qui ont encore les enfants présents à la maison ! enfants qui viennent avec eux, avec nous en vacances et en week-ends. La présence permanente de mes filles à mes côtés, me rendait moins disponible et moins 'assoiffée' par la présence d'autres enfants, adolescents ou jeunes adultes. Et puis, se posait la question de la jalousie... À présent qu'elles passent moins de temps avec nous, me voilà disponible pour regarder, écouter, interagir « en profondeur » avec les enfants de mes amis. Et quelle joie ! quelles découvertes ! quelle fraicheur ! quelles rigolades ! quelle légèreté !

✓ Je ne le savais pas - et j'avais besoin de ça. Ces nouvelles présences, le charme et l'originalité des enfants des autres.

Et toi, ma lectrice ?

À quel moment, alors que tu étais dans la tourmente, t'es-tu sentie absolument et très justement entourée ?

Prends ton stylo et note.
Quand j'ai été dans la tourmente, une personne qui a été là pour moi a été...

Quand j'étais ado, toutes ces activités c'était pour faire plaisir à ma mère ; aujourd'hui je les fais pour moi.

Témoignage de Carine Dhers, chocolatière

C'est tout près de sa chocolaterie que je retrouve Carine dans son beau manteau violet sombre, dont je remarque que la monture de ses lunettes lui est assortie ! J'ai connu Carine il y a 10 ans, alors qu'elle entamait sa reconversion en tant que chocolatière. Depuis, son parcours n'a eu de cesse de m'impressionner – ingénieure, puis chocolatière, et aussi professeur et conceptrice de son propre lieu d'habitation, avec son homme et trois couples d'amis. Ah oui, une autre particularité de Carine : elle et son amoureux ont décidé de ne pas avoir d'enfants. À l'âge où les miens s'en vont, me voilà curieuse des équilibres d'une vie dans laquelle les enfants n'ont pas eu la place centrale...

« J'ai 45 ans. Je me sens à l'orée du middle age depuis cet été, je commence à ressentir des signes de préménopause. J'ai passé 5 semaines de vacances vraiment chouettes – j'étais en pleine forme – et deux jours avant de rentrer, j'ai eu des nausées et des symptômes de grossesse ! Depuis, j'observe que mon cycle se modifie, j'éprouve des douleurs menstruelles que je n'avais jamais eues jusqu'ici. J'ai aussi parfois du coton dans le cerveau : je n'arrive pas à réfléchir, ma tête est vide ; je m'en rends compte surtout au moment où ça passe, et alors de nouveau je me sens plus précise, plus pointue. Quand je ressens le « coton dans la tête », je pratique le jeûne intermittent ; le fait de jeûner, c'est anti-inflammatoire et ça m'aide à retrouver mes idées ! Et puis il m'arrive de perdre mon énergie, voire d'être épuisée sans raison apparente ; ce qui m'aide à retrouver mon énergie, ce sont des compléments alimentaires (omega 3) recommandés par la micro-nutritionniste que je consulte. Je veux

mettre toutes les chances de mon côté pour avoir mon corps en forme ! Sur ses conseils, je mange des sardines régulièrement et je me supplémente en magnésium et en graines de lin broyées. Au goûter je mange des noix, des noisettes et du chocolat qui font du bien au cerveau comme les omega 3 ou les sardines – ça retire le brouillard !
Donc voilà : je sais ce qui m'arrive mais quand je dis autour de moi que je commence à avoir des symptômes de préménopause, on me répond « Mais non, c'est pas vrai ! t'es beaucoup trop jeune ! ». Ce sont parfois des femmes du même âge qui me disent ça (qui ne veulent pas arriver à ce moment fatidique) et ça m'énerve ! Ça m'énerve alors que j'ai pourtant dit la même chose, « T'es beaucoup trop jeune », à une cousine qui n'a pas 40 ans et qui s'interrogeait sur ses propres symptômes. C'est vrai que ça peut arriver tôt.
Ce déni et ces difficultés à admettre qu'on entre dans une nouvelle phase me montrent à quel point ce sujet de la ménopause est tabou. J'en découvre les symptômes toute seule. Je lis des articles (le site, l'instagram et le livre) de Kiffe ton cycle.
Mes autres manières de prendre soin de moi, et de faire attention à mes sensations corporelles, sont par exemple ma routine d'étirements du matin, et mon automassage do-in après la douche.

J'aime vieillir car je me connais de mieux en mieux, je vis les choses de plus en plus dans « l'instant présent ». J'ai des projets, seule et avec Yannick mon conjoint. Par exemple, nous aimerions partir 2-3 mois en Amérique Latine. Un projet qui se finance, se programme - un beau projet à moyen terme ! J'aimerais aussi que nous nous lancions un défi rando, l'ascension du Kilimandjaro, un défi pour lequel on se dépasse.
Sur le fait d'avoir ou non des enfants – au début de notre relation, dans notre vie telle qu'elle était constituée ensemble et chacun de son côté, Yannick et moi n'avions pas envie de faire de la place à un enfant au quotidien. Et je remarque que les câlins d'enfants font des shoots d'hormones puissants. Je prends tous les câlins que je peux prendre – il suffit que j'aille voir ma petite voisine, elle me saute dans les bras ! Et puis, j'ai des filleuls. Ne pas avoir d'enfants à soi ne veut pas dire ne pas avoir d'enfants dans sa vie. Mais je n'y pense pas beaucoup au fait que je ne suis pas mère – mon enfant c'est la chocolaterie. Elle a fait sa crise d'adolescence, j'ai compris qu'elle pouvait vivre sans moi. Deux personnes sont parties, sur qui on comptait beaucoup.

On a commis des erreurs de recrutement. Laura, mon associée, commence à comprendre que cette entreprise, ce n'est pas nous. Si on se plante, on fera autre chose.

Yannick, avec son job, est absent 2-3 jours par semaine, moi je travaille beaucoup en horaires décalés ; j'arrive vers 11 h le matin et le soir, je rentre à la maison entre 9 h et 10 h, quand il est là. Quand il n'est pas là, je prends des cours de rock le mardi soir. Ça nous fait du bien d'avoir des temps isolés et des temps où on se retrouve. On a une vie qui nous convient, construite de façon que ça ne nous manque pas. Plus le temps passe, moins je peux changer d'avis, moins c'est un sujet.

Mon autre enfant, c'est notre immeuble à Vitry sur Seine - avec trois couples d'amis, nous avons construit 5 appartements pour quatre familles, et allons terminer le cinquième pour le vendre - j'ai en tête de m'atteler à ça. Je sais et j'aime évaluer les devis des entrepreneurs, suivre et évaluer leur travail, tenir les comptes et le budget. Je prends un projet après l'autre, les projets prennent le temps qu'ils prennent. Mais on a toujours besoin d'un projet en attendant le suivant.

Petit à petit, j'ai commencé à mettre dans mon emploi du temps des cours et des activités, comme quand j'étais collégienne : un cours de rock, le Pilates, les cours de flute du jeudi matin - et ensuite je vais bosser. Je retrouve mon rythme de collégienne, j'adore. J'ai un truc pour moi quasiment tous les jours. Quand j'étais ado, toutes ces activités c'était pour faire plaisir à ma mère ; aujourd'hui je les fais pour moi. J'adore nager, j'adore danser, j'aime la flûte - ce sont des activités qui me ressourcent.

L'Univers me propose quelque chose, si c'est le bon endroit et le bon moment - je m'y inscris. Il faut que ce soit simple et si ça l'est, je ne tergiverse pas - j'y vais.

Mes investissements sont dans l'apprentissage. Je ne mégote pas là-dessus, je suis capable de ne pas m'acheter de fringues pendant un an. Enfin je dis ça mais récemment je m'en suis acheté des habits, je suis dans ma période « couleurs pop », des couleurs qui mettent de bonne humeur - et confortables car je ne supporte plus les trucs qui serrent, les talons... certains disent « t'as passé l'âge de porter des mini jupes » Ah bon ? Il y a des fringues que je n'ai plus envie de mettre. J'ai passé l'âge de l'inconfort, ça c'est sûr !

Au niveau des peurs, j'en ai une vraie - une principale - la décrépitude physique. Je me fais peur quand je n'arrive plus à faire une rando car je *m'essouffle. À mon âge, je ne peux pas commencer à décliner physiquement. Je n'ai pas envie d'avoir mal partout et de ne pas réussir à faire ce que je veux. En revanche, je n'ai pas peur de ne pas retrouver de boulot si mon entreprise ne marche pas. J'ai confiance dans mon employabilité. Je suis heureuse dans l'instant présent - avec des projets.*

Si j'ai un conseil pour aborder cette période de middle age : fais tout ce que tu peux pour les sujets où tu peux avoir de l'influence. Tous les sujets sur lesquels tu n'as pas prise, lâche. Mais oui, c'est la prière de sérénité ! Je lâche de la charge mentale lorsque je délègue. Quand j'ai lâché ET que le résultat est là, ça me sort la tâche de l'esprit. Je note de plus en plus de choses, pour me vider la tête. Je me mets un rappel ou je délègue - et j'ai confiance. Une fois que j'ai réussi à poser la tâche, l'écrire ou la déléguer, je n'y pense plus. J'ai la tête de plus en plus vide.
Et quand une solution simple se présente à moi, je la prends !

Carine ! cette sagesse ! cette vie bien remplie, à un rythme choisi ! Cette recherche sur l'alimentation ! Je ressors de notre rendez-vous avec plein de pistes, notamment concernant mon alimentation mais aussi l'envie de prendre des cours de guitare ; et aussi le sentiment d'être un oiseau sur le rebord de sa cage, la porte est ouverte mais je ne me suis pas encore envolée...

ÇA PREND TOUT CE TEMPS ?

Nothing thicker than a knife's blade separates happiness from melancholy.[16]

VIRGINIA WOOLF, ORLANDO

Bonjour bonjour, ma lectrice ! *Aujourd'hui est un jour gris et brouillardeux à Malakoff où j'habite - broulliardique. Aussi avant de t'écrire... j'ai fait ce que je fais chaque jour avant l'écriture d'un chapitre, c'est-à-dire que je rassemble (convoque !) mes idées dans mon carnet bleu - je t'ai pas parlé de mon carnet bleu ? Celui dans lequel j'écris les idées et les doutes, les jubilations, les grognements, les « et si », à propos de ce livre. Tout ce qui finit par s'y trouver d'une façon ou d'une autre, mais sous une forme non raffinée (eh oui ! ce que tu lis ici a été raffiné et re-raffiné, my dear !). Bref, j'adore écrire dans mon carnet bleu de ce livre en particulier, un agenda de poche de 1970 promotionnel Pechiney Saint Gobain destiné aux agriculteurs (papier jauni entrecoupé de pubs dessinées, « pour des rendements élevés, vos plantes ont besoin de Saingral »). Parfait pour structurer les chapitres, noter mes idées et même y faire de petits crobars...*

LA JOIE DE MON TAMPON ENCREUR

Ce matin cependant, rapport au brouillard, j'avais besoin d'un petit *pick me up* – un remontant non alcoolisé (et d'ailleurs, il ne se boit ni ne se mange !) pour braver cette purée de pois et me lancer bravement dans l'écriture. Alors ce que

16. Rien de plus épais qu'une lame de couteau sépare le bonheur de la mélancolie.

j'ai fait, bon j'ai mis un trait de bleu sous mes yeux et un ruban de velours bleu dans ma queue de cheval – et en ouvrant mon carnet bleu, au lieu de noter la date avec mon stylo, je l'ai tamponnée au tampon encreur. Un tampon dateur *trodat*, une boîte encrée à l'encre rouge, et chaque jour où je décide de l'utiliser, j'éprouve le plaisir de me demander « quel jour on est ? », puis de tourner les mollettes pour arriver à la bonne date, puis d'encrer le tampon en faisant basculer le tampon de droite à gauche pour bien imprégner les caractères. La joie d'utiliser ce tampon encreur me ramène à la joie de vivre le jour présent. Les fesses ancrées dans mon fauteuil, le dos droit, l'œil gauche attiré par la lumière rouge de la lampe posée sur mon bureau – les doigts des deux mains en prise avec les touches de plastique du clavier de l'ordinateur – la musique de Bach dans mes oreilles – la bonne odeur du mélange de nard et d'encens emplissant la pièce – bon, j'ai bien une petite douleur en haut du dos qui se réveille. Mais je suis très immergée dans ce temps présent de maintenant et cela me rend – très heureuse, de m'absorber dans la tâche de t'écrire tout en ayant conscience du monde autour de moi. Voilà ce que me dit la date encrée en rouge dans mon carnet bleu : *Tu es dans le présent, et quand tu t'y immerges* (même si au début, comme pour entrer dans la rivière, ça te coûte), tu y es pleinement à ta place et heureuse, oui, le plus heureuse que l'on puisse être. Ces caractères à l'encre rouge me parlent de ma victoire sur deux démons, le démon du culte du futur (tout sera mieux **après**), et le démon de la nostalgie, où je vis dans mes souvenirs et dans le culte de ce qui me rendait heureuse et qui n'est plus (tout était mieux **avant**), genre, l'enfance de mes enfants, les débuts bénis de notre collaboration avec « mon » ex-(boîte de formation).

✓ **Je suis bien, ici et maintenant.**

RDV CHEZ SOPHIE, LA KINÉSIOLOGUE

Je me suis décidée à prendre rendez-vous chez Sophie, « ma » kinésiologue. Je la vois une fois par an, quand je me sens bloquée – quand une émotion, une maladie ou une douleur ne passent pas, quand un nœud ne se dénoue pas. Je vais voir « ma » kinésiologue parce que je sens que l'énergie est bloquée quelque part dans ma vie et je n'arrive pas à ma débloquer avec les moyens habituels – écrire, marcher, fréquenter les plantes et les animaux.

Je m'inquiète de cette tristesse qui tapisse le fond de mon air. Je m'inquiète de ne pas avancer assez vite dans mon projet professionnel. Je m'inquiète de vivre dans ce présent « absolu » - me fait plaisir et ne me suffit pas. Même les personnes les plus ancrées dans le présent, ont besoin de projets. Or, depuis le départ des enfants, j'ai du mal à me projeter ; auparavant, le temps était structuré de vacances à vacances - nous en prenions une partie ensemble. À deux, trois ou quatre. Depuis qu'elles ne vivent plus avec nous, qu'elles ont leurs stages, et leurs dates de vacances ou d'écoles spécifiques, c'est quoi, les nouveaux contours de notre famille ?

✓ C'est quoi, les nouveaux contours de nos vies, de ma vie ?

Un kinésiologue questionne notre corps, les mémoires de notre corps et, par un rééquilibrage énergétique, le remet en mouvement. Je n'ai pas compris comment ça marche quand je vais voir Sophie, et j'ai compris que quand je la quitte, j'ai compris où ça cloche et comment réajuster certains points ; il s'agit souvent d'élaguer ; de laisser tomber des tendances et tentations pour me concentrer sur l'essentiel. En début de séance, je passe une heure à lui raconter « tout ce qui cloche » ; à lui partager les questions avec lesquelles je suis venue. Elle écoute, elle note. Elle me dit « Vous avez besoin de retrouver un sens à votre vie. » Puis elle me fait m'allonger sur sa table de massage, sous sa couverture douce, et interroge mon corps...

En quittant son cabinet, je suis rechargée en énergie. Je me sens rassemblée. Les questions avec lesquelles je suis arrivée, je les médite plus activement - et en les méditant, je commence à agir sur elles. Est-ce que j'élague ? Oui j'élague. Quelque chose en moi prend la décision de simplifier, poursuit plus résolument la décision et les actions d'élagage commencées.

LE PRÉSENT ABSOLU S'ARRÊTE

Et la projection dans le futur - ouf - peut commencer. Des actions rationnelles pour le boulot se profilent. Des rêves pour les vacances s'esquissent, en famille, à deux, avec mes copines. Je continue de profiter du présent, et j'entrevois un futur proche désirable. Je ne sais pas quelles actions vont porter leurs fruits – mais j'arrive à les décider, les programmer, les entreprendre.

La tristesse continue à se poser en moi – mais elle est comme un nuage qui se traverse dans un ciel un moment, puis fait place à la joie de manière fluide – je ne suis plus bloquée en mode « triste ».

✓ Le présent absolu s'arrête.

Et toi, ma lectrice ?

Es-tu plus spontanément aujourd'hui tournée vers le passé, le présent ou le futur ? Y'a-t-il un endroit de ta vie où tu te sens bloquée – où tu n'avances pas comme tu aimerais ? Quelle personne ou quelle pratique (ou quelle combinaison de personnes et de pratiques) pourrait t'aider à dénouer ce nœud qui t'entrave ?

Prends ton carnet, ton stylo, et note les pistes qui te viennent.

C'est looong!

LE MOMENT OÙ JE COMMENCE À RÉENTENDRE CERTAINS CONSEILS

S'il veut vous demander conseil, c'est qu'il a déjà choisi la réponse.

JEAN-PAUL SARTRE

Mes yeux se sont ouverts. Mes oreilles se sont débouchées. Les prises de conscience arrivent pour certaines au goutte à goutte, et pour d'autres d'un seul coup comme un seau d'eau sur la tête. C'est comme si… j'avais été prise pendant des années dans un rythme, un système de croyances, ou même une absence de questions (bon, pas trop mon style, l'absence de question, plutôt : dans une série d'angles morts) – qui m'ont aveuglée ou engourdie. Et, tout d'un coup – au moment où j'ai été prête à prendre des décisions – au moment où les décisions étaient mûres et se sont prises en moi et autour de moi – mes yeux se sont ouverts, mes oreilles se sont débouchées et je me suis souvenue de phrases lues et entendues plus de 10 ans auparavant.

À l'époque, elles m'avaient marquée, et puis je les ai rangées sous le tapis ; sans doute qu'elles ne me servaient plus, voire étaient contreproductives avec ma vie telle que je l'ai organisée ou qu'elle s'est organisée pour moi. Or, les voilà qui réapparaissent, ces phrases, ces conseils – cet or : comme par hasard ! Comme on se retrouve ! J'ai envie de passer un moment avec chacun de ces conseils qui me reviennent en tête - pour certains, 25 ans plus tard. De te les présenter et te dire comment ils m'agissent aujourd'hui.

Mon intention est que ce dialogue (entre ces conseils et moi), ouvre ou réouvre le dialogue entre certains conseils qui ont résonné pour toi à une époque de ta vie, et la *toi* d'aujourd'hui qui saura quoi en faire.

METS-TOI DU BON CÔTÉ DU RAPPORT DE FORCES

Ce conseil m'a été donné par Jean-Charles Morisseau, au moment de l'un de nos derniers entretiens. Jean-Charles est celui qui m'a recrutée à l'AGEFi, dans mon premier poste ; c'est aussi avec lui, 10 mois après mon arrivée, que nous avons fait le constat que l'entreprise ne me convenait pas. Nous nous sommes mis d'accord sur le fait que je quitterai l'entreprise quand j'aurai trouvé un nouvel emploi.

C'est ce qui s'est passé ; mais je n'ai pas réussi à négocier pour ce deuxième poste, des conditions aussi favorables que pour le premier… qui n'étaient déjà pas mirobolantes. Quand j'en ai fait le constat à Jean-Charles, il a prononcé cette phrase cryptique – *Mets-toi du bon côté du rapport de forces*. Avec laquelle je me suis trouvée d'accord, sans toutefois savoir quoi en faire – pour la bonne raison que, dans le milieu professionnel, j'ai toujours eu du mal à comprendre ou plutôt à aller vers ces domaines censés nous rendre plus puissants. Mais ; toutes ces années où j'ai collaboré avec l'entreprise de formation, j'étais clairement un pion dans la machine – pas du tout bien placée dans le rapport de forces. Ce n'était pas dit entre nous, mais nous savions tous les deux, le patron de l'entreprise de formation et moi, qu'il pouvait me dire *bye bye* à la première contrariété, sans que ça lui coûte rien d'autre que de trouver un autre formateur. C'est d'ailleurs ce qui s'est produit.

Cette conscience du rapport de forces en ma défaveur, autorisait une violence sourde de la part de mon client qui était aussi mon employeur – en tout cas, mon principal pourvoyeur de chiffre d'affaires. J'avais la paix la plupart du temps, mais quand il me demandait quelque chose, je devais répondre dans l'heure. Au moment où la relation s'est terminée, cette phrase, « mets-toi du bon côté du rapport de force », est revenue au premier plan de ma conscience. Je n'avais pas envie de me sentir de nouveau écrasée et vulnérable dans la suite des évènements. Ce qui m'a un peu déprimée, c'est que 25 ans plus tard je me sens toujours aussi peu armée et en mesure de proclamer que je suis passée du bon côté. Ce conseil me donne à réfléchir à mon unicité, aux endroits où je ne suis pas un pion dans la machine – l'un d'eux est mon écriture (personne n'écrit comme moi, ou si ?) ; et notamment, ma newsletter, *Plenty of paper* – qui me permet de faire connaître mon travail à ceux qui s'y abonnent. J'ai pensé : plus j'ai d'abonnés, plus je pèse dans le rapport de forces. Alors voilà, c'est devenu l'un de mes objectifs, l'une de mes tâches quotidiennes : comment faire connaître ma newsletter et augmenter mon audience ? Afin de me sentir progresser dans cette balance, le fameux équilibre du rapport de forces. J'avoue que le résultat n'est pas dingue (+ 4 % en 4 mois) ; et on progresse ; et je suis heureuse de réfléchir à comment augmenter mon audience, puis définir une stratégie, et la mettre en œuvre – afin de me sentir peser un peu dans mon unicité, me remplumer dans le rapport de force.

N'ACCEPTE PAS DE FAIRE DU TRAVAIL MÉDIOCRE POUR DES CLIENTS MÉDIOCRES !

Le deuxième conseil qui m'a fait ***tilt***, puis à nouveau ***tilt*** 10 ou 15 après l'avoir lue, est cette phrase de l'entrepreneur et mentor d'entrepreneurs Seth Godin : *N'accepte pas de faire du travail médiocre pour des clients médiocres.* Ça tombe sous le sens, non ? Or, quand dans une session de formation, la moitié des participants n'a pas demandé à être là – quand on leur impose cette formation ou quand, à distance, les participants vont et viennent parce que leur manager leur a collé une réunion le même jour : dur-dur de ne pas se sentir médiocre.

Faire du bon travail pour des clients demandeurs :

- que je respecte, qui me respectent, la plupart du temps,
- dans des conditions que je maîtrise au moins en partie et que je peux énoncer,
- à des personnes qui les écoutent (et qui vont peut-être les négocier ou les discuter).

Cela me parait être un meilleur usage de l'énergie et du temps de tout le monde.

GET THE MONEY IN THE DOOR[17]

Ce conseil me vient d'un vieux *post* de la gouroute canadienne Danielle Laporte[18]. Elle pose la question, « Que peux-tu faire aujourd'hui pour faire rentrer de l'argent ? Cette semaine ? Ce mois-ci ? Fais-le. Pas d'argent, pas de business. » *Gloups*. Comme elle a raison. *Gloups, gloups* après avoir perdu la moitié de mon chiffre d'affaire. La question de l'argent ne se posait plus de manière si urgente, parce que j'avais ce revenu généré avec mon travail et sans effort de vente de ma part : juste, l'obéissance et renonciation à une partie du sens. Le jour où je ne dis plus oui à ces conditions – la question de l'argent, de comment remettre de l'argent et suffisamment revient en force. *Gloups*. Que puis-je faire aujourd'hui pour faire rentrer de l'argent ? Je me la pose, cette question. Je me la repose. Je continue à me la poser. Pas à la façon d'une obsession, plutôt un de mes fils rouges existentiels. Parce que Danielle Laporte a raison : pas d'argent, pas de business. *Get the money in the door*.

ÉCOUTER AUSSI LES CONSEILS QUE MOI JE DONNE !

Enfin, parmi tous les conseils qui ressortent tels des cadavres remarquablement conservés au moment du dégel – je prête attention à ceux que j'ai donnés ou donne, moi, à mes amis et à mes clients. Va voir la kinésiologue – et si j'allais la voir, moi aussi ? Écoute jusqu'au bout lorsque je te parle, s'il te plait, et ne ramène pas directement le sujet à toi ! Et moi, comment je me mets à l'écoute, comment je fais taire cette voix qui veut revendiquer moi aussi, moi aussi !? Décroche ton téléphone et aie cette conversation inconfortable – et moi, quelles conversations inconfortables ai-je besoin d'avoir ?

✓ **Je me trouve de bon conseil ! Alors, je tente d'écouter ce que je dis et regarde à quel point ça s'applique aussi à moi...**

---

17. Fais entrer de l'argent
18. Danielle Laporte a un côté un peu *new age* – et elle est pleine de sagesse et d'amour. Elle donne vraiment de très bons conseils, notamment pour le buisness. Tu peux la retrouver notamment sur son Instagram, @daniellelaporte !

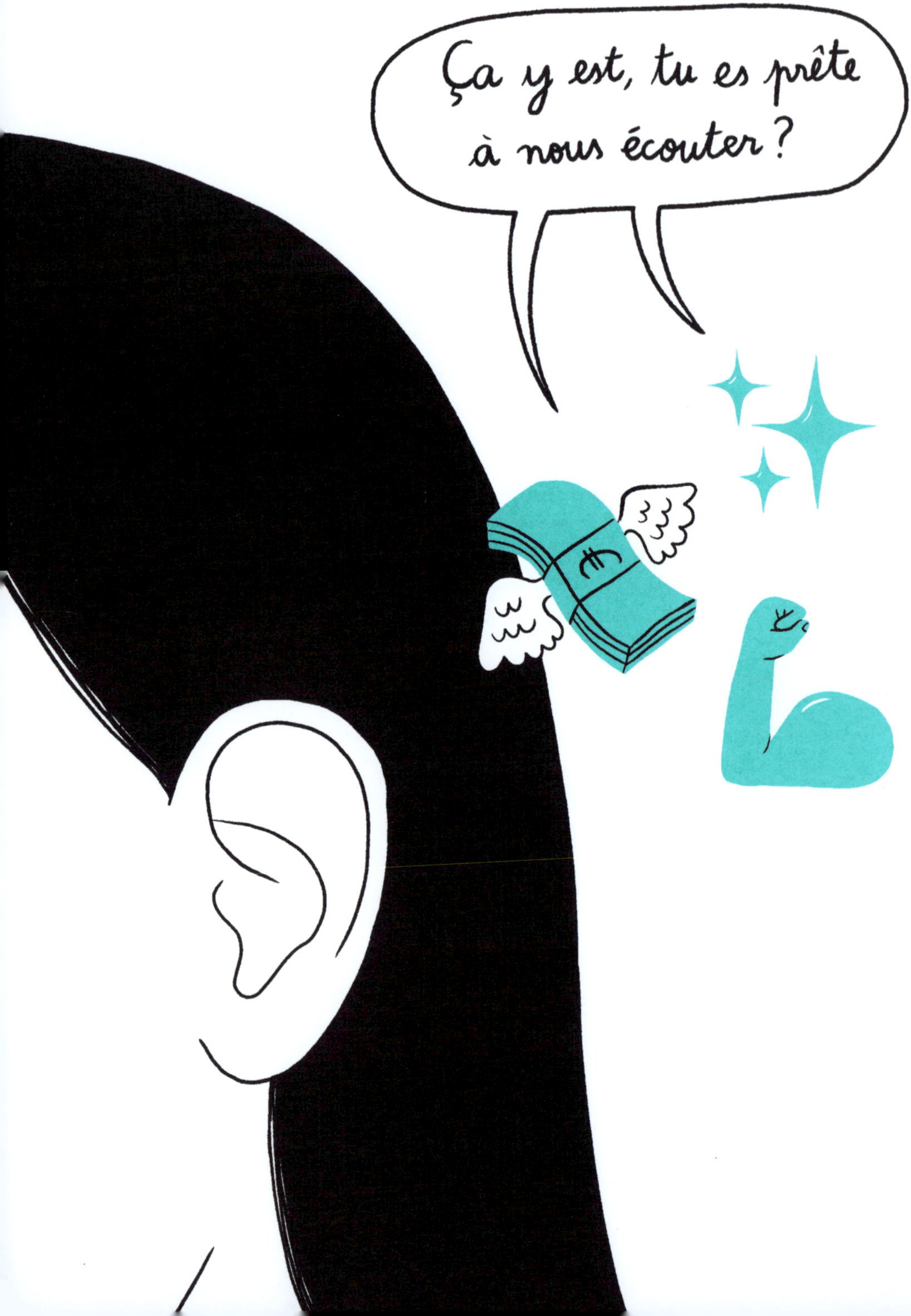
Ça y est, tu es prête à nous écouter ?

Et toi, ma chère lectrice ?

Prends ton carnet, ton stylo, et réponds aux questions suivantes.

- ✓ Quel serait un conseil que tu as reçu il y a un moment déjà, que tu as peut-être un peu enterré, et qui te revient aujourd'hui ?
- ✓ En quoi ce conseil résonne-t-il avec ton actualité ?
- ✓ Quelles actions concrètes t'enjoint-il d'accomplir ?
- ✓ Enfin – si tu t'écoutes et observes – quels conseils donnes-tu, toi, qui pourraient te bénéficier ?

Bonne enquête !

Je n'ai pas moins d'ambition qu'auparavant pour les projets sur lesquels je m'implique, mais j'ai arrêté la course à l'échalote. Ça ne me rend pas heureux, et j'ai décidé de privilégier le bonheur.

Entretien avec Jean-Charles Morisseau, entrepreneur, investisseur et coach

Je rencontre Jean-Charles dans la cuisine-salle à manger de sa jolie maison, où il nous a préparé un thé rooibos que nous sirotons tandis qu'il me raconte et que je prends des notes. Jean-Charles est un de mes premiers (et derniers) patrons. Le premier m'ayant offert un boulot que j'ai accepté, à la sortie d'HEC. À l'époque, directeur financier du journal l'Agefi, il m'a embauchée pour le lancement d'un magazine financier intitulé Management et finance. Bon, l'expérience a duré moins d'un an, et je garde de mes échanges avec Jean-Charles un goût de stimulation, de bienveillance et de mystère. Entre notre dernier entretien où lui était mon boss en septembre 1999 et celui que nous menons pour ce livre, nous avons continué à échanger sporadiquement et chaleureusement. Je l'ai notamment sollicité lorsque j'ai entrepris mon bilan de compétence, en 2017. Aujourd'hui, alors qu'il a repris, développé et revendu une entreprise, Jean-Charles a un peu de temps à me consacrer...

J'ai vendu ma boîte de pub Diadeis Design packaging, que j'avais intégrée 20 ans auparavant et développée à l'international. J'ai couru le monde pour racheter des entreprises complémentaires ou qui faisaient la même chose, avant d'être racheté à mon tour par un de mes concurrents américains qui en avait marre que je lui pique des clients. Le rachat a eu lieu en 2018, avant la Covid. Nous habitions alors New York. J'étais heureux de proposer cette aventure à ma famille et n'ai pas été déçu. J'adore les Américains pour leur gentillesse, leur positivité, leur sens de l'égalité. Le patron milliardaire parle base ball avec son concierge, tous deux connaissent les prénoms des enfants de l'autre. Et puis les Américains ne se plaignent jamais. Dans le monde professionnel, c'est un bonheur ! Au moment où j'ai vendu le groupe, ça faisait 20 ans que je possédais, gérais, développais, consolidais ces entreprises... Vendre a été une rupture forte. Auprès du nouvel ensemble, j'ai fait un an d'intégration, en tant que cadre. Ma mission était de les aiguillonner, de hisser le groupe au niveau auquel il pouvait prétendre. Après avoir passé 3 ans au conseil d'administration, nous sommes rentrés en France, ma femme, nos trois filles et moi. Ma femme Laurence est aujourd'hui directrice des opérations d'une association – pas n'importe laquelle : Bloom, dont la fondatrice est Claire Nouvian.

Vendre mon groupe a été une rupture forte, et je ne suis pas pour autant « tombé dans le vide ». J'ai toujours eu plein d'activités en parallèle. Simultanément au groupe Diadeis, j'ai monté, toujours aux Etats Unis, une entreprise en apiculture : Ubees dont je suis encore actionnaire et membre du board, mais dont j'ai laissé les rennes à mon associé lors de mon départ. L'entreprise se développe maintenant dans d'autres pays comme la Colombie ou le Costa Rica : alors que nous avons démarré avec nos propres ruches, l'entreprise réimplante à présent des abeilles dans des contextes qui en ont besoin. Nespresso, par exemple, finance cette implantation auprès de ses producteurs de café, augmentant ainsi de 20 % le rendement des récoltes et générant un revenu complémentaire pour les agriculteurs.

Comment ai-je fait pour mener les deux entreprises de front ? Déjà, je m'enthousiasme facilement pour les idées des autres. Ensuite, je n'aime pas être au centre des décisions, je suis là en soutien. J'ai mis en place très tôt un groupe d'associés dans un desquels l'un d'entre eux un des associé était devenu directeur-général et moi président non exécutif. Pendant deux ans, je n'ai donc plus eu grand-chose à faire. Puis, je suis revenu dans le groupe à temps plein pour m'occuper des acquisitions et du développement international. Cette période a été un peu dépressive et m'aide aujourd'hui à naviguer l'après « vente de mon groupe ». j'ai appris de cette première expérience et puis, je suis plus vieux, je sais mieux ce que je veux et mieux ce que j'aime. Mon temps n'est pas structuré mais bien rempli. J'ai toujours eu un esprit où c'était moi qui fixais mes propres objectifs. Je me suis débarrassé de mon stress le jour où je n'ai plus eu de chef !

En ce moment, j'accompagne deux productions, ciné et documentaire ainsi que de production de théâtre en initiant, finançant et diffusant des spectacles. En janvier 2024 a débuté Music-hall Colette jouée et écrite par Cléo Senia, mise en scène par Léna Bréban. J'avais rencontré Léna pour la pièce Renversante dont le propos est la domination masculine et les clichés ; en ce moment je milite pour la faire jouer devant tous les élèves de France... J'ai une vraie ambition pour cette pièce, et pour autant je me démène avec discrétion. Je n'ai pas besoin d'être célèbre. Si Lena Bréban me dit merci, ça compte pour moi. Je suis aussi business angel, j'investis soit dans des start up à impact, soit dans des start up fondées par des femmes. Je suis éco féministe dans le sens où 50 % de mes investissements vont dans des start up fondées par des femmes. La moyenne du marché est de 7 %. Je suis féministe, d'abord parce que j'ai des filles et que j'ai envie de leur montrer concrètement que je crois dans les femmes. Ensuite, j'ai vu plein de boards entièrement masculins, aller dans le mur. J'admire et valorise la capacité des femmes à demander des conseils, à écouter et à s'améliorer. Parmi les entreprises dans lesquelles j'investis, il y a une entreprise de yoga, une autre de revente de mobilier de seconde main, une qui propose à ses clients de la clim propre, et un fabriquant de voiles pour la marine marchande. Pas mal non ? J'accompagne aussi, en mode « coach », des dirigeants d'entreprises. Notamment au moment de fusions, acquisitions, levées de fond et négociation de pack d'actionnaire ; je travaille aussi avec eux à leurs enjeux de développement de leur boîte ; et puis, je commence à aider des cadres dirigeantes aussi à lutter contre le plafond de verre. Avec une copine coach, nous sommes en train de créer un module « prise de poste ».

Ma devise est Connais-toi toi-même. Je lis beaucoup – des essais, de la philo, des livres d'histoire de différents pays – car je pense que la connaissance de moi vient d'abord de la connaissance des autres. Aussi, j'ai beaucoup voyagé du fait notamment du développement de mon groupe. Je me suis rendu 20 fois en Inde ! J'ai vécu 6 ans aux États-Unis ! ça donne des points de comparaison pour analyser ma propre culture et mes valeurs.

Comment je sens que je suis arrivé dans la période du middle age ? J'ai commencé à perdre vraiment mes cheveux à 37 ans. Et puis le reste de mon corps m'envoie ses signaux – chaque fois que je participe à une course, je fais moins bien que l'année d'avant. Si je ne fais pas attention à mon alimentation, je grossis. Je viens de perdre 9 kilos en faisant un régime. Voilà, j'ai l'impression que mon corps se dégrade et ne se répare plus. La rupture principale est le départ des enfants. Ma fille aînée est partie pour ses études, revenue pendant la Covid : elle a vécu sa cérémonie de graduation à la maison en Zoom et a survécu. Puis, elle a quitté la maison après avoir démarré dans la vie professionnelle. La deuxième étudie en Ecosse. La petite est en classe de première, gaie comme un pinson. Très jeunes, ma femme et moi voyions à peine nos filles, car nous travaillions tout le temps puis nous les avons vues davantage par la suite, travaillant de la maison. Notre petite dernière a eu l'impression de nous voir tout le temps ! Mais par chance – aucun n'a fait une crise de rejet de nous !
Avec l'âge, j'ai gagné en liberté ; notamment la liberté par rapport à mes propres ambitions. Je n'ai pas moins d'ambition qu'auparavant pour les projets sur lesquels je m'implique, mais j'ai arrêté la course à l'échalote. Ça ne me rend pas heureux, et j'ai décidé de privilégier le bonheur. Une chose qui m'a permis de vendre sereinement mon groupe, c'est que j'avais d'autres activités enthousiasmantes. J'ai une vraie capacité à mener plusieurs projets de front – et c'est une force quand l'un d'eux prend fin.
Depuis notre retour en France, on ne prend plus l'avion, aucun de nous cinq, sans s'arrêter complètement de voyager mais en faisant des voyages plus lents, plus longs. Ce n'est pas difficile pour moi, j'en ai bien profité, et puis, ça a du sens. Une chose qui m'anime depuis mon retour en France, c'est de transmettre ce que j'ai appris, notamment par le biais du coaching. J'ai la sensation d'y trouver un optimum : cela me demande peu d'effort, je suis plutôt bon et on me rémunère très cher. J'adore rencontrer des entrepreneurs qui ressortent éclairés de nos discussions. On creuse, on trouve les nœuds, on les dénoue ensemble et toute l'énergie positive de la personne se remet en marche. Je vois mes clients à la demande - certains plusieurs fois par semaine, d'autres une fois par mois. Ma dernière marotte est de compenser ma trace carbone

passée. Nous tentons de limiter notre impact actuel. Notre trace carbone est bonne, la moyenne française est 9,2 tonnes par personne et par an - nous sommes à 4 tonnes. Je compense mes voyages passés en plantant des arbres sur des terrains que j'achète, notamment avec des projets permettant de créer un effet d'entrainement très enthousiasmant. « Je te le confie », ai-je dit à l'un des bénévoles locaux venus planter avec nous. Il en a été très ému et moi aussi. Planter des arbres donne beaucoup de sérénité, l'impression d'être au bon endroit. Ma posture : faire confiance. Plus j'ai confiance en l'autre, plus il me le rend. J'ai un talent d'efficacité patrimoniale, sachant trouver les points d'équilibre qui fait que tout le monde a intérêt à gagner. Quand eux gagnent, je gagne. Alors, oui, je me suis fait couillonner plusieurs fois ! Mais je gagne tellement de sécurité psychologique avec la confiance, que ça en vaut la peine. Ceux qui m'ont couillonné vivent avec leurs éventuels remords - pas moi.

Quelques conseils pour traverser cette période de vie sur l'aspect professionnel ? Si tu es entrepreneur, réfléchis à la valeur patrimoniale de tes efforts ; questionner tes modes de management en termes de liberté, liberté financière, plaisir au quotidien. Si tu es salarié, bon alors là le middle âge **est une étape tragique dans laquelle tu dois encore progresser (mais y'a plus beaucoup de places arrivé à un certain niveau), ou bien, tu te fais sortir. Les règles du jeu changent subitement sans que personne ne t'ait averti ni que tu l'aies vu arriver. Tout devient politique. Certains de mes camarades de promo se retrouvent sur la touche tout étonnés - ils ont un beau parcours ! Mais à cette époque de la vie, le beau parcours doit se transformer en très beau parcours. Quand tu arrives à la cinquantaine, il n'y a plus de poste pour toi sur des postes intermédiaires. Passée la première sidération, tu as le choix : courir la course à l'échalotte et te battre ou te barrer pour devenir indépendant, freelance ou créer une petite boîte. C'est une étape où bien bosser est devenu contre-productif. Alors quand je rencontre un salarié qui me parle de ses difficultés, je lui ouvre les yeux avant de l'aider à prendre le poste d'après.**

En quittant Jean-Charles, je pense que j'aimerais en savoir un peu plus (et appliquer !) sa vision patrimoniale de l'entreprise. Faire en sorte que le gain de ceux qui travaillent avec moi concoure à mon gain ! J'aimerais savoir comment faire. Une chose qui me rend heureuse est notre vision partagée de la confiance. Un enseignement de ma mère : j'y gagne quand j'accorde ma confiance. Et c'est vrai, je fais confiance et je gagne en sérénité – et je me suis très peu fait arnaquer.

APPRENDRE À LAISSER PARTIR

O impermanence! what a lovely word and a sad feeling!

ETHEL ADNAN[19]

Je viens d'apprendre une jolie expression pour « le syndrôme du nid vide » - que je n'ai pas l'impression de ressentir tant que ça, même si je parle beaucoup de mes enfants. Je sens « juste » le besoin d'un important réajustement - ce n'est pas simple, mais pas problématique non plus, ni particulièrement douloureux - même si quand même, ça prend du temps, de l'énergie, et du questionnement. L'écrivaine et journaliste américaine Gretchen Rubin a donc trouvé une nouvelle métaphore pour parler des enfants qui vont et viennent : *open door* - la porte ouverte, qui met l'accent sur un climat de tendresse, de liberté et d'accueil. Je la prends pour moi, pour notre foyer.

ÇA LUI FERA LE PLUS GRAND BIEN

J'ai toujours eu le sentiment que ma fille aînée était prête à quitter le nid depuis sa naissance, ou depuis une semaine après sa naissance disons, lors de notre retour à la maison. Excitée à l'idée de lui montrer sa chambre, je l'ai vu s'endormir dans la voiture sans aucun moyen de la réveiller. Son couffin déposé dans sa chambre, je suis allée déjeuner dans la pièce d'à côté me sentant déjà très très loin d'elle. 9 ans plus tard, elle revenait de ses camps scouts en nous énumérant tout ce qui avait cloché, pour finir par conclure avec un immense

19. Ô, impermanence ! quel mot adorable, et quel triste sentiment…

sourire : « C'étaient mes meilleures vacances !! »[20] Et toute sa jeunesse à l'avenant. Notre adorée a fini par déménager à Bruxelles pour ses études à 21 ans ½, prête depuis des années. L'annonce de son départ (et de celui de sa petite sœur, le même mois) a provoqué chez moi une déflagration. Qu'allais-je devenir ? Qu'allions-nous devenir, son père et moi ? Quand je me suis ouverte de son prochain départ et de mon désarroi à sa marraine, qui est aussi l'une de mes chères amies, celle-ci m'a assené – Ça lui fera le plus grand bien ! T'es l'amie de qui ? ai-je eu envie de lui demander ? Ça m'apprendra à choisir mes amies pour marraine. J'avais besoin d'empathie pour moi ! Et quelques semaines plus tard, quand mon amie Juliette m'a annoncé, livide, que son fils postulait pour une prépa en internat après son bac, je ne trouvais rien de mieux à répondre que, devine quoi (et je le pensais tellement) : « Ça lui fera le plus grand bien ».

Pourquoi à ce moment de la vie, ce qui objectivement est la meilleure solution pour nos gamins, représente un cauchemar pour nous, les parents ? Et pourquoi, mais c'est un autre sujet, certains d'entre nous avons un immense besoin d'empathie… et parfois bien du mal à en témoigner ?)

L'HISTOIRE DE DEMETER ET PERSÉPHONE

Les contes de Grimm et les mythes antiques ont pour avantage qu'on peut les raconter, les lire et les relire à l'envi – certains nous parlent vraiment, semblent avoir été écrits pour nous et ayant toujours quelque chose de neuf à nous dire quand on y revient. Et quand le pouvoir d'un conte ou d'un mythe s'est émoussé ou qu'il ne parle plus à notre situation du moment – un autre conte, un autre mythe peut prendre le relais. Et donc, en termes de contes, j'ai mes préférences ! Depuis l'âge de 12 ans, je relis souvent l'histoire de Déméter (la mère) et Perséphone (la fille) – m'identifiant tour à tour à la fille, puis à la mère. Déméter est la déesse de l'agriculture et des moissons et tout va bien pour elle et sur la terre tant que sa fille, Perséphone, est sous son giron. Les humains

20. Depuis les années de scoutisme des enfants (les camps scouts ont été leurs colos), avec une séparation d'une semaine, puis de deux semaines, puis de 3 semaines !! sans possibilité de contact téléphonique ! je me rends compte à quel point les colos ou camps préparent les enfants à prendre leur indépendance, et aussi préparent les parents à la vie sans leurs enfants. Je me revois errant dans la maison vide, pensant *Un jour ça sera ça tout le temps*. Je me revois aussi pleurant la première fois qu'on a été séparées 15 jours, puis 3 semaines. 3 longues semaines ! Ma fille, elle, a adoré son magnifique voyage en Croatie.

ont à manger, Perséphone grandit, soumise à sa maman. Et puis un beau jour, Hadès, le dieu des enfers, s'éprend de la jeune fille ; le voulant pour lui, il l'enlève jusqu'aux Enfers... Déméter tombe dans une déprime sans nom, morte d'inquiétude, ne sachant pas où est sa fille. Elle est accablée qu'elle stoppe net son job de déesse des cultures ; tous les plans de blé, de vigne et le reste pourrissent et s'assèchent – c'est la dèche. Les humains meurent de faim. Hélios, le dieu du Soleil, témoin de l'enlèvement, le raconte aux autres dieux, mettant tout le monde au courant sauf Déméter, à qui personne n'ose dire l'horrible vérité quant au lieu où vit sa fille. Au bout d'un moment, Zeus, ne voulant pas que les humains soient tous décimés (non par charité – mais sur qui aurait-il du pouvoir ?), convainc donc Hadès de laisser remonter Perséphone. Hadès n'est pas vraiment séduit par cette proposition, car il trouve la jeune femme à son goût ! Il trouve un accord avec Zeus : Perséphone remontera 9 mois par an et restera 3 mois aux Enfers avec lui. Pendant ces 3 mois durant lesquels Perséphone vit avec Hadès, Déméter se remet en grève, et le reste du temps elle reprend son job de déesses des moissons – c'est ainsi que nous connaissons l'hiver...

Depuis que je suis maman, je me demande quelle « Déméter sans ses Perséphones » je vais être. J'ai peur de ne plus rien laisser pousser, privée de mes deux petites compagnes. A qui vais-je parler ? avec qui vais-je me réjouir et faire la fofolle ? qui vais-je consoler ? qui vais-je nourrir ? de qui vais-je prendre soin ? Sur qui exercer – car il s'agit aussi de cela dans l'histoire de Déméter et de Perséphone, et dans ma relation avec mes filles – mon contrôle ? Or, deux jeunes adultes n'ont pas tellement envie qu'on les contrôle. Je me souviens de cette phrase d'Annie Ernaux dans l'un de ses livres (peut-être *Mémoire de fille* ?) – *Oh, que je souhaitais échapper au regard de ma mère !* (je cite de mémoire – son écriture blanche n'est sans doute pas aussi emphatique). J'ai souhaité moi aussi échapper au regard de ma mère – dans mon enfance, pour manger des bonbons ou regarder la télé, ou pour choisir mes tenues ; puis quand j'ai été adolescente et jeune adulte, j'ai trouvé pénible l'idée réelle ou fantasmée que ma mère cherche à contrôler (et peut-être même empêcher de s'exprimer) l'être sexué que je suis. Et ce qui me « sauve » dans cette période actuelle et qui va se prolonger, de vie sans enfants au quotidien c'est que je souhaite également, parfois, échapper au regard de mes filles ; notamment pour retrouver mon exubérance qui les dérange, ou sortir de la comparaison/compétition avec mes filles. Tout le monde y gagne donc, tout le monde s'épanouit à vivre et faire certains de ses choix, hors du regard de la génération précédente ou suivante.

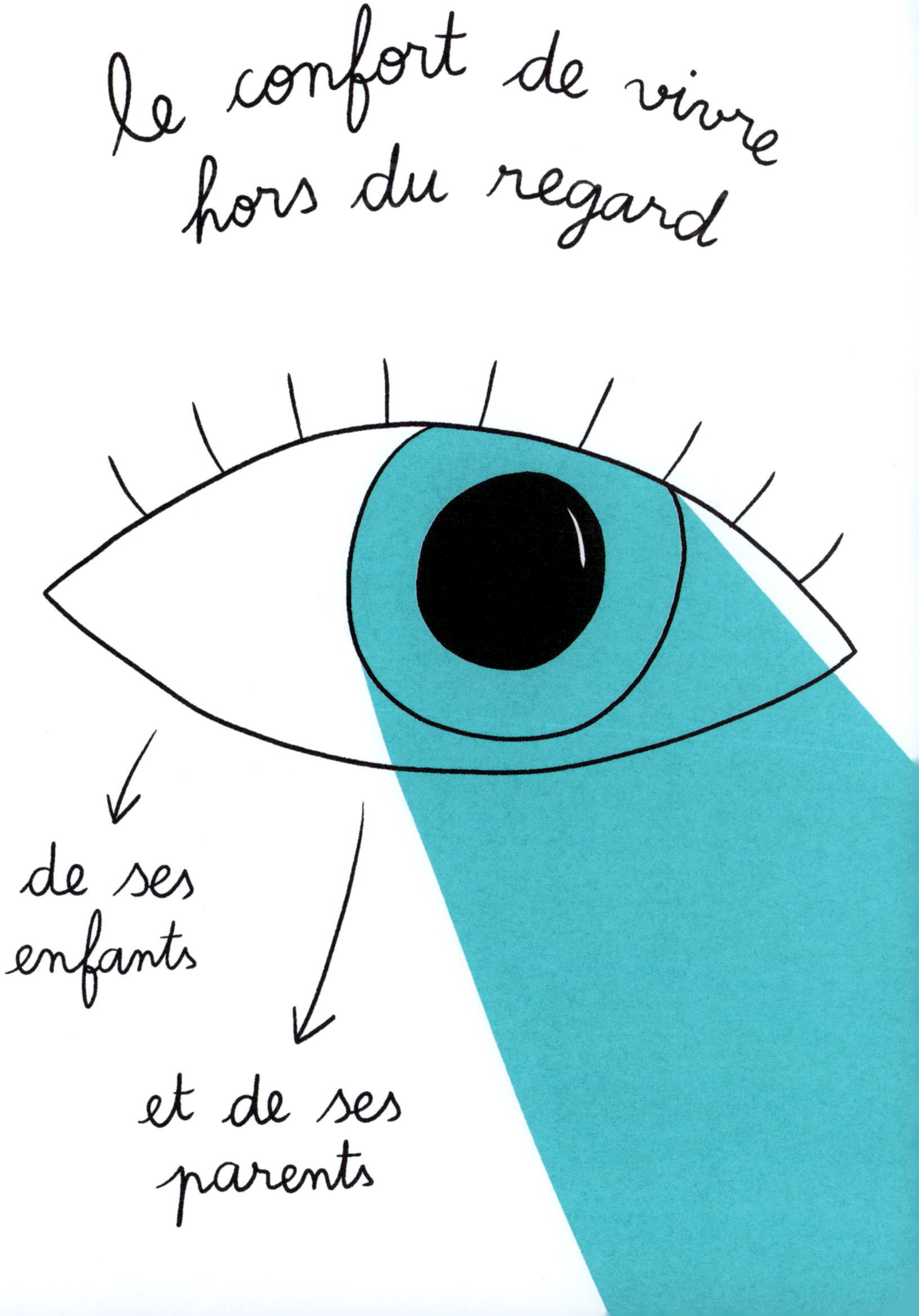
le confort de vivre
hors du regard
de ses
enfants
et de ses
parents

TROUVER UN RELAI DU DÉSIR

Néanmoins, le fait que nos enfants s'en aillent nous incite à nous amuser autrement ; à nous projeter autrement, imaginer nos week-ends et nos vacances autrement, nous permettant d'une certaine manière de nous remettre à la première place, prendre du temps pour nous. Et pour notre couple - se retrouver à deux dans des discussions et une attention sans partage. Mais… qu'est-ce qui m'intéresse ? Et comment je m'autorise à me remettre en priorité ? Parmi tous mes centres d'intérêt, comment je choisis ? Le départ des enfants a ouvert la porte d'une cage imaginaire - et me voilà, timide rossignol, sur le bord de la cage ; et pourtant, je n'en sors pas. Pourquoi ? Qu'est-ce qui m'empêche ? J'en fais quoi, de ma liberté ?

Même les vieux nous lâchent

Au même moment que nos filles sont en train de déménager, deux piliers de notre paysage radiophonique - Laure Adler et Jérôme Garcin - prennent leur retraite de l'antenne France Inter et des émissions où Nicolas et moi avons nos habitudes, *L'Heure bleue* et *Le Masque et la plume*. Lorsque je m'en plains aux enfants, ma fille aînée, scandalisée, me répond - « Tu ne mets quand même pas la retraite de deux animateurs de radio sur le même plan que notre départ ? » Évidemment - non. Et ces deux voix ont été des présences constantes durant toute notre vie d'adultes ; des repères, des « adultes plus adultes que nous » (Laure et Jérôme ont l'âge de nos parents, à un ou deux ans près), présents à des heures compliquées (20 heures - l'heure bleue ! le blues du dimanche soir) - font la place à des animateurs de nos âges ou plus jeunes, qui n'ont plus cette fonction de réassurance.

Faut tout réinventer, *baby*. Et trouver d'autres manières de me rassurer.

Et toi, ma lectrice ?

Que dois-tu apprendre à laisser partir ? Quels sont les bénéfices inattendus de ces « désertions », pour toi ?

Prends ton stylo et note.

✓ Une chose que j'ai dû laisser partir, c'est... et à la place j'ai trouvé...
✓ Une chose que j'ai dû laisser partir, c'est... et à la place j'ai trouvé...
✓ Une chose que j'ai dû laisser partir, c'est... et à la place j'ai trouvé...

Moi Christie,
une chose que j'ai dû laisser partir ce sont mes filles dans notre quotidien, et à la place j'ai trouvé du temps ininterrompu pour travailler entre 17 h et 19h30-20 heures, qui est un bon créneau pour ma concentration.
Une chose que j'ai dû laisser partir ce sont mes filles, et à la place j'ai trouvé une alliance renforcée avec mon homme.
Une chose que j'ai dû laisser partir ce sont mes filles pendant les week-ends et les vacances, et à la place j'ai trouvé de super chouettes discussions avec d'autre ados, les enfants de nos amis !

ATTAQUE DE NOSTALGIE

Coucou chère lectrice ! ***Je viens de rentrer de week-end, notre fille cadette était à la maison tout le week-end et nous, dans notre maison en Bourgogne. C'est un des trucs bizarres de cette année : dès que nous pouvons, nous allons passer le week-end en Bourgogne mais de ce fait, notre fille que nous ne voyons pas de la semaine… nous ne la voyons pas non plus du week-end. En général, j'apprécie néanmoins de jardiner, cuisiner, discuter avec Nicolas mais le retour dans notre maison encore chaude de la présence de notre fille, qui vient de repartir pour sa prépa, et que je ne reverrai pas avant le vendredi suivant est dur…***

Cette « attaque de nostalgie » se produit à chaque retour de week-end. Je peux commencer à les anticiper et à me demander « que faire pour – l'éviter ? l'atténuer ? me chouchouter ? Bon, ce matin j'ai soigné, ma séance de yoga devant la fenêtre… et je suis tombée sur une recette de croque-monsieur gourmand. Cette perspective de préparer et d'enfourner le parfait croque-monsieur m'a réjouie et soutenue toute la matinée ; et m'a détournée de pensées plus mélancoliques. La bouffe, la bouffe, on a les dérivatifs qu'on peut. *Whatever works*[21] est l'un de mes mantras.

Mais il y a aussi les attaques de nostalgie non anticipées ; les photos dans mon téléphone où les filles étaient petites, ou encore certains départs. La semaine dernière, nous avons été rendre visite à l'aînée, à Bruxelles. En quittant sa rue pour repartir à Malakoff, j'avais le ventre et l'âme retournés. L'âme retournée et le sentiment que mon bonheur est derrière moi, que plus rien ne pourra être aussi fort et « plein de sens » que cette vie avec nos filles. Je sais que ce n'est pas vrai – mais comment me défaire de cette illusion ?

---

21. Pourvu que ça marche !

CHOSES QUI M'AIDENT À DÉPASSER LES ATTAQUES DE NOSTALGIE

CE QUI NE MARCHE PAS DU TOUT

Ce qui me met hors de moi, ce sont les personnes qui me disent « Mais t'inquiète pas, elles vont revenir ». Je le sais qu'elles vont revenir. Elles reviennent déjà.

Ce qui me manque, ce ne sont pas tant mes filles qui aspiraient à partir depuis un moment - en tout cas au moment où elles se sont envolées du nid, l'une et l'autre étaient prêtes.

Ce qui me manque, c'est le sens lié à cette vie et ce rôle de maman active, c'est aussi l'amour d'enfant de mes enfants, le besoin qu'elles avaient de moi... Cet amour-là ne reviendra plus - et il évolue et trouve une nouvelle forme.

Et le sens ? Je le cherche, je le cherche.

CE QUI MARCHE

Ce qui m'aide finalement à sortir de mes « crises de nostalgie », ce sont plusieurs choses. Il y a, comme ce matin, l'idée et la possibilité de **réaliser une chose charmante pour moi : me régaler** de l'idée du croque-monsieur gourmand, et me régaler de sa réalisation et de sa « dévoration ».

Il y a, quand elles se prolongent, les crises, **cette méthode RAIN** d'investigation de ma tristesse - je la Reconnais, je l'Accueille, j'Investigue sur ses causes, je me Nourris dans le chouchoutage puis l'action.

Il y a **l'observation de ce qui me rend jalouse** - tiens, Julie prépare le marathon, ça me fait envie ! Tiens, Pauline prépare un périple à vélo vers le Mont Saint Michel, ça a l'air génial. Je ne me mets pas davantage à courir et à véloter - pas pour le moment - mais j'accentue mes étirements de yoga et tiens, tiens, je retourne à la piscine. La « jalousie », dans le bon sens du terme, me dégèle, car elle m'indique la direction de mes désirs ; et même si je n'ai pas commencé mon entrainement à la course à pied ni au vélo, j'ai déjà prévu ma prochaine séance de yoga (demain matin avant 9 heures) et ma prochaine session de natation (demain en fin d'après-midi).

MERCI LES TANTES DE NICOLAS

Celles qui m'aident à dépasser ma nostalgie et à savourer les bonheurs d'aujourd'hui, ce sont les tantes de Nicolas. J'entretiens avec certains de mes oncles et tantes (directs ou par alliance) des relations à la fois fort affectueuses, et avec des enjeux moindres que celles avec mes parents et beaux-parents. Cette affection plus distanciée permet parfois des discussions plus libres, et des réflexions dénuées d'affects.

Lorsque ma première fille est née, j'étais loin de nager dans le bonheur - je me sentais moche, très fatiguée, dépassée par l'ampleur de la responsabilité qui me tombait dessus et que j'avais pourtant désiré depuis l'âge de 15 ans. Mariel, « la jeune tante » de Nicolas, âgée de 15 ou 16 ans de plus que nous, est venue nous voir, nous et le bébé. Elle m'a dit à *Veinarde, profite !* J'ai senti l'amour dans ses paroles, l'amour pour notre jeune famille et aussi la nostalgie de ce temps avec un tout petit bébé.

Ces mots et la manière dont elle les a prononcés, m'ont aidée à changer d'attitude et de regard, et à comprendre que plus tard je regarderais avec nostalgie les premiers jours, semaines et mois d'existence de mon bébé. J'ai réévalué ma chance... j'ai essayé de profiter au mieux de ces premières semaines, mois, années de vie de notre fille. 18 ans plus tard...

Sophie, une autre tante de Nicolas, a perdu Patrick, l'homme de sa vie, au démarrage de l'épidémie de Covid. Son immense tristesse, la voir privée de ce fantastique compagnon de vie, me peine et aussi m'aide à profiter de la présence de mon compagnon de vie.

Savoir qu'un jour je serai nostalgique de cette période que je vis actuellement, le savoir par les yeux d'autres personnes arrivées à un stade plus avancé : cela m'aide à savourer mieux cette étape que je suis en train de vivre.

Et toi ma chère lectrice ?

Comment accueilles-tu la nostalgie ?

Prends ton carnet, ton stylo, et complète les deux phrases suivantes

✓ Une chose qui me rend nostalgique c'est...

✓ Une chose qui m'aide à dépasser un moment de tristesse lié à la nostalgie, c'est...

APRÈS LE *BREAKDOWN* VIENT LE *BREAKTHROUGH*

Merci les larmes, qui viennent fendre mon cœur de pierre

VANINA GALLO

DEUX-TROIS, CINQ, SIX CRISES DE LARMES ?

Mon plus gros *breakdown* dans cette histoire d'enfants ayant quitté le nid a consisté en 4 ou 5 bonnes crises de larmes, dont chacune a duré à tout casser un quart d'heure. Personne n'a songé à chronométrer. J'ai pleuré avant leur départ, 2 ou 3 fois – mon monde s'effondrait, même si leurs orientations étaient de bonnes nouvelles ; même si je savais depuis leur naissance qu'un jour elles partiraient. J'ai pleuré, jusqu'au moment où j'ai décidé, *Bon, ça suffit, les filles sont encore à la maison, j'en profite, je ne pleure plus tant qu'elles sont avec moi*. (Et puis, j'étais fort gênée qu'elles me voient aussi triste). J'ai pleuré ensuite, bizarrement, dans les premiers temps après leurs départs, quand elles revenaient à la maison, puis quand elles repartaient. Les transitions – je les trouve difficile à naviguer. A leur arrivée, je les imaginais déjà repartant au bout de si peu de jours. Puis, on n'a pas la même relation quand on vient juste « pour le week-end » ou « visiter pour les vacances ». J'ai envie de profiter profiter profiter d'elles, au lieu de vivre simplement côte à côte comme on a toujours fait. Et puis au moment du départ... tout d'un coup ce désert ressenti dans la maison... Alors qu'avant leur arrivée, la maison ne semblait pas particulièrement vide, ou triste... Bref, une poignée de crises de larmes, la plupart accueillies avec tendresse et sans *big fuss* par mon amoureux. Il me prend dans ses grands bras, on mange le bon dîner que l'un de nous a préparé, et hop, je passe à autre chose.

Puis il y a eu cette tristesse qui a duré 12 jours

Bon, ce n'est pas très long 12 jours ! 12 jours en hiver, à me demander ce qui m'arrivait, un peu, et à sentir la tristesse tapisser chacun de mes gestes, le fond de ma personnalité. Il n'y avait que lorsque j'écrivais et écoutais mes clients, que je ne la sentais pas. Bref, une motivation redoublée pour travailler ! Et puis un beau jour, j'ai compris que ma tristesse avait besoin d'être prise au sérieux et examinée sous toutes ses coutures, j'ai investigué et compris que je manquais de projets à moyen terme – et les projets, petit à petit, sont nés, sont arrivés – et même, je réussis à en générer, moi qui ne me projetais plus que dans l'absolu instant présent (ou le lendemain, disons). Mais pour le reste – voilà l'essentiel de mon *breakdown*.

DES PENSÉES DIFFICILES

Il y a, oui, des nuits où je me réveille avec une pensée du style « je voudrais mourir ». Désagréable. Alors, je me lève, j'attrape mon gros cahier et un stylo dans le secrétaire sur le palier, et je m'installe dans le canapé du salon, blottie contre le chien et enroulée dans une couverture de coton bleu à pois violets – et je regarde le ciel s'éclaircir, bleuir, jaunir, en écrivant trois pages de mon gros cahier. Au bout de la première ligne, au bout même des premiers mots, je me sens déjà mieux. Enfin, je n'ai plus du tout envie de mourir ! La fourrure toute douce et les ronflements de mon chien… le bleu du ciel… les idées et les mots qui dansent sur la page… j'ai envie de voir ce que ça va donner ! Je sais que ces pensées difficiles me reviendront ; qu'aucune des réalités qui les ont provoquées, n'a disparu ; et j'ai envie de voir quelle est la prochaine nuance de ciel – après bleu marine, bleu roi, puis bleu nattier, puis bleu-jaune – et ensuite ?

QU'EST-CE QUI SERAIT JOYEUX ?

Ceux qui n'aiment pas Paris parlent souvent de « la grisaille parisienne ». Moi qui vis en région parisienne depuis mes 2 ans ½, je ne dis pas que je ne serais pas plus heureuse en Bretagne par exemple, mais je vis à Paris et je rencontre des personnes sympathiques et observe que le ciel est rarement gris toute une journée. Il suffit de marcher en prêtant attention, et de regarder par la fenêtre une fois de temps en temps, pour le vérifier. Mais aujourd'hui, mon optimisme habituel n'est pas de msie : mal dormi, mal au dos, brouillard et bruine toute la journée. : devient alors utile la question – que je pose par écrit dans mon carnet avant de la partager avec toi, – « qu'est-ce qui serait joyeux ? ».

Qu'est-ce qui serait joyeux, là, maintenant, pour moi ?

- Il y aurait… tester ces boulettes de viande, la recette dite de Pouny !
- Me faire un maquillage léger, rose à lèvres, paillettes argentées sur les paupières, mascara bleu électrique !
- Réessayer mes robes et programmer d'un porter une demain
- Danser en faisant la cuisine, au son de ma super playlist dansante !

Déjà écrire (et commencer à réaliser, je me suis maquillée par exemple) ce premier bout de liste, ça me fait du bien. Au fil de la journée, la liste s'étend – je trouve des nouvelles idées et j'en réalise certaines. Le soleil prend place en moi.

OBSERVE. OBSERVE-TOI ! REGARDE CE QUE TU FAIS !

Je pense et repense à cette phrase de Pierre Soulages – *c'est ce que je fais qui m'apprend ce que je cherche*. Mon amie Martine Camilieri me conseille d'observer ce que je fais – *Notice what you notice* ; observe ce à quoi je dis oui, ce à quoi je dis non. Les activités et les personnes vers lesquelles me mènent mon énergie, mon élan – et celles dont ils me détournent, avec ou sans explication. En ce moment, par exemple, je ne supporte plus d'être mal écoutée. Je privilégie donc les personnes et les relations qui m'intéressent et au sein desquelles je me sens moi aussi intéressante et appréciée.

Quand le ciel bas et lourd
pèse comme un couvercle

Qu'est ce qui
serait joyeux ?

Voilà, ma lectrice, où me mènent mes infimes et parfois écrasants *breakdowns*. Ils me conduisent à une écoute fine de mes mouvements du cœur ; à une attention accrue à mes fragilités et à celles des personnes que j'aime. J'ai confiance que je trouve, que je vais trouver l'endroit juste où « atterrir ».

Et toi ?

J'aimerais te proposer cette petite liste qui me fait tellement de bien : qu'est-ce qui serait joyeux ?

Prends ton carnet, ton stylo et note 10 idées (ou plus !). D'autres vont te venir au fil de la journée. N'hésite pas à réaliser directement certains items de ta liste !

- ✓ Une chose qui serait joyeuse pour moi aujourd'hui ce serait…
- ✓ Une chose qui serait joyeuse pour moi aujourd'hui ce serait…
- ✓ Une chose qui serait joyeuse pour moi aujourd'hui ce serait…
- ✓ Une chose qui serait joyeuse pour moi aujourd'hui ce serait…
- ✓ Une chose qui serait joyeuse pour moi aujourd'hui ce serait…
- ✓ Une chose qui serait joyeuse pour moi aujourd'hui ce serait…
- ✓ Une chose qui serait joyeuse pour moi aujourd'hui ce serait…
- ✓ Une chose qui serait joyeuse pour moi aujourd'hui ce serait…
- ✓ Une chose qui serait joyeuse pour moi aujourd'hui ce serait…
- ✓ Une chose qui serait joyeuse pour moi aujourd'hui ce serait…

HAPPY TRANSITIONNING !

I've never seen any life transformation that didn't begin with the person in question finally getting tired of their own bullshit.[22]

ELIZABETH GILBERT

Non vraiment, ce n'est pas une période facile l'entre deux âges ! Et encore, je ne t'ai pas parlé de « mes problèmes de bonne femme » - ah si, je t'en ai parlé ? La perte de mémoire est l'un des symptômes de la préménop', tu savais pas ?

Bon, si j'ai un conseil concernant la ménopause et la préménopause ce serait celui-ci : « quand tu arrives à 45 ans, va chercher des infos et des conseils sur le sujet » - *information is power* ! Renseigne-toi, informe-toi.

Tu ne te sens peut-être pas concernée, pas encore, mais sache qu'entre 45 et 49 ans, chez la femme, les tentatives de suicide sont les plus importantes comme les séparations et les divorces. Hé oui, la chute d'hormones provoque un tel bordel dans nos perceptions corporelles et dans nos émotions, que nous ne nous reconnaissons plus et serions tentées de tout envoyer valser - y compris un conjoint tout à fait aimable, et une vie pas si nulle en fait.

Donc, informe-toi - les symptômes sont multiples et varient d'une femme à l'autre. C'est ainsi que j'ai appris que mes bouffées de colère et les niagaresques pertes de sang étaient normales - liées à la modification du système hormonal. Donc, je ne dégaine plus le couteau de cuisine japonais quand ma fille a laissé trainer sa serviette de bain.

22. « Je n'ai jamais vu de transformation, qui n'a pas commencé par le fait que la personne en question a fini par se fatiguer par les âneries qu'elle se raconte à elle-même. »

Et quand je perds l'équivalent du quart de ma masse sanguine en 20 minutes... je sais maintenant que « ça va repousser », et en effet le mois suivant la crue se poursuit. Jusqu'au jour où ça va s'arrêter !

Si tu es une femme et qu'il t'arrive quelque chose d'inhabituel entre 45 et 60 ans, vérifie, c'est probablement un symptôme de la préménopause ou de la ménopause.

Une fois que tu sais ça, tu peux minimiser l'impact de ces symptômes sur ta vie :

- Adapte ton alimentation[23].
- Augmente ta dose d'activité physique.
- Trouve des trucs marrants à faire (et fais-les).
- Vois davantage des copines de ton âge (des un peu plus vieilles, qui te donnent des conseils, et des un peu plus jeunes, à qui tu peux faire profiter de ta science nouvellement acquise).
- Vois aussi des plus jeunes - et des plus vieilles - c'est cool, on n'a pas les mêmes problèmes ! ça nous change !
- Certaines femmes profitent avec profit d'une supplémentation en hormones. Ça peut valoir le coup d'en parler avec ton généraliste, ta gynéco ou une sage-femme.

Une fois qu'on a parlé du corps et de ses modifications, il y a cette histoire d'épaulettes - remplir les épaulettes de la veste professionnelle. Parce que s'il y a bien une chose à faire en deuxième partie de vie, c'est un travail qu'on aime et qui a du sens ! Et dont le fruit nous permet une sérénité financière.

L'absence des enfants dans notre vie (ou leur plus grande autonomie) a, en effet, deux corollaires : le premier est qu'on a davantage de temps à consacrer au travail ; et le second, qu'on ne peut plus compter sur eux pour le sens !

---

23. Je mets dans la bibliographie en fin du livre, des ressources livres, podcasts et comptes instagram qui donnent notamment des idées sur « comment se nourrir quand on est une femme d'après 45 ans ». Pour ma part, je divise par deux la dose de sucres dans les gâteaux ! je tente de diminuer l'alcool ! et le gluten, je remplace ou complète la farine de blé par d'autres farines en mélanges. Je bois aussi des tonnes de bouillons, je fais bouillon de tout - orties, carcasses de poulets, fanes de légumes, gingembre, arrêtes de poissons. Et je fabrique mon propres granola à base de plein de graines, celles que je trouve dans mes pérégrinations.

Et cela est vrai que nos enfants aient quitté le nid, ou qu'on n'en ait pas eu. La personne entre deux âges a du temps, de la compétence, le besoin et le désir de contribuer ; alors, fonçons !

Ça va être formidable cette longue adolescence...

ÇA VA ÊTRE FORMIDABLE
CETTE LONGUE ADOLESCENCE

Deuxième partie

Je fais plus et mieux ce que j'aime !

On va parler travail, bébé. D'un point de vue joyeux, comme si on aimait tellement ce qu'on faisait qu'on avait envie de le faire davantage, mieux et sans oublier : correctement rémunéré. Je t'avoue que j'ai été marquée de tristesse ces derniers jours et, quand je bossais, j'oubliais tout ! Tout ce qui n'était pas la cliente en train de me parler, ou le texte en train de s'écrire – ce livre. Si ce n'est pas un métier qui donne de la joie, ça ! Alors comment donner à ce travail-joie, non pas la plus belle place, mais la place la plus juste ?

Il était une fois…
… un client…
… un lecteur…
… une formation trop top !

L'ÉQUATION TEMPS/ ARGENT/HISTOIRES : quelle somme je veux gagner, combien de jours je veux travailler, quelles histoires je veux me raconter ?

Chaque vie a besoin d'être soutenue par un apport financier. Comme l'a écrit Charles Dickens dans *David Copperfield* (je cite de mémoire), « l'homme le plus heureux du monde gagne une livre et dépense 99 pennies ; l'homme le plus malheureux du monde gagne une livre et dépense une livre et un penny ».

LE DEUXIÈME CONSEIL DE DANIELLE LAPORTE

Combien ai-je besoin de gagner chaque mois, chaque année, pour que mon économie personnelle, conjugale ou familiale tienne la route ? Le savoir et le fixer : voilà le deuxième conseil pécuniaire reçu (et retenu) de la part de la coach gouroute canadienne, Danielle Laporte. Et c'est une bonne question, non, de savoir combien on veut gagner avec son travail… son argent… son *side hustle* – un projet parallèle, qu'on mène le soir, le week-end, les jours de RTT. Cette somme que je vise m'aide à savoir ce que je propose, à quel prix – et donc à quels clients, et combien de jours, et combien de clients ! C'est un bon guide. Une fois que j'ai répondu à cette question – combien aimerais-je gagner cette année – il me reste à me demander, comment je vais m'y prendre pour gagner cette somme. Évidemment, si j'ai un salaire qui me convient – tout est clair. En revanche, cela se complique pour les personnes à leur compte, comme moi, ou pour les personnes qui, en plus de leur travail salarié et de leur salaire, désirent générer un revenu complémentaire.

QUI N'A PAS BESOIN D'UN *WORK BUDDY*, BABY ?

Avec cette question du « comment je m'y prends pour gagner la somme désirée » à laquelle j'avais du mal à répondre, mon amie Julie est venue à ma rescousse. Mais avant de te dire comment elle m'a aidée, laisse-moi te la présenter. Julie est une stratège, et elle met son sens de la stratégie au service d'un club (de rugby) et de *start up* qui désirent se développer, et de moi, une fois par semaine lors de nos rendez-vous du mercredi matin. Julie et moi sommes *work buddies*, c'est-à-dire que nous avons chacune nos propres affaires et manières de les mener, mais nous nous soutenons mutuellement dans cette entreprise souvent solitaire du travail indépendant. Julie et moi avons d'abord été cliente et formatrice, puis collègues d'association (au fameux BNI), puis au bout de quelques mois, quand nous avons toutes les deux quitté le groupe BNI qui nous réunissait chaque mercredi matin, nous avons ressenti le manque de notre coopération. Nous avons alors inventé une forme « à nous ». Chaque mercredi matin, à 9 heures pile, jusqu'à 10 heures max, nous nous téléphonons et nous exprimons tour à tour sur trois sujets :

1. Une bonne nouvelle, (j'ai animé telle formation, j'ai telle touche de prospection, mon livre avance bien…).

2. Une mauvaise nouvelle (untel a annulé un rendez-vous, j'ai la crève depuis une semaine, je m'inquiète pour…).

3. Et une question (comment gères-tu les baisses d'activité, tu ferais quoi si tu étais moi. Comment prendre du recul face à cette situation, comment bénéficier de cette période favorable pour engranger des succès ?)

La forme ne varie jamais… mais les trois items, eux, sont différents, semaine après semaine. Le simple fait d'énoncer les problèmes, les situations, les réussites, et de poser une question comme on commencerait à poser une équation permet de clarifier notre pensée et d'alléger la situation s'allège et commence à se résoudre. Sans parler de l'écoute non jugeante et sans être interrompue. Quand l'une de nous ne peut pas un mercredi à 9 h, nous avons toujours un plan : se parler le mardi, le jeudi, ou le mercredi à 8h30, ou bien sauter une semaine mais en s'y tenant ! Et bien sûr, chacune est très ponctuelle et à l'écoute de l'autre jusqu'à ce qu'elle ait terminé de parler. Bref : quelle relation pleine de sagesse, d'élan et de ressource. Nous nous connaissons depuis 12 ans ; nous sommes *work buddies* depuis 6 ans ; et c'est vraiment très précieux d'être le témoin de l'évolution d'une personne que je respecte et apprécie, et qu'elle soit le témoin de mon évolution à moi. Ce qui est précieux aussi, c'est que nous voyons, nous croyons dans le génie l'une de l'autre. Chacune est le réceptacle, semaine après semaine, des petites ou grandes victoires de son amie, et de ses difficultés - et le fait d'exposer nos difficultés, de les voir écoutées, c'est déjà la moitié ou plus du problème résolu. L'écoute patiente et confiante de l'amie, ses conseils - mais déjà pouvoir lui parler sans jugement et être accueillie... Et savoir profondément qu'elle croit que nous avons tout ce qu'il faut en nous pour trouver une solution à ce qui nous « terrasse » ou agace... ou attriste ou bouffe... Ce n'est pas rien.

Donc, la question de Julie. J'en suis là avec ma somme que je voulais gagner pour l'année, mais je n'avais pas le début du commencement d'une stratégie. Je vois des tableaux Excel et je ne sais pas trop quels chiffres ni quelles lignes d'ailleurs... Il y a des moments où la clarté, la clarté *bébé*. Ce n'est pas mon amie. Heureusement, Julie - mon amie ; me demande « quelles histoires veux-tu te raconter pour gagner cette somme ? ». Et tout d'un coup, je ne vois plus des lignes Excel qui dansent devant mes yeux. Je vois des histoires que je vais raconter dans mes livres. Je vois des stages de deux jours et demi, trois jours, à Paris ou pourquoi pas à la campagne, ou au bord de la mer - où on a le temps d'échanger et le temps de respirer. Je vois des programmes de 6 semaines à distance et pourtant, à proximité. Je vois des conférences, les bras grands ouverts, l'énergie haute, et les visages heureux des participants. Je vois des heures et des heures de coaching, intéressée, émue, mobilisée par la vie de mes clientes qui sont aussi des compagnonnes, qui se déroule dans mes oreilles. Ça en fait de belles histoires. Et les chiffres en regard viennent tout doux, tout doux. Bon après il n'y a plus qu'à - vendre, produire, écrire, écouter et trouver un lieu pour animer !

✔ **Et c'est une première étape : le plan est là.**

LUCIE, QUI NE VEUT PAS TRAVAILLER PLUS DE X JOURNÉES PAR MOIS

J'ai demandé à mon amie, Lucie, qui travaille dans le recrutement, si elle aimerait que je lui présente des personnes, prospects potentiels, dans le but de vendre ses missions. « Non », me dit-elle. « J'en ai suffisamment pour le moment. Pour vivre correctement, j'ai besoin de facturer deux jours par semaine – ça me suffit. Le reste du temps, j'ai envie de me former, de me balader, de voir les personnes que j'aime ».

That's wise ! Savoir combien on a besoin pour vivre… combien de clients/missions il nous faut pour accomplir ce chiffre d'affaire/et ensuite, avoir la sagesse de décider ce qu'on fait le reste du temps : je dis oui à combien de clients ? je dis oui à quoi d'autre dans mon emploi du temps ?

Et toi, chère lectrice,

Sais-tu combien tu aimerais gagner cette année ? Quelles histoires aimerais-tu te raconter autour de la manière dont tu gagnes ta vie ?

- ✓ Prends ton carnet, mets le minuteur sur 15 minutes – et laisse ton stylo dériver sur la page, se raconter et te raconter toutes les histoires qui font chanter ton cœur, sur ton chiffre d'affaire de l'année à venir.
- ✓ Écris aussi, si tu le sens, à propos des histoires que tu as envie de te raconter sur le temps où tu ne seras pas en train de travailler ! A quoi as-tu envie de l'employer ?

D'OÙ JE PARLE, QUAND JE TRAVAILLE ?

L'énergie et la confiance en soi que l'on irradie sont des alliées précieuses pour offrir et proposer son travail. Or, dans les périodes de transition, un ou plusieurs pans de notre identité peuvent s'effondrer. Cette configuration de fragilité n'est pas idéale pour conquérir le monde – ou simplement continuer de fonctionner et de se développer dans les domaines qui tiennent encore la route.

DE L'AUTOSABOTAGE À LA FÉE

On ne va pas s'attarder sur cette anxiété, cette peur de manquer, cette insécurité intérieure qui rayonne à l'extérieur. Cependant, mes amis et moi avons été témoins et/ou sujets à des périodes de profonde solitude, une solitude pas complètement choisie, une solitude enfermante. Il est parfois difficile de rejoindre les solitaires, même lorsque je le souhaite. Une aura autour d'eux semble dire, « ne m'approche pas – et pourtant j'aimerais que tu me rejoignes ». Ondes brouillées ! Moi aussi, j'ai été enfermée dans cette solitude – peut-être la fameuse tour inaccessible des contes de fée, la montagne de verre, la forêt inextricable. Qui nous met dans cette prison intérieure, si ce n'est nous-même à notre corps défendant ? Et qui nous aide à en sortir, alors que de l'aveu général (dans les contes en tous cas) la forêt est vraiment *inextricable*, la tour *impénétrable*, la montagne de verre *sans faille* ?

Hum ?

Eh bien, dans les contes de fées, celui qui aide à sortir de cette haute tour, à lever la malédiction de la sorcière ou du nain, c'est un prince charmant - c'est-à-dire, pour parler comme tout le monde, notre principe actif qui se réveille d'un long engourdissement - souvent, il faut le dire, avec l'aide d'une fée.

Cette fée, pour moi, ça a été Sarah – ma copine de groupe de supervision, qui ensuite est devenue « mon accompagnatrice de transition ». « Je peux t'aider », m'a dit Sarah – et je l'ai crue, et ce que je vais te raconter à présent c'est comment elle m'a aidée. Sarah a, comme tout le monde, perçu l'insécurité et la peur qui émanait de moi au moment de ma rupture avec la boîte de formation et celui où j'ai su le départ des filles. Quand elle m'a dit Je peux t'aider, elle m'a dit aussi (en sous-jacent) Je perçois en toi l'héroïne, le « prince des contes de fées » qui va à la fois chevaucher sans relâche et ne pas avoir peur de s'avancer dans la forêt de ronces inextricables et utiliser de tous les moyens à sa disposition – dont l'aide d'une fée, dont la détermination et la ruse quelquefois – pour arriver jusqu'à la princesse enfermée dans son sortilège, sa tour, sa forêt. L'intention, quand elle s'est précisée, de mon travail avec Sarah, a été d' aller vers le juste effort, la partie aimée et aimable et puissante de moi pour contacter des clients et les servir de mon mieux, en gagnant l'argent dont j'ai besoin pour contribuer de manière équilibrée aux finances de mon foyer.

Car si c'est vrai que j'ai (comme tout le monde non ?) une capacité à ressentir la peur et l'anxiété... Cela ne me définit pas, ni ne me limite. Car j'ai aussi une capacité à rire, à m'engager, un immense désir de donner et d'être utile, l'envie d'encourager les personnes autour de moi, la capacité de percevoir avec acuité les qualités de ceux qui m'entourent... Je suis pleine d'idées et j'ai une mémoire d'éléphant en ce qui concerne les histoires des uns et des autres ! Et enfin, j'ai une remarquable structure dans le temps. Si ce n'est pas un endroit plus propice pour me présenter au monde, ça ! Et encore faut-il être capable de le contacter – de rejoindre cette partie-là de ma force.

D'OÙ JE PARLE ?

depuis mon insécurité
et ma peur
de déranger ?

ou depuis
ma force et
mon désir de servir ?

UNE PETITE ROBE BLANCHE – CHRISTIE SAFE AND SEXY

Dans l'une de ces conversations avec Sarah, je lui parle des robes chinées dans les vide-greniers : ces robes blanches, anciennes robes de toilette, en gros coton blanc, joliment décolletées et brodées – mes uniformes de l'été, payés entre 20 euros (quand c'est cher) et 3 euros (quand j'ai du bol) et dans lesquels, accessoirisés d'un colliers et de sandales en cuir voire d'une veste ouvrière bleue, je me sens à la fois chic et invincible. Il y a aussi le plaisir de l'habit de bonne qualité, bien coupé et au tissu pas fragile, obtenu à un prix super compétitif – le truc malin. Et le look, « juste à moi », me sentir chic, sans me sentir « comme tout le monde », ni déguisée, ni que ma robe soit trop courte ou trop moulante – juste parfaite pour la *moi* d'aujourd'hui. Être dans ce look m'aide à me présenter au monde de la manière la plus *juste* possible ! Avoir compris ce look (je cherche des habits dans lesquels je me sens en sécurité, et belle), me permet de trier ma garde-robe :

- exit les jupes trop courtes, les robes trop décolletées ou moulantes ;
- exit les hauts trop dévoilants ;
- exit les pulls et les manteaux et les chaussures un peu « mémé » ;
- exit les talons qui me donnent mal au dos au bout de 5 minutes.

On a dit *safe* – je veux me sentir en sécurité, ne plus penser à mes vêtements ni à trop dévoiler ou carrément « à poil » si la robe s'ouvre ou est trop courte – *and sexy* – me sentir belle et féminine, mise en valeur dans mes atouts.

LES INFORMATIONS QUE ME DONNENT MON CORPS

Un autre point (parmi des dizaines) du si beau travail que nous avons accompli avec Sarah a été – dès que j'ai une crispation de l'un ou l'autre de mes muscles, une douleur dans le cou, un pincement dans le milieu du dos, la fracture de mon épaule droite « qui se réveille » – de demander, « Chère blessure, chère douleur, quelle information cherches-tu à me communiquer ? » Ma baisse d'immunité pendant deux mois (de décembre à février) m'a dit « Tu es plus triste, plus fragile que tu ne crois – repose-toi ». Et j'ai allongé mes nuits – comme une hibernation. Mes douleurs dans le dos me disent « Tu as besoin d'une pause, arrête-toi, quelques minutes, vas t'étirer devant la fenêtre. »

Quand je l'écoute, ma douleur (souvent elle me traverse, parfois elle s'incruste) – quand je décrypte son message, quand je fais ce qu'elle me demande, je me sens – le plus souvent reposée, plus douce, ou plus forte – réajustée.

Et, oui, toutes ces actions, à savoir :

- me connecter à la partie de moi qui se sent puissante et qui veut servir,
- m'habiller avec un look singulier et qui me met en valeur, sans pour autant m'exposer plus que je ne le désire (et d'ailleurs ce n'est pas tant une question de désir que de me sentir à l'aise et en sécurité),
- et écouter les informations que me donnent les différentes parties de mon corps – écouter et suivre de mon mieux leurs indications !

Toutes ces actions micro et macro, m'aident à tenir la peur, l'anxiété et l'insécurité, à distance et à donner le meilleur de moi.

Et toi, chère lectrice

Regarde les deux côtés de ta médaille – bien sûr, on a beaucoup plus que deux facettes ! Mais déjà, regardes-en deux. D'abord ta facette de peur – peur de manquer, peur de mal faire, peur de déranger, peur d'être trop chère ? Puis ta facette « de contribution » et de puissance personnelle et professionnelle. À quoi ressemble-t-elle, cette facette de puissance professionnelle ?

Prends 15 minutes et écris sur tes deux facettes, celle d'insécurité et celle de puissance.

- ✓ Quelles sensations corporelles éprouves-tu quand tu te relies à chaque facette ?
- ✓ Quelle action modeste et concrète pourrais-tu envisager de réaliser, pour te relier à ta facette puissante et qui désire servir ?

Regarde ta vie, regarde ce qui te plaît dans ta vie, va vers des activités qui te plaisent. Reste à l›écoute, reste ouverte.

Entretien avec Sylvie Lebret, engagée au Secours Catholique

J'ai connu Sylvie... à la messe, tout d'abord, car nous partageons la même paroisse, puis davantage encore l'hiver 2020, quand elle est venue me chercher pour monter, avec elle et une poignée de familles vivant dans des chambres d'hôtel du 115, ce qui est devenu l'Oasis des familles – un lieu d'accueil et de sociabilité pour celles et ceux dont la famille est restée dans leur pays d'origine. Je n'irai pas jusqu'à dire que Sylvie est une star là où nous vivons mais elle très appréciée et admirée pour son engagement auprès des familles qui en ont besoin et cela donne envie à d'autres, comme moi, de se lever et de se bouger ! Je me sens chanceuse d'avoir une telle amie, âgée de 12 ans de plus que moi et dont le parcours fécond m'ouvre des perspectives...

« Ma définition du* middle âge *? - sans doute, le fait d'avoir des grands enfants - les miens, j'en ai 4, sont jeunes adultes. Le fait qu'ils soient devenus adultes change ma position par rapport à eux, mais aussi le regard que je porte sur moi-même. Je cesse de penser à une image à véhiculer - je n'ai plus besoin de les « éduquer », ça y est, le travail est fait ! J'ai plus de liberté d'être moi-même avec eux. J'ai commencé à ressentir ce changement au moment du départ de deux d'entre eux. Il y a aussi le fait qu'à présent, avec les enfants, c'est un peu quand ils veulent. C'est quand ils veulent qu'ils viennent me voir, qu'ils m'appellent. C'est plus facile pour les joindre de convenir d'un rendez-vous téléphonique avec eux - à part avec la petite dernière partie, revenue et vient de repartir. Mais je fais la même chose avec Maman : si elle appelle et que

je ne suis pas dispo, je ne décroche pas – tandis que si ce sont mes enfants je décroche. Peut-être qu'ils ont un problème...
Mon père est mort en 2010, et je suis l'ainée de trois enfants. Je me dis que pour Maman c'est bizarre d'avoir un enfant de 61 ans. Vis-à-vis d'elle, je me sens une responsabilité d'aînée comme l'inviter pour ne pas la laisser seule ! Pendant les vacances d'été, je l'invite en Bretagne et lui propose des activités qui lui plaisent et m'invitent à me mettre à son rythme. Je la laisse préparer les repas qu'elle aime – à base de produits achetés au supermarché, même si, aujourd'hui ça ne correspond plus à ma manière de m'alimenter (je privilégie quant à moi les courses au marché, les produits bio et locaux). Bon, ça ne dure jamais plus que quelques jours notre cohabitation ! J'ai accueilli mon beau-père pendant des années, le dimanche, je trouvais ça normal – en plus du fait que nous nous entendions très bien !
Lâcher le contrôle avec mes enfants, je n'ai pas trouvé cela difficile ; et je veux pouvoir leur dire ce que je pense quand ce sont des choses qui engagent, des sujets importants pour moi. Je leur parle quand nous sommes seul à seul – sur des sujets comme le couple, la foi, la construction de leur vie. Je n'ai pas peur des conversations difficiles – ça me parait tellement important de dire à mes enfants quand je pense qu'ils se trompent, ou qu'ils courent un danger dans leur vie personnelle. Je fais en sorte, pour leur parler, que le cadre s'y prête. Je m'en voudrais de ne pas leur avoir dit quelque chose qui me semble important.
Ce que j'ai gagné, ce que j'ai perdu avec leur départ ? Bizarrement, j'ai gagné une envie de faire plein de trucs. Je pensais qu'à 60 ans, la maison vide, ce serait l'âge où j'allais décliner un peu... Ben pas du tout. Déjà je commence à savoir ce qui me plait et ce pour quoi je suis faite. Je n'ai jamais senti la pression de la réussite comme la plupart des gens l'entendent. Je suis infirmière puéricultrice de formation ; pour moi, réussir professionnellement c'est d'exercer un métier (ou aujourd'hui, une occupation bénévole avec le Secours Catholique et l'Oasis des familles) qui soit tourné vers le service des autres et en particulier des enfants. J'ai toujours voulu soigner et m'occuper des enfants. Je voulais être pédiatre mais mes parents ne nous ont pas poussés dans les études...
Lorsque j'ai eu 50 ans, nous sommes partis vivre un an en Chine. Je ne m'étais jamais vue vivre à l'étranger et j'ai super bien aimé, je me suis rendu compte que j'étais capable de faire des choses qui me sortaient de mon train-train et de mes habitudes. J'étais capable de me débrouiller sans comprendre la

langue, ni les codes, sans le secours et la présence de mon cercle d'amis ni ma famille. À notre retour, grosse déprime. Je revenais au même endroit, je retrouvais des personnes qui n'avaient semblait-il rien vécu de spécial et ne manifestaient pas la moindre curiosité pour notre expérience. Ou alors une toute petite curiosité qui ne dure pas - ils considéraient que nous avions vécu la belle vie, sans imaginer tous les chocs des cultures que nous avons vécus ni les trésors d'adaptation dont nous avions dû faire preuve.

La déprime a duré un an – et puis, j'ai reçu l'appel du Père Alexandre qui était alors le curé de notre paroisse. Il m'a demandé si je voulais entrer au Secours Catholique pour animer le P'tit dej – un moment de convivialité le jeudi matin, où nous servons le café à tous ceux qui viennent nous voir, en particulier des Sans domicile fixe et des familles à l'hôtel. J'ai hésité 3 semaines, puis j'ai accepté juste avant la coupure de l'été et à la rentrée, j'ai repris l'animation de l'équipe, à la suite d'un binôme. Pendant 7 ans aux manettes du P'tit dej, il n'y a pas un seul jeudi matin où je me suis levée triste ou de mauvaise humeur. Je démarrais la journée avec une envie de prendre des nouvelles des gens ! Oui, depuis l'appel du Père Alexandre, à peu près chaque jour, j'ai une bonne raison de me lever. « Moi j'ai des projets », des trucs en tête que j'ai envie de mener à bien.

Mes projets me viennent parfois par la prière. Depuis que les enfants sont partis je suis passe du temps en silence, d'autant que Grégoire mon mari est le plus souvent absent la semaine, il travaille sur des sites industriels localisés dans toute la France. Je ne mets pas tout le temps la radio car j'ai besoin de me couper de temps en temps de cette actualité déprimante. Donc, j'ai du silence pour réfléchir.

Dans ce silence et dans l'observation et l'écoute des personnes autour de moi, me viennent quelques idées et quelques intuitions, c'est par là qu'il faut agir, parler.

Je pratique aussi les exercices spirituels ignaciens, tous les matins et au cours de retraites auprès des Jésuites ; avec les exercices spirituels, on ne nous demande pas d'être satisfait de sa prière. On nous demande juste d'être là et de prier. J'ai commencé à prier de cette manière quand j'ai décidé de me former aux Exercices spirituels dans la vie. Cette discipline dans la prière m'ouvre les yeux, me rend plus présente à ma vie. Comme je cherche des signes, je suis plus attentive à ce qui se passe. Pendant deux ans, j'ai suivi un cursus jésuite appelé « les exercices spirituels dans la vie ». Cette démarche m'a apporté un réseau ignatien, je ne connaissais rien des Jésuites, c'est un appui de savoir qu'il y a une communauté derrière moi ; des personnes qui ont vécu les mêmes questionnements. Et à la fois c'est une démarche très personnelle qui t'oblige à creuser, à te questionner.

On est réunis en petits groupes avec un accompagnateur, ils avaient tous une grande habitude de la pédagogie ignatienne. « la consolation, la désolation, la prière d'alliance, goûter la parole

J'ai beaucoup d'énergie. Elle m'a quittée à notre retour d'expatriation, mais elle m'est revenue grâce à la demande du Père Alexandre - avec un projet structurant ; par le partage et la rencontre. Être utile, rendre service, rencontrer des nouvelles personnes et aussi passer du temps avec les personnes que j'aime bien ! Avec mon groupe des exercices spirituels, nous avons constitué un groupe des anciens et contacté d'autres anciens qui ont suivi le cursus avant nous. Nous réfléchissons avec un accompagnateur spirituel jésuite qui nous fait travailler sur la question des appels – l'un des travails est de faire la liste des appels que l'on a perçus - je suis appelée à pas mal de trucs !!

Par exemple, je fais partie de l'EAP, l'équipe d'animation pastorale. Avec l'EAP j'ai mis en place un groupe de réflexion « écologie en église ». J'anime aussi l'Oasis des familles, que tu connais bien. Et j'ai accepté cette année un mandat de membre du bureau à la délégation des Hauts de Seine du Secours Catholique. Et il y a aussi le groupe de retraite spirituelle que j'organise et vis avec mes copines ; j'ai instauré la première retraite où on n'était que 4, en 2015. Et ça dure depuis, on a élargi le noyau. J'aime l'idée de lier ma vie spirituelle à ce que je fais concrètement auprès des gens.

Bref, lorsqu'on m'appelle ou que je me sens appelée, j'ai du mal à dire non ; c'est hyper gratifiant d'être choisie. J'ai les compétences,un réseau que je peux mobiliser… Je dis oui à ce qui m'intéresse et à ce qui peut entrer dans mon agenda. Je suis très sensible à la question de l'exil. C'est terrible de quitter son pays, sa famille, ses amis pour une terre étrangère qui ne va pas forcément bien t'accueillir. Tu ne pourras sans doute jamais retourner dans ton pays ou bien dans très longtemps. Entre temps, ta grand-mère sera morte, ta mère sera peut-être tombée malade et tu ne pourras pas aller à l'enterrement, lui rendre visite… J'ai accueilli chez moi Aïsha, de Gambie – elle a 23 ans, l'âge de ma plus jeune fille. Parmi les peurs que j'ai liées au vieillissement, il y a les risques liés à la santé, à la santé mentale. Alzheimer. Être victime d'un AVC aphasique ou hémiplégique. Choper un cancer. Bon, y'en a qui s'en sortent.

C'est une épreuve dont tu ne sors pas forcément moins bien qu'avant... Mais quand même. J'ai la crainte aussi d'être grand-mère trop vieille ; et que mes enfants aient un conjoint en qui je n'aurais pas confiance.

Le bon temps pour mourir... ce sera quand mes enfants seront installés dans la vie et avec une famille. Avant cela, je ne pourrais pas partir en paix.

Mon travail du moment, c'est alimenter la machine à projets – être à l'écoute ; me dire qu'il y a encore des possibles et que je peux les creuser et mettre des moyens dessus. Je m'arrange pour être à l'écoute de ce qui me vient dans mes pensées, et disponible à ce qui se présente.

Mon moteur pour agir, c'est le désir de justice ; et à l'Equipe d'animation pastorale, c'est le souci d'embarquer tout le monde, de rassembler, de partager – partager par exemple la parole, ou bien un parcours autour de l'écologie...

Ce que j'aime et sais faire, c'est mettre les gens en relation ; créer un réseau. Et appeler les gens, je fais ça beaucoup. C'est pas facile, parfois on me dit non. Mais j'y reviens, comme avec toi ! Ce que j'aimerais faire davantage, c'est trouver de la disponibilité pour lire...

Si j'avais un conseil à donner à une personne abordant le middle age *: regarde ta vie, regarde ce qui te plait dans ta vie ; va vers des activités qui te plaisent. Reste à l'écoute, reste ouverte, ne te referme pas. Essaie de voir des gens, pas tous les mêmes.*

Un an ! Un an avec un petit moral et une absence de direction claire... autour de la cinquantaine... ça me rassure. Ça me rassure – je vois que c'est normal d'être perdue au moment des transitions ; je vois que ça arrive à plein de monde, qu'un nouveau but prenne du temps à émerger. Et ensuite, les exercices spirituels comme boussole. Ne pas arrêter de régler sa boussole. Oh comme cela me parle, aussi.

Un but – trouver un but concret qui soit en accord avec tes valeurs profondes, celles qui t'ont animée toute la vie. Le tien : prendre soin des enfants. Le mien : rendre service avec ma créativité. Un ancrage géographique. Pour approfondir. Pour simplifier. Pour avoir un impact sur ton territoire.

Merci dear Sylvie pour ces mots posés sur ton parcours dont je suis l'une des chanceuses témoins, et que j'admire.

QUELS SONT MES VERBES ?

« *Celui qui saute dans le vide n'a pas de compte à rendre à ceux qui le regardent.* »

JEAN LUC GODARD.

Hay, ma lectrice préférée ! ***Hier soir j'étais à un cocktail fort sympathique, l'anniversaire de l'entreprise de mon amie Valentine qu'elle célèbre chaque année en réunissant ses clients et « bonnes fées » préférées – dont elle me dit que je fais partie. C'est très agréable de retrouver chaque année les mêmes personnes autour de cette dernière et de sa proposition de valeur. Je parlais alors avec une dame et lui demande, assez classiquement, « Tu fais quoi toi ? » « Je suis DRH, me répond-elle ». Directrice des ressources humaines – je connais le terme, je vois à peu près ce qu'il recoupe – et en fait, cela peut être un large éventail de fonction si l'on travaille dans une PME, ou une palette d'activités plus restreinte ou si on fait partie d'une grosse organisation. Alors que je peinais à me faire une image précise de ses journées, je lui ai demandé, « Ce sont quoi aujourd'hui, les verbes de ta fonction ? »***

LE STATUT OU L'ACTION ?

Lorsque j'étais enfant, je me rêvais écrivain (OK, je me *disais* écrivain)... et quand, munie d'un cahier Clairefontaine, petit format, grands carreaux, à la couverture rouge, je tentais d'écrire l'histoire que j'avais en tête... au bout d'une page, deux si on est généreux, je m'ennuyais, je m'énervais, les idées si vivantes dans ma tête s'étaient évaporées – et je finissais par laisser tomber ; d'où le nombre impressionnant de cahiers qui tapissent mes étagères, remplis d'une dizaine de pages noircies au Bic bleu. Ça ne collait pas – je me disais écrivain, mais je n'écrivais pas. J'étais « amoureuse » de l'idée d'être écrivain, du projet, peut-être même du statut – mais le fait d'écrire me fatiguait, et quand je finissais par me coller sur une chaise face à la table, le cahier, le stylo, le résultat était fort déconnecté du projet initial et fort décevant. Où étaient passées ces idées-papillons si séduisantes quand elles voltigeaient dans ma tête ?

Et pourtant j'écrivais – mon journal intime, des lettres à mes amies, des rédactions à l'école. J'écrivais beaucoup, et avec plaisir. Mais ce n'était pas « du travail d'écrivain ». Car l'écrivain que je voulais devenir écrivait des romans, des sagas… L'écrivain que je suis écrit des lettres, des billets de blogs, raconte les histoires de sa famille, et un chapitre après l'autre, des livres de développement personnel. Écrire fait partie des verbes de ma vie, et je ne suis pas l'écrivain que je rêvais d'être – ah, les sagas que je passais mes étés de jeunesse à lire à l'ombre des murs épais des maisons de vacances, ou sur le sable chaud, me tournant et me retournant dans tous les sens pour essayer de trouver une position confortable. Mais les sagas, ce n'est pas cela que je sais écrire. J'écris ce qui me vient en tête, dans les doigts, j'écris les histoires qui demandent à être racontées et je transmets les outils qui demandent à être transmis. Et cela, je le fais tous les jours.

SE DÉTACHER DU RÊVE POUR EMBRASSER LA RÉALITÉ

Mes autres verbes sont « réparer ». Je ne couds pas des habits : je prolonge la vie des vêtements aimés en les solidifiant et en me les appropriant davantage ; je les brode, j'ajoute des pièces de couleur, ou parfois la réparation est à peine visible.

Il y aussi « écouter » - verbe nécessaire, réalité dont nous sommes tous et toutes en manque – et base de mon métier de coach. Là encore, c'est un verbe simple à comprendre et pas toujours simple à mettre en œuvre – encore faut-il que la personne en face ait envie de parler, et que moi j'aie envie de l'écouter ; que les questions posées soient invitantes et pertinentes, que je sois en mesure de discipliner ma propre envie d'ajouter mon grain de sel, de « tout ramener à moi », d'interrompre la personne avant qu'elle ait fini de parler et même, que je sache laisser un silence quand elle se tait, au cas où elle a encore quelque chose à ajouter. Un verbe pas facile, pour moi, écouter !

Il y a aussi, dans mes verbes, « imaginer » (laisser court à mes idées), « noter » (les fameuses idées, pour ne pas les perdre et pouvoir y revenir, voire décider de les agir) mes idées, c'est mon or !

Un verbe de ma vie c'est aussi « prendre soin ». Je vais chaque jour regarder mes plantes : les arroser, enlever les pucerons avec mes doigts, arracher une herbe concurrente ou tailler un buisson trop volumineux. Je vérifie si elles ont besoin d'un ajout de compost. Chaque jour, je me rends disponible pour mes clientes, pour mes aimés, pour mon chien !

Mon verbe c'est aussi « cuisiner » - depuis l'âge de 8 ans, je cuisine, d'abord des gâteaux puis des salades puis... Parfois en pilote automatique (je prépare des plats connus par cœur) ou parfois j'innove - de plus en plus depuis Instagram, où plein de chefs et de cuisiniers offrent de merveilleuses recettes.

Mon verbe, c'est aussi « marcher », la ville autour de chez moi, en long en large et en travers.

Mon verbe depuis la rentrée, c'est « yoguer » ! Yoguer comme m'étirer devant la fenêtre en respirant et en sentant se détendre tous les os de mon corps.

Enfin, depuis 2016, mon verbe est redevenu « dessiner ». Après un arrêt de 17 ans ! (j'ai été virée d'un cours de dessin par un prof en colère quand j'avais 14 ans ; il me trouvait insolente, et n'avait pas lui-même su poser le cadre : l'adolescente que j'étais en a payé le prix. Ce geste violent m'a coupé les ailes graphiques pendant 17 ans). Et puis un beau jour, j'ai retrouvé ma trousse rose foncé où je rangeais mon petit matériel d'aquarelles, mes couleurs, mes pinceaux... Je m'y suis remise, à dessiner, ça m'a plu, j'ai trouvé de nouveaux professeurs[24] et depuis je dessine presque chaque jour, un autoportrait par ci, une maison par-là, ma tasse de café quand je vais au café, les oreilles de mon chien quand il se poste près de moi... Pas un jour sans un dessin.

Tu vas me dire, aucun de ces verbes, à petite dose, ne constitue un métier - mais tous, à moyenne dose, se protègent l'un de l'autre : de la lassitude, de la fatigue, du ras-le-bol d'être soi et de servir de telle ou telle manière. La réalité est que tous ces verbes sont des verbes d'énergie - l'énergie de chaque verbe

24. Notamment en ligne, les cours sur abonnement Creativebug. Ma prof préférée est l'artiste ET pédagogue Lisa Congdon.

dans mes carnets
3 pages au réveil
J'AIME ÉCRIRE
des lettres à mes amis
les chapitres de ce livre
sur mon blog

s'entrenourrit et me permet de continuer. Continuer à accomplir de mon mieux mon travail d'humaine.

MES VERBES COMME AXES DE PROGRÈS

Les verbes de ma vie - mes verbes du moment, ces actions que j'accomplis comme je respire ou presque, ce sont aussi les domaines dans lesquels je désire progresser. En m'exerçant tous les jours, je suis confrontée à mes limites et à tout ce que je n'arrive pas encore à faire - un peu comme lorsque l'on fait le ménage, on voit les agglomérats de poussière dont on n'avait pas conscience avant de déplacer les meubles. *J'ai dormi dans cette crasse, moi ?* En m'entraînant je progresse et je vois là où il me faut encore progresser ; lorsque j'écris beaucoup, comme en ce moment, je m'aperçois à quel point mon vocabulaire est limité ; à quel point je dois me pousser pour donner les détails concrets d'une situation.

C'est lorsque je vis intensément un verbe et suis confrontée chaque minute ou presque à mes limites, que je suis prête à trouver les professeurs dont j'ai besoin pour aller là où j'ai besoin d'aller. Professeurs de chair et d'os, ou professeurs en forme de clients confrontants, ou en forme de sujets de travail qui me donnent du grain à moudre, ou encore de livres ou de podcasts. C'est ce que je fais qui m'indique ce que j'ai besoin d'apprendre ; et qui me donne la motivation pour apprendre parce que mes limites me frustrent.

Les verbes de ma vie - de ma vie de maintenant - sont un guide précieux ; ils me disent où je dois aller, où j'ai envie d'aller, où j'ai envie de progresser. Ils sont rarement conformes à l'idée que je me faisais du statut - du nom propre : je ne suis pas une écrivaine de romans, je ne suis pas une yogi zen et souple, je ne suis pas une aquarelliste raffinée ! Et mes mains - mon énergie, mon attention, mon corps - ces verbes témoignent de ce dont je suis capable et vers où l'énergie me porte et me pousse. Je ne lutte pas. Je ne m'accroche pas à l'image que j'avais en tête ni au statut mirobolant. Je ne me considère pas comme une ratée parce que les verbes ne correspondent pas au plan que j'avais fomenté dans mes fantasmes. Je tente à la place d'embrasser pleinement mon écriture de textes qui accompagnent, mon écoute imparfaite, mes réparations en lieu et place de concevoir des robes de princesse, mes esquisses du jour. Et de ce fait, je progresse dans tous ces domaines, un peu chaque jour.

Et toi, *dear* lectrice ?

- ✓ Quels sont tes verbes – quels verbes accomplis-tu naturellement dans ta vie d'aujourd'hui ?
- ✓ As-tu un verbe préféré – que tu incarnerais avec plus de joie ou de facilité, ou pendant plus longtemps ?
- ✓ As-tu un verbe qui te crie « peut mieux faire ! trouve-toi un professeur ou une situation qui t'enseigne ! » ?
- ✓ As-tu un verbe qui s'avère aujourd'hui pour toi, particulièrement lucratif ? ou qui aurait le potentiel de le devenir ?

Mets ton minuteur sur 15 minutes et réponds dans ton cahier.

QU'AI-JE EN ABONDANCE ? ET QUI A BESOIN DE CE QUE J'AI À PROPOSER EN ABONDANCE ?

Magic wants to be used[25]

THE BOOK OF LOVE, KELLY LINK

Coucou ma lectrice, ***te souviens-tu du premier confinement, entre le 16 mars et le 12 mai 2020 ? Chez moi, comme dans l'ensemble de la France, il faisait un temps de rêve ; or, il nous était interdit de sortir de chez nous si ce n'est une heure par jour muni d'une attestation, mais pas sur la plage ni dans les parcs ni en forêt. De plus, de nombreuses personnes consciencieuses ou craintives, n'osaient pas sortir de chez elles.***

WHEN LIFE GIVES YOU LEMONS

J'ai été à ce moment-là « privée de travail » ; cela m'a donné le temps de dessiner et de faire beaucoup de gâteaux – et j'ai passé de longues heures dans les rues désertes autour de chez moi, à me faire promener par mon chien en téléphonant à mes copines. Avoir un chien nous donnait le droit de déambuler

25. La magie demande à être utilisée.

sans limite de temps et nous n'étions pas soumis au couvre-feu – dire que nous avons vécu un couvre-feu !

Ce mi-mars, avril, mi-mai, le printemps a explosé ; il y avait des fleurs partout dans les plates-bandes, et notamment, des capucines, des violettes, des coquelicots, des pavots de Californie, des nigelles blanches et bleues – de nombreuses fleurs qui, lorsqu'elles avaient fané, donnaient des milliers de graines. Au fil de mes balades, je ma rapprochais de ces plates-bandes et mettais ces graines plein mes poches. Une fois que j'en ai eu planté une poignée dans trois pots du jardin, je me suis demandé « que faire de mon *énorme* surplus ? ». Je balançais les graines sur les rebords des arbres, sur les friches en marge de la voie de chemin de fer, dans les jardins qui avaient besoin d'être fleuris (le mien, notamment) mais il m'en restait tant on en trouvait un peu partout des graines, en cet éclatant printemps 2020. La ville commençait à être bien fleurie, en réalité et en potentiel, vu toutes les graines balancées dans les marges et les périphéries herbues. Je ne sais plus comment m'est venue l'idée, via mon compte Instagram, de proposer à ceux et surtout celles qui le voulaient, de leur envoyer le surplus de ma récolte de graines. Sans doute je percevais le désarroi de la plupart des gens à être enfermés – un désarroi que je ne ressentais pas, parce que je me promenais une bonne partie de la journée. J'ai reçu des dizaines de réponses positives.

Qu'avais-je d'autre en abondance ? L'envie de dessiner et des stocks de papiers d'écolier un peu jaunis, achetés lors de nos voyages à l'autre bout du monde (ah, l'ancienne vie où on voyageait !) ou chinés dans des vide-greniers. J'avais aussi en abondance le désir d'être utile en faisant ce que je sais faire – qui n'était pas soigner ni être en première ligne, mais partager des pistes faciles à mettre en œuvre pour vivre au mieux ou le moins mal possible cette période anxiogène ; ça c'était dans mes cordes et je ne me suis pas privée de le faire. J'ai *designé*, fabriqué et décoré aux crayons de couleurs, une centaine de pochettes que j'ai ensuite envoyées « aux 4 coins de la France », à des amies, des tantes, des personnes avec qui nous échangions depuis des années et surtout, j'ai envoyé des graines à de nombreuses inconnues. Ça m'a pris un temps fou ! Et quelle joie de continuer à disséminer encore mes graines aux 4 vents. N'est-ce pas justement leur demande, aux graines, être plantées partout pour faire naître plein de bébés plantes ?

La gratuité du geste enlevait une pression aux planteuses, « si ta graine ne prend pas ne t'inquiète pas » - et mes graines ont semé la confiance et l'envie de jardiner à des dizaines de femmes. Certaines m'ont envoyé pendant plusieurs saisons des photos de fleurs nées de leurs semis de mes graines malakofiottes.

La suite de cette histoire est que j'ai noué grâce à mes graines des liens avec des inconnues... dont certaines sont devenues, par la suite, des clientes de mes programmes-compagnons (les formations que je me suis mise à vendre à la rentrée 2020). Je n'avais pas l'intention, en donnant mes graines, de gagner de nouveaux clients - juste de remontrer le moral des troupes ***et*** de faire quelque chose de ce surplus de graines qui ne demandaient qu'à voyager. Ce faisant, j'ai témoigné de qualités qui ont donné envie à certaines de mes destinataires, de travailler avec moi.

VALORISER CE QUI ME PARAIT (À MOI) ÉVIDENT VOIRE SANS VALEUR

Je ne me rappelle plus si je le faisais avant - mais depuis un an ou deux et peut-être plus, je me demande au moins tous les trimestres « ce que j'ai en abondance ». C'est-à-dire que je me pose et j'écris « le truc abondant du moment ». En fonction des périodes de l'année et de ma sensibilité, ça peut être :

- Des graines !
- De la verveine ! [26]
- Des prunes
- Des iris
- Des noix
- Du temps

26. Ce qu'il y a de foufou avec la verveine, c'est que plus je coupe le bout des tiges, plus les tiges se divisent et font de nouvelles tiges - donc entre mi-mai et mi-novembre, plus je la récolte, et plus elle pousse donc plus j'en récolte encore. Ce qui fait que j'accomplis une vingtaine de récoltes par saison et je peux vraiment en passer à toutes les copines qui aiment ça. Y'a le même truc avec le basilic, si tu coupes la tête d'une tige deux têtes en dessous repoussent.

- Des mantras
- Des recettes de cakes délicieux
- Des idées d'*icebreakers*
- Des idées tout court
- Des idées pour dessiner
- Des vêtements à réparer
- Des bobines de fil
- Des fêtes de 50 ans !

Quand mes filles étaient petites, elles m'offraient une abondance de dessins (et de calins !). En ce moment, j'ai une abondance de temps pour réfléchir, écrire, dessiner, marcher, écouter des podcasts. J'ai une abondance d'*icebreakers*, ces questions qui ouvrent la discussion de manière inédite. J'ai une abondance de week-ends prévus avec des amis et notre famille ce printemps – les fameux anniversaires de cinquantenaires qui ne nous rajeunissent pas.

Pourquoi il est important de faire ce bilan régulièrement ? C'est que chaque saison (de l'année, et de la vie) apporte son lot de denrées abondantes ; mais ce qui nous parait devoir durer toujours – ah, cette verveine dans mon jardin du milieu du printemps au milieu de l'automne (mais aujourd'hui où je t'écris le pot est presque vide). Ah ces week-ends avec nos potes ça va être sympa (la moitié d'entre nous célébrons nos 50 ans cette année) - (et il y a 20 ans, nous avions pléthore de mariages !).

Ça va être sympa et overwhelming[27]. Car oui, l'abondance s'accueille et demande de s'organiser ; pour ne pas la laisser perdre, la transmettre, et se reposer. Comment se reposer entre deux week-ends entre amis ? Comment ramasser et stocker toutes les feuilles de verveine ? et à qui les donner ? Les dessins de mes filles, il y a 15 ans, j'en faisais quoi ? Elles m'en donnaient 10 par semaine. Je ne sais pas où on les a mis – quand j'y pense, je suis inconsolable. Les prunes du prunier – comment éviter qu'elles ne pourrissent sous l'arbre ?

Accueillir l'abondance demande du travail, de la disponibilité. Cela demande de la voir et de la valoriser pour ce qu'elle est, un flux important qui va se tarir – quand y'en aura plus, y'en aura plus. Accueillir l'abondance demande de

27. submergeant

Ma verveine, + je la taille,
+ elle produit !

s'organiser, de tout lâcher pendant qu'elle nous tombe dessus afin de la conserver, de la transformer, de la transmettre. Elle s'abime vite ! Il faut agir vite sous l'avalanche ! Alors on arrête tout ; on reviendra aux affaires courantes, après. Car si on ne lâche pas sa vie pour accueillir l'abondance, alors :

- Les idées s'envolent
- Les prunes pourrissent
- La verveine noircit si elle n'est pas récoltée après les premières grosses pluies bien froides
- Les dessins d'enfants perdent leurs couleurs ou se chiffonnent ou s'égarent (Quant aux câlins d'enfants qu'on n'a pas accueillis, eux sont perdus à tout jamais).
- Idem pour les cinquantenaires de mes potes – c'est une fois dans notre vie.

Tu les vois, les moissonneuses batteuses sillonner les champs, jusqu'à la nuit tombée en été ? Elles ont compris cela.

Ce n'est pas si facile de valoriser l'abondance – cela demande une attention. Une humilité. Une organisation. Savoir que peut-être elle reviendra l'année prochaine, et peut-être, elle ne reviendra jamais.

Ma Tante Brigitte – maîtresse ès abondance

Mon père, Patrick, a une grande sœur – ma marraine, Brigitte. Nos relations se sont distendues pour tout un tas de bonnes et de mauvaises raisons – et pourtant Brigitte est l'une des personnes qui s'est comporté le plus généreusement avec moi. Elle m'a aussi appris à reconnaître l'abondance dans ma vie et à la partager avec les autres, *juste* par la grâce de ses cadeaux. Voici comment elle s'y est prise.

Aucune des femmes de ma famille n'est capable de se présenter chez quelqu'un sans cadeau, petit ou grand. Brigitte ne fait pas exception à la règle, et quand elle venait à la maison ou quand j'allais chez elle, elle avait toujours un petit quelque chose pour moi. Voilà quelques-uns de ses cadeaux, dont je me souviens

- Une robe rouge à pois blancs pour aller danser (trop petite pour elle, à ma taille).

- Un grand sac en croco avec une lanière en chaine dorée (elle l'avait en double).
- Une belle branche de son camélia rose en fleur.
- Une « pochette surprise » qui lui restait de l'une des dernières campagnes de presse pour l'un de ses clients (elle était attachée de presse et préparait toujours pour les lancements de produits, des pochettes enchanteresses à destination des journalistes).

À l'époque des années 80 où le seconde main n'était pas encore en vogue, Brigitte ne faisait pas mystère que ses cadeaux n'avaient pas été « achetés au magasin » ; elle les avait trouvés dans son dressing ou dans un carton dans son bureau ; mais elle m'offrait ses trésors de telle manière que chacun semblait avoir été choisi spécialement pour moi ; et elle me les présentait avec les yeux qui brillent. Elle savait faire « briller la pomme ». Il y avait dans ce don facile et fréquent, une joie et une leçon : on a, chacun de nous, toujours quelque chose à donner qui ne lui coûte rien ou pas grand-chose, et qui fait plaisir à quelqu'un d'autre. Il suffit de regarder autour de soi. À la différence de ma grand-mère, qui nous déversait à chacune de ses visites des tombereaux d'objets dans un vieux sac plastique, Brigitte offrait un objet à la fois, emballé avec soin. Chaque cadeau, même de récup, acquérait ainsi l'aura d'un trésor unique.

Depuis que je suis « devenue grande », quand je suis invitée à un dîner ou que je rends visite à une amie, et même si je suis déjà un peu à la bourre... je regarde autour de moi et je me demande, « qu'ai-je en abondance ? » Quand c'est la saison de la verveine, c'est facile, j'apporte un sachet de verveine séchée (je garde tous les sachets de fruits et légumes pour en faire mes paquets cadeaux, et je garde des rubans aussi).

Quand je ne vois rien à donner, parfois j'achète une chose en chemin – et quand vraiment je ne trouve rien (ce qui est rare et agaçant), je me fais une note mentale, d'avoir quelque chose à donner pour la prochaine fois !

QUI A SOIF DE MA CITRONNADE (ET QUI EST PRÊT À LA PAYER) ?

Souvent quand il y a une saison d'abondance, j'ai remarqué que... je ne pouvais pas tout garder pour moi seule. Même la verveine, que je récolte, fais sécher puis range dans mon pot en métal pour l'hiver et le printemps... je ne pourrais pas tout boire, loin de là.

La verveine je n'ai l'intention de la vendre ! et j'ai envie de l'offrir à des personnes à qui elle fera plaisir. Ma mère, les nouveaux collocs de ma filles, mes copines, ma voisine...

De même que les dessins de mes filles - je regrette de ne pas les avoir davantage envoyés à leurs grands-mères et arrière-grand-mères respectives, à qui ils auraient fait un immense plaisir. Et sans doute les auraient-elles mieux chéri et conservé que moi...

Et si je me place d'un point de vue professionnel - quelles sont les denrées que j'ai en abondance aujourd'hui ?

Qui, dans mon entourage, en aurait besoin - et serait prêt à payer pour ma capacité à poser des bonnes questions et à écouter la réponse ? ma capacité à capter l'air du moment (le besoin de porter plus d'attention, de cultiver l'amitié, de fixer des limites qui tiennent...) et à en faire un programme de formation ? ma capacité à créer et animer des réseaux où les gens sont heureux d'échanger ? ma capacité à générer ou à capter des idées inédites et à les rendre concrètes ?

Comment reconnaître ce qui, chez soi, vient « plus en abondance que chez les autres » - et qui pourrait avoir de la valeur pour les autres ?

Une première piste est de s'observer - quels sont mes verbes !! qu'ai-je en abondance ? sur une base régulière - j'aime faire le point à chaque changement de saison.

Une deuxième piste est de demander du *feedback* à des personnes de confiance autour de toi, « en quoi me trouves-tu compétente ? » « d'après toi, qu'ai-je en abondance ? »

Une troisième piste... bon y'en a des dizaines. Et je ne recommanderai jamais assez la méthode *Clifton Strength Finders*, pour connaître justement ses forces et les utiliser au mieux.

Et toi, ma lectrice ?

Mets ton minuteur et pose-toi 15 minutes avec ton cahier, ton stylo.

✓ Qu'as-tu en abondance, aujourd'hui – en toi, et autour de toi ?

✓ Quelle opportunités ne reviendront peut-être jamais ?

✓ Quel est ton sentiment, ton attitude concernant cette ou ces sources d'abondance ?

Et parmi ces choses que tu as aujourd'hui en abondance, Lesquelles pourrais-tu partager – parce que pour toi seule, ça fait trop ?

À LA RECHERCHE DE MA CLIENTE IDÉALE

À QUI JE VEUX VENDRE ? À LA RECHERCHE DE MES CLIENTS IDÉAUX

Don't ever work for someone you don't want to become[28].

KEVIN KELLY

Hou la ma lectrice, ***tu le sais sans doute... la compétence la plus importante de toute personne qui a un projet, qu'il te fasse vivre d'un point de vue financier ou non – c'est bien sûr de ne pas être mauvais dans sa partie – voire, d'être excellent ! Mais cette condition, si elle est nécessaire, est loin d'être suffisante.***

Un produit, un service, une œuvre d'art, tout cela n'existe pas... s'ils ne sont pas rencontrés par un public. Si je fais les choses « dans mon coin », alors, je les fais pour moi et *basta* ; mais c'est un peu court. Et s'il n'est pas adressé à un marché, alors ce n'est pas un produit ni un service mais « un geste ». Oui, si je veux permettre à mon projet de rayonner quelque chose qui rayonne d'une manière ou d'une autre : je vais avoir besoin de me pencher sérieusement sur la question du public (autrement appelé « la cible » par les boîtes de marketing ; ou « l'audience » par moi, avant que mon amoureux ne m'explique qu'une audience est silencieuse et passive, alors qu'un public interagit – c'est vrai ! Donc : produire pour mon, pour ton cher public.

28. Ne travaille jamais pour quelqu'un que tu ne veux pas devenir (ou à qui tu ne veux pas t'identifier)

PRODUIRE, MAIS POUR QUI ?

Si je décide de mettre au monde quelque chose qui ne soit pas juste « mon jardin » ou « un gâteau qui me fait plaisir à moi », la première question à me poser devrait être « mais pour qui je fais ça ? ». Pour qui je veux produire ce bien ou ce service ? Pour quelle personne ou quel type de personnes, suis-je être prête à me lever le matin, à me décarcasser, à donner mon miel - c'est-à-dire mon meilleur travail ? pour qui vais-je *show up*, me pointer, jour après jour ? Qui va valoriser mon miel - et qui je vais valoriser suffisamment, estimer, « aimer » de manière professionnelle, pour avoir envie de me pointer et lui offrir mon meilleur travail, pas juste une fois mais pendant plusieurs semaines, mois, années ?

Oui, se poser la question du premier client et du public - c'est commencer à faire du marketing. Peut-être qu'au début de notre carrière de « proposeur de notre miel », nous n'avons pas envie de nous dire que nous allons devoir en passer par « faire du marketing ». Mes intentions sont pures, moi, Madame. Certes, mais tu veux rayonner. Et pour rayonner - faut te poser la question de vers qui tu veux darder tes rayons. Qui aurai-je fierté plaisir et sens à servir ? est une première question possible. Une relation commerciale peut durer... des années. C'est le mieux que l'on puisse souhaiter, non, si nos clients sont stimulants et sympas, et qu'ils payent nos factures en temps et en heure ! Que tu aies plaisir et sens à retrouver ton client ou ta cliente, à échanger avec lui ou elle - ça change tout. Qu'il te reconnaisse, t'apprécie, te traite « bien » - ça change tout aussi. Car nos clients ne sont pas nos patrons mais nous dépendons d'eux pour une partie de nos moyens de subsistance - autant dépendre de personnes pour lesquelles nous avons de l'estime. (Et d'ailleurs cette question vaut aussi et encore plus peut-être au moment de choisir son supérieur hiérarchique, si tu es salariée). Autre question possible, ce que j'aspire à produire - ce que j'ai en abondance, ou ces verbes qui font chanter mon cœur - qui en a besoin ? Qui en a besoin et sera prêt à payer pour ce que je propose - une somme suffisante pour me permettre de continuer à le faire ?

WRITE FOR SOMEONE WHO GETS YOU[29]

Qu'il est utile, le conseil de Bruno Frappat à son équipe de journalistes, quand il était directeur de la rédaction du journal *La Croix* : « Vous écrivez en premier lieu pour des Catholiques progressistes et pratiquants - ce sont les premiers lecteurs de notre journal. Nous espérons bien attirer des lecteurs qui sortent de cette catégorie, sinon c'est la mort du journal ! Et on écrit en premier lieu pour notre base, les Cathos progressistes et pratiquants ».

Ce conseil vaut pour chaque personne qui désire écrire - ou qui médite un produit ou un service. Si ton service ou ton produit était une lettre que tu écris, à qui s'adresserait-elle ? Comme Bruno Frappat, on espère que la lettre va être photocopiée en des milliers d'exemplaires et qu'on aura plein de lecteurs et de clients. Et se concentrer sur une seule personne, permet d'être super, super spécifique ; de se la représenter de manière très précise et intime. D'après mon expérience - à chaque fois que j'ai conçu un service en pensant à une cliente en particulier (je pense notamment à mes programmes-compagnon de formation à distance) - ladite cliente s'est inscrite à la formation, et elle n'a pas été la seule heureusement. Mais écrire chacune de mes communications comme une lettre adressée à cette cliente, m'a aidée à la visualiser et à me concentrer sur elle spécifiquement, et donc à être plus juste. Et puis ça m'a simplifié le boulot : je m'adressais à elle, parlais de ses problématiques et je lui écrivais comme je lui aurais écrit ou même parlé (presque) dans une conversation ou une correspondance privée. *Write for someone who gets you,* conseille l'écrivain et pédagogue Julia Cameron. Écris pour quelqu'un qui capte et que tu captes - crée pour quelqu'un qui va apprécier ton produit ou ton service, qui va vouloir tous les détails, qui va en vouloir plus, qui a vraiment faim de ce que tu proposes. Un jour, peut-être, cette personne se lassera - et alors tu choisiras un nouvel interlocuteur, une nouvelle cliente numéro 1. Un jour peut-être tu produiras quelque chose qui ne conviendra pas à cette personne - et on peut avoir plusieurs clients à son arc ! Selma Paiva, spécialiste du *stratégic story telling* et auteur du livre *Internet est une table pour deux*, recommande de se poser la question « Lequel de tes clients ou clientes aimerais-tu photocopier - si tu pouvais ? tellement ils sont sympas etc. » J'adore cette idée - bon, si on n'a pas

29. Écris pour quelqu'un qui te capte.

encore eu de client faut se lancer ma brave dame ! Mais si tu en as eu, lequel ou laquelle a été « ton chouchou » ? Avec lequel as-tu pris plaisir à travailler, à coopérer, lequel ou laquelle as-tu spécialement aimé interagir, à tel point que tu t'es dit ENCORE !?

MÉDITER SA PERSONA

Descendez de votre cheval.

BRICE DE MARGERIE

Le client ou la cliente idéale, celui ou celle à laquelle tu t'adresses en priorité pour un produit – tu vas devoir passer un peu de temps à le ou la méditer. Pourquoi ? Parce que si tu lui demandes de t'accorder son attention, et de te donner de l'argent et de t'accorder sa confiance pour acheter et utiliser ton produit ou ton service, et pour avoir confiance que ce produit ou service va l'aider à résoudre son problème (l'un de ses problèmes) – ça demande que de ton côté tu consacres suffisamment de temps à t'intéresser à ce qui anime cette personne. Voilà quelques questions que tu peux te poser...

- Quel âge a-t-elle ?
- Quelle est sa situation familiale ? Professionnelle ?
- Quels sont ses rêves, aspirations, ambitions ?
- Quels problèmes rencontre-t-elle ?
- Auprès de quels médias s'informe-t-elle ? quels journaux, podcasts, stations de radio, blog, comptes Instagram fréquente-t-elle ? Quel est son canal de réseau social préféré ?
- À quelle culture est-elle le plus sensible (télé, séries, musique, ciné, livres)? Quelles sont ses œuvres préférées (musiques, série, film, livre etc.)?
- Quelle est sa plus grande peur ?
- Si jamais elle utilisait ton produit ou service, qu'est-ce que ça lui apporterait comme bénéfice « trop beau pour être vrai » - et néanmoins vrai ?

Médite ce client ou cette ciente idéale. Ce que tu sais, note-le, et ce que tu ne sais pas, imagine. Et si tu as des chances d'échanger avec ta ou ton client idéal - prends des notes ! Voilà que tes antennes s'affinent ; tu entres en empathie.

Pendule, petit pendule,
indique-moi le juste prix !

Ainsi tu sauras à la fois comment adapter ton produit aux besoins de cette personne, et aussi comment lui parler pour lui montrer que tu l'as comprise – parce que tu l'auras vraiment comprise.

À toi de jouer, *my dear* lectrice !

Si tu devais faire la liste de 10 personnes avec lesquelles tu aimerais (re)travailler, qui serait-ce ?

Prends ton cahier et écris cette liste.

- ✓ Parmi les personnes de cette liste, à laquelle en particulier aimerais-tu proposer le produit ou service que tu développes ?
- ✓ Commence à la méditer, cette cliente ou ce client désiré Utilise les questions que je pose et trouves-en d'autres dont la réponse t'intéresse ! Oui, cela prend du temps ! et une fois que c'est fait, c'est fait – tu as ta base d'empathie, et tu n'as plus qu'à la compéter et à l'affiner.
- ✓ Et à recommencer le travail à chaque fois que tu décides de t'adresser plus spécifiquement à un nouveau ou une nouvelle cliente.

Où et comment je rencontre mes clients ?

Si c'était facile, comment ce serait ? Cet automne, je refaisais mon CV et j'ai demandé à plusieurs amies de le relire pour l'améliorer et m'aider à voir « tout ce que je ne voyais pas ». Je l'ai notamment envoyé à mon amie Marine, une amie « chasseur de tête » ; et on s'est mises d'accord pour qu'elle me débriefe lors d'un dej. Dans la queue du self (on s'est donné rendez-vous à la cafétéria du Petit Palais), elle me parle de son bouquin fétiche sur la gestion du temps – *La 25ème heure*[30] – qui est aussi le mien ! Bref, mon amie voulait faire intervenir les auteurs de ce livre pour animer un atelier lors d'un cocktail pour son entreprise, mais le prix qu'ils demandaient excédait son budget – *Je peux animer un atelier sur le temps, moi !* me suis-je exclamée. *C'est l'un de mes sujets d'expertise (et préférés).* C'est comme ça que j'ai gagné un contrat ! et une collaboration super intéressante avec une amie chère, pour un atelier où finalement on n'a pas du tout parlé du temps – mais qui nous a passionnées toutes les deux et où les participants ont été fort impliqués.

Ce que je veux te dire là c'est que – pas 100 % de mes clients, mais au moins 80 %, je les rencontre en faisant ce que j'aime et en étant là où j'aime être :

- Je les rencontre via mon engagement associatif (j'anime des formations rémunérées pour le Secours Catholique, où je suis engagée comme bénévole par ailleurs).
- Je les rencontre via mon blog maviesansmoi.com (que j'écris chaque jour, depuis février 2004, pour me donner du courage pendant ma journée de travail).
- Je les rencontre via mes groupes de formation et de supervision au coaching.
- Je les rencontre via l'atelier d'écriture auquel je participais (ma voisine de canapé est devenue l'une de mes clientes chouchoutes !).
- Je les rencontre via ma paroisse (hé oui ! c'est fou ce qui se passe à la messe !).
- Je les rencontre via Instagram, le réseau social qui est « ma maison bis ».
- Je les rencontre via mon livre *Trouver son ikigai* !
- Je les rencontre en animant des conférences sur des sujets qui me passionnent.

Et j'en oublie !

Je ne dis pas que les réseaux de proximité et les activités de plaisir suffisent pour mener une démarche commerciale efficace.

Et c'est un début ! Un début heureux, naturel, avec des personnes qui apprécient ma façon d'être et me font confiance – c'est déjà quelque chose, non ?

30. Chère lectrice, si tu ne l'as pas lu, LIS-LE, c'est une mine, une bible, un trésor ce bouquin. Il y a tellement d'idées pour faire le meilleur usage de son temps et faire du temps son ami !

COMBIEN JE VAUX ? ET COMBIEN MES CLIENTS SONT-ILS PRÊTS À PAYER ?

Space is limited, but we have room for you. [31]

SETH GODIN

Si jamais je veux proposer mes produits, ou services – l'une des questions est de savoir combien je vais pouvoir les facturer. Évidemment, « auprès de qui je vends mon travail ? » va conditionner les moyens financiers de mon public et des tarifs que je pourrai demander. Quelle somme les clients que je vise sont-ils en mesure de payer ?

Mon amie Lorraine en a eu assez de passer des heures à rédiger des dissertations basées sur des recherches, pour Sciences Po, adressées à des profs qui les lisaient sans doute rapidement et mal ; elle a trouvé plus malin et lucratif de créer son agence de production de contenu et de vendre des articles à forte valeur ajoutée pour les sites internet des entreprises du CAC 40 ! (Elle était prête aussi à se coltiner les acheteurs des grands groupes et n'avait rien contre l'idée de gagner des appels d'offre ultra-compétitifs). En tant que coach et formatrice indépendante, je suis confrontée à cette question du prix plusieurs fois par an.

31. Le nombre de places est limité, mais on a de la place pour toi.

Quel prix je demande pour l'abonnement annuel de coaching ?[32] Quel prix je peux facturer ma journée de formation ? Combien je vends un programme de formation à distance ? Et, à quel rythme et de combien, puis-je augmenter mes tarifs ?

LE PRIX, UN SUJET ÉPINEUX

Le *pricing*, c'est l'art de fixer les prix. C'est vraiment un art, avec ses subtilités, ses équilibres, ses mystères que peu de gens ont percé. L'ironie de ma vie est que je suis entourée de spécialistes de la fixation des prix ! Mon père a écrit son premier livre sur le sujet, mon frère et mon beau-frère ont contribué à fixer les prix dans leurs industries respectives, quant à mon beau-père, il avait pour métier de coordonner les devis pour une grosse entreprise de travaux publics. Eh bien oui, que des hommes. Mais j'ai beau leur poser des questions et être allée consulter d'autres spécialistes, je ne suis toujours pas parvenue à craquer le sujet.[33] Jusqu'à quel prix on a une chance de gagner le marché ? À partir de quel prix on perd de l'argent ?

La rentabilité de mon travail dépend aussi de la quantité de journées de formations ou de programmes vendus. Ce qui ne revient pas tout à fait au même : une journée de formation, je ne peux en animer qu'un certain nombre chaque mois (il y a une rareté de mon temps). Tandis que les programmes de formation en distanciel, une fois que je l'ai créé, plus je le vends et plus je gagne d'argent (c'est un programme que les personnes vivent en quasi-autonomie). Donc, combien je facture ? J'ai passé un certain nombre d'heures à écouter ces spécialistes du *pricing*, et je dois t'avouer, chère lectrice, que le sujet est toujours aussi cryptique pour moi. Cependant, voilà quelques-uns des conseils que j'ai reçus, retenus et que je tente d'appliquer.

---

32. J'aime travailler dans la continuité ! Je propose à mes clientes un abonnement annuel de coaching, où elles peuvent prendre le rendez-vous suivant dès qu'elles ont accompli la petite action dont nous avions convenu à la fin de la séance précédente.
33. Prochaine étape, suivre le cours de négociation des prix d'indépendantes proposées par Insaff El Hassini de Ma juste valeur.

DÉJÀ, COMMENCE À FAIRE PAYER

J'ai créé le blog maviesansmoi en février 2004, pour me donner du courage le matin et m'entrainer à écrire pour des personnes connues et inconnues. L'enjeu n'était donc pas commercial. Je propose toujours un texte chaque jour, accessible gratuitement, et un jour, en 2015 c'est-à-dire 11 ans après le début du blog, je me suis demandé, « Que pourrais-je commencer à faire payer, à l'audience de mon blog ? » M'autorisant cette réflexion et cette démarche, je suivais le conseil de l'entrepreneur et gourou des entrepreneurs, Seth Godin, qui conseille « Fais payer rapidement, même une petite somme ». Pour « rapidement » on repassera, bon j'ai fait aussi vite que j'ai pu.

En revanche pour la petite somme j'ai bien écouté, puisque j'ai créé des programmes thématiques d'un mois, qui offraient une proposition par jour, et je les faisais payer 7 euros l'abonnement mensuel (ou 60 euros l'abonnement pour 10 mois). Difficile d'être prise complètement au sérieux avec ce prix - et c'était le prix que j'étais capable d'assumer après avoir proposé du 100 % gratuit pendant toutes ces années. La saison suivante, je suis passée à 27 euros le mois (une centaine d'euros l'abonnement annuel) ; puis, je suis passée à 79 euros, puis à 99, puis à 139, puis à 149 euros pour six semaines et une proposition enrichie, à l'heure où je t'écris ces lignes.

Cette série d'augmentations s'est étendue sur 9 ans, avec des périodes d'arrêt. Chaque lancement de produit, avec sa proposition de valeur et son prix évolutif, a été l'occasion de longs débats intérieurs et de discussions avec mes copines de business, « infinies » aurais-je tendance à dire, car j'ai toujours du mal à augmenter mes tarifs, j'ai peur que les clientes s'en aillent en courant si j'augmente le prix - et à quelques exceptions près pourtant, j'ai du mal à rentabiliser mon travail. Si j'aime tellement ce que je fais, pourquoi aurais-je de surcroit la prétention de me faire payer ? Pour qui je me prends, et suis-je si unique, (ou ma prestation est-elle si unique), pour oser demander ce prix-là ? (oui, même à 7 euros je me suis posé ces questions).

Bon, j'ai fini par y aller... et je réussis à monter petit à petit les prix.... Et les clientes me suivent... plus ou moins selon les époques et les propositions, et les augmentations. Et je dois continuer à augmenter mes prix et la proposition de valeur de mon travail.

COMMENT MONTER EN GAMME ?

C'est quand même une question qui se pose : une fois que j'ai réussi à faire payer une première fois, même pas cher, comment je fais pour monter le prix par la suite ? Le conseil de Chine Lanzmann, la coach qui m'a formée au coaching et à plein d'autres trucs, c'est de fixer des prix « pour une saison ». Nos prix ne sont pas fixés dans le marbre ! « *Voilà mes prix pour commencer* », « *Voilà mes prix pour l'hiver-printemps 2024* », etc.

Ce « pas fixé dans le marbre » est rassurant car le message envoyé indique que les prix sont susceptibles d'évoluer à la hausse (et aussi cette phrase peut donner le signal *Achète maintenant Cocotte, après ce sera plus cher*).

Lorsque j'augmente mes prix, parfois j'augmente juste mes prix *parce que je le vaux bien*. Et parfois je me demande, *qu'est-ce qui, dans mon produit ou ma communication, va justifier cette augmentation ?* C'est ainsi que j'ai ajouté des modules – des rendez-vous sur Zoom, par exemple. J'ai demandé aussi à ma fille graphiste, l'illustratrice de ce livre, de dessiner des bandeaux pour habiller les documents que j'envoie. Chaque formation a à présent son habillage spécifique conçu par ma fille et moi. C'est une question que j'aime me poser – comment monter en gamme, comment augmenter la valeur perçue de mon produit ou de mon service.

Les témoignages des premiers clients aident, aussi, à comprendre ce que le service ou le produit apporte et ce que les clients valorisent dans mon offre. Car un autre conseil sur le prix proposé par Seth Godin, est que le prix payé par le client doit être largement inférieur à la valeur qu'il perçoit pour le produit, et largement supérieur à ce que cela me coûte de le produire. *It costs money, but it's worth more than it costs.*[34]

Un autre conseil donné par mon amie Yvonne est, pour fixer ses prix, de se faire conseiller… par un homme. Car les hommes réussissent en moyenne à obtenir des tarifs 16 % plus importants que les femmes. Donc oui, merci les amis hommes pour votre mentoring et pour vos conseils. Quant à Papa, mon papa, il m'a expliqué, enfant, que c'est aussi compliqué de vendre une mission de conseil à 20 000 (à l'époque on parlait en francs, aujourd'hui ce seraient des

34. Ça coûte de l'argent, mais ça vaut plus que ce que ça coûte.

euros), qu'une baguette à 1 euros 20. Même si ce n'est pas tout à fait le même processus de vente, je me rends bien compte que j'attends d'être traitée par ma boulangère comme une VIP ![35]. Alors, qui ai-je envie de traiter à mon tour comme un VIP, et pour quel produit qui en retour sera davantage rémunéré qu'une baguette tradition ?

COMMENT JUSTIFIER ET NÉGOCIER L'AUGMENTATION DE PRIX ?

Ça vaudrait le coup d'aller faire un tour sur le compte Instagram d'Insaff El Hassini, Ma juste valeur - qui donne des conseils de négociation salariale et pour les indépendantes. Elle a aussi un podcast éponyme et une newsletter. Ma technique à moi est de parler de l'inflation, et de l'expérience qui rentre, et des gains apportés au client. « J'ai augmenté mes tarifs, parce que... »

Je ne justifie pas l'augmentation pendant 3 heures ou 18 lignes, et je ne la passe pas non plus sous le tapis. Après, je sais que parfois l'augmentation des prix fragilise la relation et fait partir des clients. C'est parfois difficile. Et je préfère être contente de travailler pour le prix que je propose.

35. Quand j'ai rédigé mon premier devis d'indépendante, à l'époque c'était pour une prestation d'aide à l'écriture d'un livre de management, j'ai demandé son conseil à Papa. « Combien tu demanderais toi ? » « Demande la somme pour laquelle tu serais contente de le faire, + 15 % pour le jeu ». J'ai suivi son conseil ; mon client a accepté sans négocier ; j'étais super contente ! Et donne aujourd'hui le même conseil à ma fille qui se lance en freelance en parallèle de ses études de graphisme.

Et toi, ma lectrice ?

Quels bons conseils as-tu reçus concernant la fixation de tes prix ?

Prends ton carnet, ton stylo, et remémore en toi au moins 5.

- ✓ Un bon conseil que j'ai reçu concernant les prix, c'est....
- ✓ Un bon conseil que j'ai reçu concernant les prix, c'est....
- ✓ Un bon conseil que j'ai reçu concernant les prix, c'est....
- ✓ Un bon conseil que j'ai reçu concernant les prix, c'est....
- ✓ Un bon conseil que j'ai reçu concernant les prix, c'est....

OÙ JE QUESTIONNE MON RAPPORT AU DON

***Resentment often has to do with overgiving*[36]**

TERRI COLE

Quand j'entends cette phrase, *resentment often has to do with overgving*, un soir de janvier 2024, je suis dans ma cuisine en train de couper les légumes pour le dîner ; je pose mon couteau ; je not la phrase. Elle fait trop *tilt*. *Overgiving* - c'est donc ça, ce léger malaise, cette voix dans ma tête « *C'est trop, c'est trop, c'est trop, tu en fais trop, tu donnes trop*, et *sans contrepartie suffisante* » - sans parvenir à arrêter la vapeur, la machine à donner lancée à pleine vitesse.

Malgré les vacances dont je viens juste de rentrer (je me suis arrêtée 15 jours pendant les fêtes de Noël), je suis de nouveau épuisée. Mon compte en banque s'est un peu regarni, c'est partiellement de mon fait - mais on est encore loin des objectifs que je me suis fixé. Et pourtant, vas-y que j'écris gratuitement et que je propose des trucs et des machins à des personnes qui ne seront jamais mes clients - allé, je les propose aussi ces cadeaux, à des personnes qui sont mes clientes et accompagnent fidèlement mon travail depuis des années.

Resentment often has to do with overgiving. Je me suis dit, en entendant cette phrase, « Christie, faut que tu réajustes le tir *fissa* car l'*over-ressentment*, tu le ressens - et ce n'est de la faute de personne, sinon de la tienne. Personne ne te force à donner quoi que ce soit, tu donnes tout librement et pourtant - ce n'est plus juste. » Mais, mais, comment donner ce qui est juste, et vendre ce qui est juste et au bon prix ? Il ne s'agit pas d'être moins généreuse, non - il s'agit de

36. Le ressentiment a souvent à voir avec une générosité indiscriminée.

tirer profit des fruits de mon travail et de pouvoir en vivre, et de pouvoir continuer à contribuer longtemps – sans m'épuiser.

POURQUOI C'EST SI IMPORTANT POUR MOI DE DONNER ?

Le problème, c'est que j'adore donner. D'abord parce que je suis câblée *abondance* – la voir, la générer (et oui, l'abondance n'est pas forcément financière !) et la partager. Donc quand j'ai des idées de choses à partager, elles ont envie d'être partagées. Ensuite, je suis câblée aussi pour *donner* – soit donner gratuitement, soit donner beaucoup, beaucoup quand je vends. Ce qui serait parfait si je vendais ce que je vends, plus cher ! Et le fait que peu de femmes dans les familles et belles-familles dont je suis issue travaillent hors de la maison, ça joue. Ma mère a été la première à travailler toute sa vie... mais la plupart des autres femmes, pas trop. Le travail gratuit ou peu payé est ancré dans mon histoire. Enfin, donner me donne le sentiment d'exister (vendre aussi me diras-tu mais donner est plus simple pour moi). Donner me console – par exemple, quand je termine un coaching ou un programme de formation, je propose souvent « plus de temps » ou je propose un cadeau aux abonnés (gratuits) de ma newsletter – car j'aime préparer quelque chose pour quelqu'un. La question que je me pose est « Pourquoi je ne propose pas plutôt quelque chose à vendre !? » La vérité c'est que je suis contente de donner ce que je donne. Jusqu'au moment où le ressentiment m'atteint de plein fouet.

EN QUOI TROP DONNER EST-IL PROBLÉMATIQUE ?

Quelle est la valeur de ce que je donne ? C'est plus facile pour moi de le proposer – *T'inquiète, je te le donne !* et c'est moins engageant pour la personne qui en fait la demande – et cela me demande toujours du travail, de le concevoir et de le proposer. Du travail que je ne consacre pas à vendre, ou à fabriquer quelque chose que je vais vendre. Par ailleurs, la personne qui reçoit gratuitement profite-t-elle réellement du cadeau ?

- À trop donner, je m'épuise.

- À trop donner, même ce dont je dispose en abondance, même ce que j'ai plaisir à donner, je m'appauvris.
- Peut-être que je dévalorise ce que je donne.
- À trop donner, je deviens plus pauvre que celles et ceux à qui je donne ! Et alors, je deviens une charge.
- Plus, quand je donne de manière indiscriminée, je n'ai pas l'impression de donner à des personnes dans un échange mais d'un don univoque ou démesuré - et ce n'est pas juste.
- Comment réajuster le tir ?

CEUX QUI DONNENT ÉNORMÉMENT ET QUI VENDENT CHER

Je me souviens, il y a 20 ans, Nicolas, mon mari, est allé à un séminaire avec ses collègues, dans un Château *Form*. Il en est revenu enthousiaste : « C'est fou la générosité de leur accueil, le grand jardin avec des bottes mises à notre disposition, la piscine intérieure, la salle du billard avec le bar à alcools dans lequel nous étions invités à nous servir à notre guise... Bien sûr la prestation était facturée cher, mais on a vraiment la sensation d'en avoir pour son argent. » En avoir pour mon argent : c'est exactement mon sentiment avec la formation *Copy Cure*, de Marie Forléo. Après avoir suivi gratuitement (pendant 10 ans !) ses vidéos sur Marie TV et ses podcasts dont certains m'ont énormément éclairée et nourrie, pendant la pause de la Covid 19, j'ai décidé d'investir dans la formation au *copyrighting* (un programme en ligne) proposé par les Américaines Marie Forléo et Laura Belgray. J'ai payé 1 200 dollars, ce qui me semblait énorme pour un programme en ligne - et j'avais du temps, et envie et besoin d'apprendre à vendre avec mes mots. Et j'avais aussi confiance dans Marie Forléo - 10 ans de Marie TV, Baby. Et aussi, Marie proposait un paiement en 10 mois, ce qui m'a bien arrangée. Je n'ai pas été déçue - j'ai même été ravie et je recommande cette formation régulièrement ! et ce, pour 4 raisons.

- **Qualité et générosité**. La première raison, c'est que le contenu de la formation est très généreux. On se croirait à Château *Form* ! J'ai reçu des tonnes d'exercices utiles et super. Bien expliqués, des livrets d'exercices, des *masterclass*, des vidéos bien réalisées... Tout ça sous une forme invitante...

je m'appauvris
je deviens un problème
ce n'est juste ni pour moi ni pour l'autre
à trop donner
je dévalorise ce que je donne
je m'épuise

- Et non seulement ça, mais chaque année la formation est proposée de nouveau avec une grosse part de contenu que j'ai déjà suivi et chaque année, du nouveau contenu, et je suis invitée à la suivre de nouveau, à vie.
- **Boulot, boulot... et rentabilité.** La deuxième raison est que j'ai fait le travail proposé. J'ai regardé les vidéos et fait les exercices... Puis j'ai eu envie d'appliquer les conseils de la formation. Quand j'ai lancé mon propre programme de formation en ligne quelques mois plus tard, j'ai tellement bien vendu que j'ai gagné 4 fois le prix que j'avais payé la formation de Marie. Elle a donc été largement rentabilisée dès la première formation que j'ai lancée.
- **Prix.** Une des motivations à faire le travail (tous les exercices proposés, et faire et suivre le programme m'a pris environ quarante heures visionnage des vidéos compris), ça a été le prix payé. Un prix important est une motivation pour tirer parti d'un service ou d'un produit.
- **Gratitude.** La troisième raison, c'est qu'après avoir reçu pendant 10 ans et gratuitement, les super vidéos et conseils de Marie, j'étais contente de lui acheter enfin quelque chose.

Ça m'apprend quoi, cette expérience avec Marie Forleo ? Ça m'apprend qu'on peut donner beaucoup, à la fois gratuitement **et** dans les produits que l'on propose à la vente. J'ai le droit et le devoir de sortir du mode « pilote automatique je donne je donne je donne » (même si j'aime ça) ; et vérifier à chaque fois que ce que je donne, c'est juste – de le donner, ou dans la manière de le donner :

- **Est-ce le bon moment pour moi** pour donner ce que je m'apprête à donner ?
- Si je donne ça, **je gagne quoi**, moi ?
- Si je donne ça, **je demande quoi en échange** ?
- Ce que je m'apprête à donner de la manière la plus intelligente ?
- **Pourrais-je le vendre à la place** ?
- **Comment pourrais-je mieux valoriser ce que je donne** – je pense à la dichotomie entre ma tante Brigitte qui fait briller chacun des trésors qu'elle m'offre, et ma grand-mère qui nous apportait ses « lots dans des sacs plastiques »... que j'avais envie de lui rendre illico.
- **Comment garder voire accroître mes moyens d'être généreuse ?** Si je veux continuer à donner **tout en** gagnant ma vie, ce que je vends, je me dois de le vendre suffisamment cher, et à suffisamment de monde pour que ce soit rentable.

Je peux et dois me rappeler que je peux aussi **vendre avec générosité** ! et c'est même le but. C'est-à-dire facturer relativement cher et en donner encore plus, beaucoup plus à ma cliente ou mon client, « pour son argent ». Quelle joie – quand on aime donner ce que l'on a en abondance ; quand on désire être utile à son public – de savoir valoriser son offre, et ce, qu'on le donne ou qu'on le vende. Certes, pour contribuer à embellir le monde ; mais aussi, pour construire sa marque, et pour un prix qui le vaut largement ! *It costs money, but it's worth more than it costs.*[37]

« Tout est marketing », nous dit encore Seth Godin[38]. En effet – savoir qui est mon client ; et ce qu'il valorise ; et savoir le lui proposer ; garder la possibilité de faire ce que j'aime – contribuer avec générosité à résoudre un problème dans le monde – tout en créant aussi de la valeur matérielle pour ma vie.

Et toi, ma lectrice ?

Y a-t-il quelque chose que tu aimerais rééquilibrer, dans ton rapport au don ou à la vente ?

Prends ton cahier, ton stylo, et complète les phrases suivantes :

✓ Une chose que je donne aujourd'hui, et que je pourrais imaginer de vendre, c'est…

37. « Ça coûte de l'argent, mais ça vaut plus que ça ne coûte ». Je t'ai déjà partagé cette phrase y'a deux minutes je sais – et elle me plait tellement et elle m'aide ! C'est une bonne raison pour radoter, non ? Quand on croit que quelque chose qu'on dit est utile…
38. Le mec dit beaucoup de choses – il tient un blog QUOTIDIEN lui aussi depuis 2006 je crois. Seths.blog, un blog gratuit, généreux, et passionnant, et fidèle, qui encourage les freelances et tous ceux qui veulent servir le monde. Sa devise pour nous, c'est Go make a ruckus – va mettre du désordre ! À côté de cet acte de générosité, il lance au moins un produit payant chaque année, plus des livres qu'il vend bien sûr et dont les droits d'auteurs accumulés lui apportent une petite rente. Je le sais car moi aussi certains de mes livres parus il y a plusieurs années me rapportent toujours chaque année, plusieurs milliers d'euros !! Yesse !!

Pour aborder joyeusement cette période, j'avais grand désir de côtoyer des jeunes adultes qui ne soient pas mes enfants.

Témoignage de Florence Giacometti, coach d'artistes et déléguée générale au BAL

Florence et moi nous sommes rencontrées il y a 15 ans environ, chez notre coach commune Chine Lanzmann. Comment ne pas trouver sympathique cette femme blonde énergique et chaleureuse ? À la voix (le mot qui me vient est « éraillé », mais éraillé de la bonne manière !) éraillée donc et au rire (le mot qui me vient est « facile », mais facile comme « elle aimerait bien rire ! ». Pause de 10 ans ! Comme la vie sait en ménager, pourtant nos maisons sont à 7 minutes de vélo l'une de l'autre, mais on ne s'est pas recroisées... jusqu'à ce jour de janvier où j'ai réussi à aller visiter une expo au BAL, qui est justement... un lieu d'exposition (et aussi un lieu de pédagogie dans lequel il y a un restau !). En sortant, Florence me fait des grands signes – elle y travaille aujourd'hui en tant que déléguée générale. Quelques semaines après cet aperçu, Florence me reçoit dans le salon salle à manger cuisine qui donne sur le jardin de sa maison. Je m'émerveille car tout a changé depuis la dernière fois où je suis venue. Elle et son mari ont entrepris des travaux qui ont duré près d'un an et le résultat est lumineux, chaleureux, je me sens bien dans cette pièce au milieu des meubles colorés et des tableaux que Florence et son mari collectionnent. Un thé, et nous plongeons dans ce rattrapage de notre conversation.

« Ma mère est décédée en 2006, mon père est décédé il y a trois ans ; parmi les personnes qui m'ont élevée, il me reste mon beau-père, le deuxième mari de ma mère. Cet homme a bouleversé ma vie (ma mère a quitté mon père pour lui, et il nous a adoptées, ma sœur et moi). Il vit aujourd'hui dans une résidence service près de chez ma sœur.

Leur éducation, à ma mère et mon beau-père, n'a pas été tellement intrusive. Ma mère avait un volet très artistique, elle peignait et nous emmenait dans des expos... Mais en dehors de ça, elle et mon beau-père étaient très amoureux. Ils avaient une vie en dehors de nous ; alors, si ma sœur et moi ne faisions pas de conneries, on avait la paix. Il y avait cependant une chose importante pour ma mère : que ma sœur et moi fassions des études. Son frère (mon oncle) avait eu la chance d'en faire et pas elle – elle l'a vécu comme une

grave injustice ; alors, elle nous a poussé à faire de bonnes études pour vivre « comme un homme ».

Avant 2011, j'ai mené une vie de salariée wonder woman, je cochais les cases sur tous les tableaux : le bon salaire, la bonne mère, la bonne copine, j'ai adoré ça être comme les mecs, prendre des avions… Et une fois que c'était fait, ça ne m'intéressait plus. J'ai réalisé que cette vie m'épuisait ! C'est comme cela que j'ai commencé ma formation de coach et je me suis lancée dans le coaching.

L'invisibilisation dont parlent parfois les femmes après 45 ans, je ne l'ai pas trop ressentie. J'ai quitté le salariat en 2011, et je me suis inscrite assez vite dans un cours de théâtre amateur, au cours Simon. Nous avons constitué un groupe amical avec des plus vieux et des plus jeunes que moi, entre 27 et 70 ans. Ce cours de théâtre m'a fait beaucoup de bien. Je me suis sentie plus belle, plus charmante, plus remplie, avec cette troupe de théâtre.

Le théâtre j'ai trouvé que c'était une façon géniale de découvrir des textes – tu fais ton miel du cadeau de quelqu'un d'autre. Le théâtre par définition, m'a rendue visible, a minima par le prof et la troupe. Au début, le prof m'a proposé des rôles sympathiques – et puis j'ai eu envie de tragique ; alors il m'a donné un rôle de mère horrible, dure avec son fils. Ça a été cathartique – de pouvoir être sur scène, la mère que je ne suis pas dans la vie. Et puis le théâtre a rempli quelque chose. J'avais une vie professionnelle active mais pas sur active ; les enfants n'étaient pas tous partis mais étaient en train de le faire. Alors la vie avec la troupe a rempli mon temps et une partie de ma libido avec des choses que j'aimais – je suis une lectrice compulsive, lorsque je jouais, la lecture et la découverte de texte avaient une finalité. J'avais le devoir d'apprendre et d'en faire quelque chose de partagé. J'avais la frustration en tant que coach de ne pas bosser en équipe ; la troupe remplissait aussi cette fonction de socialisation et de coopération.

Je passais sur le plateau quand j'estimais que j'étais prête – après ça, souvent j'avais du mal à m'endormir. J'ai toujours été à l'aise à l'oral – mais monter sur le plateau, ça m'a donné la trouille. J'ai fait des super rencontres. Souvent après le cours, on allait diner tous ensemble.

J'ai pris ces cours pendant 4 ans et puis j'ai arrêté. J'avais commencé à travailler pour le BAL en consultante extérieure et ma vie professionnelle allait être plus remplie. Je n'ai jamais vraiment trouvé autre chose, une autre activité extérieure qui me plaise et me porte autant.

La vocation du BAL est d'interroger sur le rôle de l'image dans la société, quel stéréotype elle renvoie. Mon rôle a évolué, aujourd'hui, je suis déléguée générale, je m'occupe notamment de la recherche de financements privés. Je connaissais un peu la fondatrice du BAL, Diane Dufour, pour qui j'avais beaucoup d'admiration. Quand je suis devenue coach, c'est l'une des premières clientes que je suis allée prospecter – mais ne voulait pas être coachée. Puis, un jour, elle est revenue me voir. On a mis 6 mois à se mettre d'accord sur le cadre et j'ai fait du coaching pour l'équipe juste au-dessous d'elle. J'ai mis en place des processus, des réunions collectives, transversales, cadrées, je les ai formés au management – pour la plupart d'entre elles, c'était leur premier job. Puis Diane a eu un projet d'exposition sur l'arte Povera qui nécessitait d'aller vivre un an à Rome. J'ai commencé à bosser pendant un jour par semaine, puis quand elle est partie à Rome je suis passée à 4 jours et je ne suis plus repartie. Je reste coach par ailleurs, plutôt par le bouche à oreilles, et je continue à donner des formations sur la recherche de partenariats. Ça me donne une diversité de points de vue et de revenus.

Pour aborder joyeusement cette période, j'avais grand désir de côtoyer des jeunes qui ne soient pas mes enfants. Avec mes jeunes collègues, il n'y a pas d'enjeu d'éducation mais ce regard et ces échanges avec la génération d'après me nourrissent. Ça m'apporte de la diversité ; un autre point de vue ; les jeunes femmes avec lesquelles je travaille sont le plus souvent féministes radicales voire wokistes et elles cherchent à réécrire l'histoire avec un point de vue qui ne soit pas mâle dominant. De quoi j'ai peur ? de grand-chose ; peut-être des problèmes de santé, j'essaye donc de prendre soin de ma santé. La vieillesse et la disparition me font peur. Ma mère et ma grand-mère sont décédées à 6 mois d'intervalle, et le décès de ma mère dû à un cancer à 65 ans a été un choc. Mon boss historique, mon père professionnel, est décédé il y a deux mois. Le décès des personnes de ma génération me choque. Et puis, une fois que la tristesse est passée, je pense à mon ami Jean-Michel et je me marre. J'avais aussi la peur de vieillir pauvre et sans rien - mon arrière-grand-père était très joueur et ça n'a pas aidé les finances de la famille. Mais aujourd'hui, financièrement, je suis assez tranquille. Et puis, je ne m'imagine pas du tout arrêter de travailler. J'aime ce que je fais, et les relations de travail, c'est important pour moi.

Ce qui me fait envie aujourd'hui ? ça dépend des périodes et le mouvement est bien impulsé par les évènements de la vie de mes enfants ; la naissance de ma première petite-fille, le mariage de notre dernière fille. Je m'assure de garder ces liens familiaux bien vivants en passant des moments avec l'un ou l'autre de mes enfants et en essayant de maintenir une organisation fluide. Les enfants passent aussi des moments ensemble sans moi – ils se retrouvent souvent dans les maisons à droite à gauche, ça me fait plaisir.

Un conseil pour bien vivre cet âge ? Se poser régulièrement la question, « est-ce que ce projet individuel ou en couple ou avec des amis, me convient ? » Je me méfie des automatismes et du pilote automatique… Mon tableau de bord passe notamment par les émotions. Quand j'ai un agacement, quand je me tends, je me demande « Ça vient d'où ? pourquoi ça ne me convient pas ? Comment je peux rectifier le tir ? » Je tente aussi d'être à l'écoute de mon propre rythme ; je travaille à l'extérieur trois jours par semaine, je vois plein de gens, cela me convient ; et les autres jours, je suis contente de passer du temps toute seule.

Les travaux que nous avons entrepris dans notre maison nous ont donné un petit coup de jeune. Ils ont duré 10 mois. On avait prévu de louer un appart et puis je ne cherchais pas vraiment… Finalement, on a trouvé une autre solution : nous avons demandé à nos amis de nous héberger, chacun son tour, pendant quelques jours. Pendant 10 mois, on a habité chez 16 copains différents ! On restait 3 jours et le reste de la semaine, nous étions dans notre petite maison à Ciboure, dans le Pays basque, où je me reposais et ne voyais personne. Quand ça s'est arrêté, je commençais à en avoir marre de faire ma valise toutes les semaines, mais j'ai éprouvé une petite nostalgie. On a vraiment vécu avec nos copains, dans leur vie quotidienne, et puis on a découvert plein de quartiers ! »

Quelle joie de passer ce moment avec Florence ! De m'exposer à son énergie. D'absorber sa sagesse – refuser le pilote automatique ; écouter ce qui se passe en soi ; alterner les moments avec les autres et les moments de solitude ; laisser émerger des solutions créatives, comme cette cohabitation avec les amis pendant la période des travaux. Quelle joie aussi cette poursuite de carrière, née d'une admiration « je la trouvais géniale, je l'ai contactée ». En la quittant, je me sens optimiste.

ACCEPTER D'APPRENDRE À VENDRE

***Just because I'm still figuring out doesn't mean I'm wasting time*[39].**

ALEXANDRA OLANO

J'ai eu la chance (enfin, la chance et j'ai mis en œuvre les moyens nécessaire) d'intégrer une « majeure », une classe de troisième année à HEC, qui s'appelle *HEC Entrepreneurs*. Cette majeure très prisée prépare ses étudiants à l'entreprenariat. Bon, je ne suis pas une entrepreneuse née même si je fais preuve d'une certaine capacité d'entrainement, et j'ai passé avec *HEC entrepreneurs* une année formidable et passionnante – ma plus belle année à HEC. L'année était découpée en 7 séminaires sensés nous apprendre à entreprendre ; des séminaires à base de missions réelles, qui toutes se terminaient par une présentation de nos travaux devant un jury de professionnels. L'avant-dernière mission de l'année, après création, reprise, redressement, le stage de bras droit et avant la mission de communication, était une semaine de vente ! Nous tous, étudiants de la promo, étions « placés » dans les magasins Darty d'île de France, pour renforcer les équipes de vente au mois de mai, dans le rayon « petit électroménager » – les épilateurs, les bouilloires, les grille-pains, les cafetières, par exemple. Cette semaine donnait lieu à un concours : l'étudiant qui réalisait le plus gros chiffre d'affaires en « petit électroménager », gagnait un bon d'achat de 5 000 francs à dépenser chez Darty. Pratique, au moment de s'installer ! Je ne sais pas comment j'ai eu cette idée, mais au moment du lancement du séminaire, Raoul, le gagnant du concours de l'année précédente

39. Ce n'est pas parce que je cherche encore comment m'y prendre, que je perds mon temps.

est venu témoigner... et à la fin de sa présentation, je lui ai demandé – « Raoul, quel est ton secret pour avoir gagné le concours ? » Il s'est mis à rire et m'a dit – « Mon secret, c'est le même que celui qui a gagné le concours de l'année précédente. J'ai été dans LE magasin de telle ville. Le directeur est tellement heureux d'accueillir un étudiant d'HEC qu'il demande à tout le *staf* de l'aider à réussir. »

Il se trouve que ce magasin était situé juste à côté de chez mes parents. Je n'ai eu aucun mal à faire valoir cet argument pour avoir la place – d'autant que personne n'a pensé à faire le lien entre les gagnants et le magasin. Et c'est vrai que j'ai été bien accueillie, briefée, les vendeurs me poussant vers les clients. Je n'ai pas chômé durant cette semaine. Au téléphone, le soir, je parlais à des camarades qui étaient dans des magasins avec peu de clients, ou bien à qui les vendeurs n'ont laissé faire aucune vente ou ne les ont pas du tout briefés sur les produits. J'ai gagné le concours de vente avec un mélange de fierté pour mon astuce, et de honte pour ma rouerie. Le bon d'achat m'a permis d'acheter mon premier lave-linge lorsque j'ai emménagé dans mon premier appart, quelques mois plus tard. Cette semaine-là, j'ai appris que la stratégie et le contexte sont des ingrédients nécessaires à la vente.

WHAT DOES THAT DO TO ME ?[40]

Quelle que soit l'activité que je me propose de réaliser, il y a toujours un moment où j'ai besoin de vendre. Même si je ne demande pas d'argent ! Car si vendre, c'est donner envie – soit d'acheter un produit ou un service, soit de rejoindre mon projet – la participation peut être gratuite en argent mais elle aura un coût en temps, ou en dette symbolique si c'est un don. Dès que d'une manière ou d'une autre je sollicite l'engagement d'une ou plusieurs personnes, j'ai besoin d'apprendre à vendre. Je m'en aperçois assez vite lorsqu'une personne n'a pas (pas encore) appris à vendre : dans sa communication sur les réseaux, elle parle d'elle-même, de son produit, avant de me parler de moi et de mon besoin – si elle y songe. Cette personne utilise l'adresse « cher réseau » ou « bonjour », ne se rendant pas compte que je suis une personne individuelle et pas « tout un réseau », seule derrière mon écran. Peut-être même que je suis une personne

40. Qu'est-ce que ça me fait à moi ?

qui aurait besoin de ce qu'elle a à offrir ! Une personne qui a des rêves, des raisons de se réveiller la nuit en sursaut, mal au dos, l'amour de la littérature anglosaxone… Je n'ai rien contre le fait qu'on me parle ni qu'on cherche à me vendre des produits, mais, par pitié, pas avec ces mots, « cher réseau », ni sans m'avoir « médité » et pensé en profondeur à ce qui me manque. La seule chose qui m'intéresse (peut-être !) à propos de ton produit ou de ton service, ce n'est pas pourquoi tu es super fière d'avoir bien fait ton boulot. Ça… je m'en tamponne le coquillard ! Ce qui m'intéresse, c'est *what does that do to me* ? en quoi ce produit ou ce service va m'aider à résoudre l'une ou plusieurs de mes problématiques ; atteindre l'un ou plusieurs de mes rêves ; apaiser un ou plusieurs de mes cauchemars.

VENDRE C'EST ESSENTIEL SINON JE RESTE SEULE DANS MON COIN (OU JE TRAVAILLE POUR RIEN)

Lorsqu'en 2001 j'ai lancé ma petite entreprise, *Plume de vie* (j'ai commencé par une agence éditoriale, j'aidais des personnes âgées à écrire leur biographie et des managers et chefs d'entreprise à transmettre leur savoir-faire *via* un livre), je croyais que la compétence principale dont j'aurais besoin était de savoir écrire. J'ai vite compris que - si savoir écrire était en effet une compétence nécessaire pour ce travail d'aide de porte ou de suscite-plume - c'était loin d'être suffisant ni même premier. Pour accomplir ce travail d'assistance éditoriale - pour que ce soit un travail - j'avais besoin de trouver et de convaincre des clients. Pas de clients, pas de travail. Et pour avoir des clients, il fallait premièrement qu'ils me trouvent ou que je les trouve ou que je me laisse trouver, et secondement je devais d'une manière ou d'une autre leur donner envie ou confiance pour travailler avec moi. Pas de vente - pas de livre à « accoucher ». C'est toujours vrai aujourd'hui où j'ai arrêté d'écrire des livres pour les autres et où je conçois et anime des formations et coache et accouche… les propres livres que je porte. Mes services et produits doivent être trouvés par les bons clients, les bons lecteurs ! Pas de vente, pas de formation ni de livre ni de coaching. Et c'était déjà vrai dans ma jeunesse, en 1994, lorsque j'étais cheftaine de Jeannettes bénévole et que je désirais convaincre les parents de petites filles de 8 à 11 ans de nous confier à moi et aux autres chefs, la prunelle de leurs yeux. Pas de « vente », pas de camp !

Si je veux que mon projet existe, si je veux travailler « pour quelque chose », si je veux rayonner, alors, je dois vendre. La bonne nouvelle : vendre s'apprend.

VENDRE, C'EST ME DEMANDER QUI JE VEUX SERVIR ET DE QUOI IL OU ELLE A BESOIN

La première chose dont j'ai besoin pour vendre est de me demander à qui j'ai envie de rendre durablement service – et pour quel type de service. C'est une personne que je peux imaginer avoir envie de servir pendant combien de temps ? De quoi a-t-il besoin, ce client ? Et est-ce que moi ce que j'ai, moi, j'ai à lui proposer répond à son besoin ?

Une des choses dont mon client a besoin – c'est de savoir combien mon produit coûte ; s'il ou elle peut imaginer se l'offrir, ou pas. L'un de mes mentors, Patrick Charni, m'a conseillé d'afficher mes prix d'emblée. Ce n'est pas toujours confortable de parler d'argent dès le départ – et c'est vrai que lorsque je me pose la question d'acheter, j'ai besoin de savoir combien ça coûte, sans forcément avoir à le demander. Du coup quand c'est moi qui vends – j'ai appris à « annoncer la couleur ».

VENDRE, C'EST DONNER ENVIE

Comment je donne envie à la personne d'acquérir ce que j'ai à proposer ? J'ai glané dans ma carrière de nombreux conseils qui m'aident à vendre – et j'espère bien continuer à apprendre et progresser toute ma vie cet art passionnant, nécessaire dans lequel j'ai encore une bonne marge de progression.

Le premier conseil que j'ai reçu et que j'applique est « on achète plus facilement à quelqu'un qu'on apprécie ». Ça tombe bien : je n'arrive pas à travailler avec quelqu'un pour qui je n'ai pas de sympathie. Sympathie mutuelle, donc. Parmi les personnes qui m'ont le mieux conseillée, je retiens ma coach Chine Lanzmann, et le « Dieu des entrepreneurs » Seth Godin. Tous les deux disent : tu es une humaine, tu t'adresses à des humains. Chine conseille de prendre des nouvelles de personnes que j'apprécie ou d'anciens clients.. et de voir dans la foulée si elles n'ont pas besoin de quelque chose (que je peux leur proposer). Qui n'aime pas que l'on prenne de ses nouvelles ? Seth, lui, conseille de *own your mistakes*[41] – si tu fais une erreur, reconnais-la avec honnêteté et humilité auprès de ton client, et fais ce que tu peux pour la réparer ou la compenser. Une telle attitude est souvent un super moyen de fidéliser ses clients. Qui n'aime pas qu'on l'écoute, qu'on cherche à le comprendre, qu'on reconnaisse ses erreurs, et les répare ? Tous les deux conseillent aussi d'aimer : ce que l'on fait, et pour qui on le fait. Chine conseille de ne proposer que des produits ou des services qui nous font très envie à nous – qu'on a envie de délivrer, et dans lesquels on croit. Que ce désir se communique à notre communication ! Et je me souviens quand j'ai lancé le premier programme-compagnon, Voilà mes anges – je frétillais d'impatience et de joie de proposer ce programme à mes clientes. J'ai ressenti cette joie à chaque programme. C'est comme... en cuisine. J'aime préparer des plats « qui m'excitent », qui me font envie à moi ! et c'est donc agréable de les proposer à mes invités ou à ma famille. Je ne me force pas pour avoir l'air convaincu. De la même manière, comme je suis heureuse de partager un repas, je cherche des clients qui vont apprécier ce que je leur propose et dont je serai heureuse et fière que ces personnes-là l'apprécient. Quant à Seth Godin, il conseille d'avoir de l'estime pour ses clients, et que nos clients aient de l'estime pour nous. Ces deux conseils sont parmi les plus précieux que j'ai reçus ; car lorsqu'il s'agit de faire quelque chose que j'aime avec quelqu'un que j'apprécie, je suis très motivée pour vendre ! et pour ensuite délivrer mon produit ou mon service !

VENDRE C'EST CRÉER UN SENTIMENT D'URGENCE SANS PARAITRE AUX ABOIS

Chine Lanzmann m'a aussi appris un point passionnant : pour donner envie, je dois à la fois avoir envie de vendre mon produit ou mon service, et de travailler avec le ou la cliente ; et à la fois, ne pas avoir « trop » envie. Une approche paradoxale : dire assez tôt dans le processus, tout ce que notre service ou produit n'est pas et ne fait pas ; et à qui ce produit s'adresse et à qui il ne s'adresse pas.

41. Littéralement, « possède tes erreurs » – ou plutôt, assume les.

Ces précautions permettent d'éviter les mauvaises surprises et les erreurs de *casting* ; eh oui, un client et son prestataire se recrutent mutuellement ; et je te promets que tu n'as pas envie de travailler avec un client mécontent ou qui n'obtient pas ce qu'il était venu chercher. Chine m'a appris aussi à faire baisser les attentes des clients « Je vais faire de mon mieux pour t'aider, et je n'ai pas de baguette magique », nous répétait-elle souvent. De mon côté, lorsque je vends un programme de formation à distance, je précise notamment qu'il ne s'agit pas d'un coaching individuel.

L'autre point que j'ai appris, est que pour vendre un produit ou service, la notion de rareté est utile. *Space is limited, and we have room for you*, dit Seth Godin. Par exemple, j'ai essayé de vendre avec et sans date butoir « Au-delà de cette date, tu ne peux plus acheter » – et la vente est plus facile, sereine et efficace bref ça marche carrément mieux avec une date butoir. Lorsque je lance un programme de formation, je propose systématiquement un tarif *Early Bird* : le tarif normal est de tant, et si tu souscris au programme avant telle date, le tarif est beaucoup moins cher. J'ai essayé de vendre sans tarif *Early Bird*. Les clientes hésitent jusqu'à la veille et jusqu'à la veille, je ne sais pas si mon programme va avoir des clientes ou pas. C'est compliqué de se motiver à travailler sans savoir si je vais vendre.

J'en conclus que c'est aidant pour mes clientes d'avoir ce tarif *Early Bird* – de payer moins cher que le prix affiché. Le sentiment « d'urgence », de disponibilité limitée en termes de places ou de temps, aide à prendre la décision d'acheter.

N'AIE PAS PEUR DE RÉPÉTER TON MESSAGE

Il y a deux semaines, Nicolas et moi avons participé à des oraux d'entrainement dans l'école de notre fille cadette ; il s'agissait d'entrainer une promotion d'étudiants de prépa en vue des oraux des écoles de commerce et de management. Nous avions prévu de le faire ; nous étions intéressés pour nous-mêmes, pour rendre service à l'école et pour tuyauter notre fille sur les forces et faiblesses des étudiants en entretien. Nous étions motivés ! Alors que nous nous étions dit *On le fait*, il a néanmoins fallu que la responsable de la vie scolaire nous envoie 4 mails, ou peut-être 5, pour que je me décide enfin à nous inscrire. Souvent, j'ai peur de déranger en répétant mes messages. « Je vais souler les

école de vente
Allez, on ne traîne pas !

gens ». Mais si une décision se prend parfois dès la première sollicitation, on a besoin d'y réfléchir, de laisser l'info pénétrer dans notre cortex au milieu de dizaines de milliers d'autres ; et la décision et le passage à l'action sont deux moments distincts.

Seth Godin, toujours lui, énonce cette loi du marketing « En moyenne les personnes ont besoin d'être exposés 7 fois à un message avant de passer à l'action ». Et pour que mon prospect soit exposé à mon message - avec les algorithmes des réseaux sociaux, qui ne passent pas toujours le message justement - ça fait pas mal d'émissions nécessaires ! *N'hésite pas à te répéter*, conseillent les marketeux. D'ailleurs, je ne suis pas obligée d'utiliser toujours le même argument. Je peux utiliser plein d'arguments différents - parce qu'il y a plusieurs raisons d'acheter mon service ou mon produit. C'est justement mon job : trouver ces bonnes raisons pour mon client #1, les formuler dans un langage qui lui parle, et de ne pas hésiter à les répéter.

Et oui, c'est du boulot ! Et quel boulot intéressant, non, d'attirer les bonnes personnes pour leur proposer un produit ou un service qui a du sens pour nous ! et qui va les aider, ces personnes, à progresser dans une situation qui leur importe.

Que faire les jours où je ne facture pas mes clients ?

Idéalement, on passerait notre temps de travail à facturer à nos clients ! ou à « travailler de manière productive » pour notre employeur... Dans la réalité, on n'a pas des clients tous les jours, ou toute la journée. Dans la réalité, ce n'est pas une bonne idée de consacrer 100 % de son temps de travail à produire. Car il y a ce que l'écrivain américain Steven Covey appelle le ratio « production / capacité de production ». Ce ratio signifie que si je veux être en mesure de produire du travail de qualité, je dois tenir ma machine en bon état. Ma machine, ça peut être tous mes outils concrets - mon ordinateur propre et sans virus, ma voiture propre et en état de marche, avec le plein d'essence, les roues gonflées et les freins vérifiés de mon vélo, de l'encre dans mon imprimante... Et moi-même, comment faire en sorte d'être en bon état pour travailler ?

J'ai peut-être besoin de me former, d'apprendre quelque chose que je ne sais pas, d'acquérir une nouvelle compétence pour atteindre mes objectifs. J'ai peut-être besoin d'aller rencontrer des nouvelles personnes ! De choper de nouvelles idées ! d'aller tâter le marché, de me rendre visible, en me rendant par exemple à un « évènement réseau ». J'ai peut-être besoin d'aller me nourrir l'œil, le cœur, la motivation en faisant quelque chose qui m'amuse et me stimule. Ces activités ou démarches entretiennent ma motivation et m'aident à progresser.

L'autre manière d'utiliser son temps les jours ou les heures où on ne produit pas de travail facturé, c'est en travaillant à notre marketing.

- Comment pourrais-je améliorer mon pitch ?
- À quel client pourrais-je demander un témoignage ?
- Quel post pourrais-je poster sur les réseaux sociaux ?
- Quel produit ou service pourrais-je développer ? ou améliorer ?
- Quel *goodie* gratuit pourrais-je imaginer ?

À quel évènement réseau pourrais-je me rendre ?

Quel client ou ancien client pourrais-je interroger pour savoir ce dont il ou elle a besoin ? et ses idées pour améliorer mon offre ?

Ça ne veut pas dire que je vais y passer tout mon temps ! ça veut dire, y consacrer le temps que je décide ; ça veut dire aussi, utiliser ce temps parfois frustrant où on attend le client, pour aller le chercher.

UNE DERNIÈRE CHOSE

Un dernier point que souligne Seth Godin : nos prospects et clients ne vivent pas sur une île déserte. Ils ont un patron, un conjoint, des enfants, des parents, une meilleure amie... Que va dire mon client aux personnes qui comptent pour lui, au sujet de son achat ? Notre communication à son égard doit lui parler à lui, et aussi lui donner des billes pour communiquer auprès de ses parties prenantes les plus importantes. Qui idéalement lui diront « Tu as bien fait de dépenser cet argent ».

Et toi, ma lectrice ?

Qu'as-tu appris, au fil des années, au sujet de la vente ?

Prends ton cahier, et complète les phrases suivantes :

✓ Un bon conseil qu'on m'a donné pour vendre, c'est...

✓ Une chose que l'expérience m'a appris au sujet de la vente, c'est...

✓ Une chose que je pourrais faire pour vendre mieux, c'est...

J'ai l'impression de vraiment commencer à bien me connaître. Je sais quel type de maman je suis, quelles sont mes forces ; je sais aussi où sont mes limites et ce que je suis prête à compromettre ou pas

Entretien avec Estelle Tracy, *Chocolate* sommelier !

Estelle et moi nous parlons au téléphone – pour elle, c'est le matin à Philadelphie, et pour moi, l'après-midi à Malakoff. Nous nous sommes rencontrées via nos blogs respectifs, en 2004 ou 2005, enfin, ça remonte. Le sien, nommé Le hamburger et le croissant, traite principalement du choc culturel d'une expatriée aux États-Unis pour raisons d'études d'abord, puis d'amour ensuite (Estelle est mariée à Jonathan, un Américain) – sous l'angle culinaire. Elle partageait des recettes super bonnes, et a écrit notamment le Guide de survie alimentaire aux États-Unis – car quand on est habitué pour cuisiner à un certain type et une certaine qualité de produits de base, ça demande de la souplesse et de l'ingéniosité pour remplacer « les absents ». Ce que j'admire et aime chez Estelle, c'est sa générosité, son franc parler et son énergie. Elle donne l'impression que, quoi qu'elle entreprenne, elle va le réussir. C'est pour cela que je n'ai pas eu beaucoup de doutes quand elle m'a annoncé son projet de quitter le salariat pour devenir Chocolate Sommelier ! Estelle est plus jeune que moi d'un an ou deux, elle fait donc partie des nouvelles entrantes dans le middle age. J'admire cependant tellement son spécial mix de sagesse et de dynamisme, que j'avais très envie de connaître sa position (et recevoir un peu de sa fameuse sagesse) sur notre âge.

« Au moment où on se parle, deux fortes tempêtes nous ont ôté le courant : on est habitués ! Toute la région se retrouve à la bibliothèque ou au Starbucks. Le vrai changement dans ma vie en ce moment, c'est que Jonathan, mon mari, a été licencié le 3 janvier. Il n'était plus en phase avec son boulot – il est prêt à passer à autre chose. Mais en attendant, il s'occupe de tout ! J'ai l'impression d'avoir récupéré une nounou ; ce qui me rallonge la journée de travail de manière drastique, parce qu'ici, à 14h30, le lycée c'est fini. Ce sont des **first world problems*****, et je suis contente d'avoir le temps de travailler en sachant que Jonathan s'occupe des filles (on en a deux).***
Février est un gros mois pour moi. Je vais pouvoir y aller à fond les ballons. Alors, mon travail tu veux que je t'explique ? En anglais on dit **Chocolate sommelier** ***: j'organise des ateliers de dégustation de chocolat fin :*** **des talks,**

des ateliers d'une heure sur l'histoire du chocolat et la science du goût. Ces ateliers ont lieu en présentiel et sur Zoom. Les ateliers sur Zoom sont principalement destinés à des entreprises de la tech – je me déplace rarement au-delà d'une heure de route de la maison. Quant aux ateliers en présentiel, je les anime dans des maisons de retraite – enfin, ces endroits n'ont pas grand-chose à voir avec ce que l'on connait en France, ce sont plutôt des communautés pour retraités qui ont les moyens ! Ceux que je rencontre continuent d'apprendre ; je leur fais par exemple une présentation sur l'histoire, la culture, la production du chocolat ; ou je parle avec eux de chimie et génétique, avec l'angle « pourquoi certaines personnes n'aiment pas le chocolat noir ? » (C'est lié à une prédisposition génétique.

Ma proposition est très expérientielle. Lorsque je me déplace, j'apporte des tablettes avec moi, et lorsque les ateliers sont sur Zoom, je les envoie aux participants à l'avance. Après notre entretien je vais à la poste pour poster des kits de dégustation de chocolat, 3 tablettes par personne.

En général, je facture mon temps et un produit. À mon catalogue, il y a des ateliers de chocolat classique ; des ateliers de chocolat avec le vin ; et quelques présentations sans chocolat à déguster – en fonction du budget du client. Et puis il y a des clients qui ne vont pas se contenter d'un webinaire – ils vont avoir envie de quelque chose de très personnalisé, en fonction d'un évènement dans leur entreprise. La valeur que je propose réside énormément dans la personnalisation du thème de l'atelier par rapport à la problématique de l'entreprise du moment. Par exemple, une de mes clientes va faire une présentation dans son entreprise, sur le thème things are not always what they seem *- les choses ne sont pas toujours ce qu'elles semblent ; c'est une entreprise de cyber-sécurité et la présentation du jour porte sur le thème des vols d'identité sur internet. Pour clôturer cet évènement avec mon atelier, les tablettes que j'utilise vont ressembler à un chocolat au lait alors que ce sera du chocolat noir ; une autre aura une texture de cookie et une troisième tablette aura des notes très prononcées de noix de coco -sans noix de coco dans sa composition.*

Un autre client vient juste de sortir d'une grève historique ; pour concevoir l'atelier, on a tapé à fond dans la nostalgie : une manière de resserrer les liens. Ma sélection de tablettes a été inspirée par des chocolats de notre enfance : le produit crunch *en mieux, et l'After Eight.*

C'est très stimulant de chercher des ponts entre la problématique du moment de l'entreprise, et d'angler ma démonstration avec le thème de la présentation du client.

Comment je trouve mes clients ? Je suis au stade où la diversification, c'est la vie ! En décembre 2022, j'ai fait 1/3 du chiffre d'affaires de décembre 2021 (j'avais de nombreux clients dans la tech ; je faisais très peu de prospection ; et le secteur s'est fortement infléchi. J'ai multiplié les canaux de vente et de prospection, avec les agences d'évènementiels, j'envoie aussi des cold e-mails aux maisons de retraite (je leur écris sans les connaître) ; et puis des gens me trouvent sur Google par mon site web ; et puis quand même il y a le bouche à oreilles : je fais une présentation pour une équipe de Starbucks, un monsieur en parle à sa femme et un hôpital d'Oregon me réclame la présentation ! Un autre canal qui m'a apporté du business est que je dis oui à l'international. Mes clients sont au Portugal, en Argentine ? Avec Zoom, pas de problème. Et puis je vise à nouer des liens sur le long terme. J'ai besoin de tous les types de clients et d'apport de business, et ce qui paye mes factures ce sont les clients entreprises en direct.

Quant à mes clients les plus fun, ce sont les maisons de retraite. Les retraités qui assistent à mes ateliers n'ont plus rien à prouver. Tout le monde vit sa best life ! Et puis ils sont curieux et affûtés - les questions les plus difficiles, je les ai eues de la part des collaborateurs de Google ou dans les maisons de retraite ! Ça me pousse à continuer d'apprendre. Avant un atelier sur un sujet donné, je révise ! Oui vraiment, ce qu'il y a de commun dans toutes les maisons de retraite où j'interviens, c'est que la stimulation intellectuelle est énorme.

J'ai pu me créer ce travail parce que c'est possible aux États-Unis. Premièrement, il y a de l'argent – notamment dans les entreprises, les maisons de retraite… Et puis, il y a une ouverture aux nouvelles manières de faire les choses, c'est un pays gigantesque qui nous force à prendre de nouvelles habitudes. Je n'ai pas besoin d'avoir une boutique physique, par exemple. Je ne pourrai jamais facturer les mêmes sommes en France.

Comment je fixe mes prix ? Au début je travaillais surtout avec des agences ; quand j'ai pris un peu confiance en moi et que j'ai vu le prix que les clients étaient prêts à payer aux agences - j'ai fixé les mêmes prix lorsque je suis passée en direct ! Le problème d'être dépendante de la tech, est que c'est une industrie très volatile ; depuis décembre 2022, il y a des vagues de

licenciement… les maisons de retraite sont stables ; avec les agences, la relation est très transactionnelle, je te donne de l'argent, je récupère un service et bye bye. C'est bien pour les factures mais ça ne nourrit pas l'âme. C'est là où c'est hyper important de connaître mon why – la raison pour laquelle je fais ce métier, c'est the joy to share the stories and flavour of craft chocolate - la joie de partager les histoires et la saveur du chocolat de spécialité.
Ma cliente idéale est une femme, smart and kind, maline et sympa. Elle a du pouvoir dans son entreprise et fait preuve d'empathie et de compassion envers ses équipes. Elle comprend que ce que je vends, c'est plus que du chocolat : c'est un évènement avec le chocolat au centre, mon rôle c'est entertain with chocolate - distraire, et instruire, et relier, par le moyen du chocolat. Je vais utiliser certaines tablettes pour provoquer certaines émotions. Pour un évènement réussi, j'ai besoin de connaître mon client et de bien comprendre son contexte et ses objectifs. Oui, je propose une émotion et de la culture générale sur le chocolat. Je ne suis pas un gourou de quoi que ce soit d'autre !

En 2015 j'ai quitté mon corporate job et j'ai commencé mon exploration du chocolat ; chaque année, j'ajoute des propositions à mon catalogue. Je n'ai jamais regretté cette décision. Quand j'ai une mauvaise journée, je pense à l'alternative ; il suffit que je me souvienne de ce que j'ai quitté, ça me remet les idées en place. Une journée frustrante au travail, c'est un jour où il pleut et pour aller poster mes paquets de chocolat, je dois protéger les paquets de l'eau ! Oui c'est vrai qu'à 14h30, je me retrouve avec les enfants qui sortent de l'école. Mais rien à voir avec le toxic bullshit de la grande entreprise, tous les commérages et le reste. Je suis devenue un free spirit !
Ma prochaine étape, ça va être de me diversifier. Le chocolat est très saisonnier – c'est plutôt un produit d'hiver. Bon, j'ai appris à dompter cet emploi du temps ! En juin je suis en France, et en juillet août, mon emploi du temps est super cool. Et j'ai quand même envie de me diversifier. J'ai une communauté sur Facebook qui me suit, j'ai commencé à offrir des vidéos répondant à des questions simples, « comment tu fais pour savoir quoi dire dans une présentation », « comment tu fixes tes prix », par exemple. De ces vidéos, j'ai tiré une masterclass que je ne vends pas très cher à des entrepreneurs. Bon, je les ai montées à partir d'un enregistrement d'Instagram live. Je l'ai enregistré, je l'ai vendu ! Je prévois de réenregistrer ces vidéos, d'augmenter le prix que je demande afin de partager comment j'en suis arrivée là avec d'autres

personnes ; j'ai bien exploré avec mon offre pas très chère, à présent je vais professionnaliser cet aspect de conseil et partage.

J'ai appris ça, je veux le transmettre.

Je suis contente de cet âge qui arrive pour moi, le middle age. J'ai l'impression de vraiment commencer à bien me connaître. Je sais quel type de maman je suis, quelles sont mes forces ; je sais aussi où sont mes limites et ce que je suis prête à compromettre ou pas ; cette ligne-là, je l'ai définie autour de la quarantaine. J'ai de la chance d'avoir trouvé cet équilibre sans devenir un bulldozer qui écrase les autres. J'ai l'opportunité de faire entendre ma voix, de dire « c'est ça que j'ai vécu, ça que j'ai envie de dire, c'est ça mon opinion.»

Et oui, je ressens les premières manifestations de la périménopause. J'ai pris 15 kilos, j'ai aussi un syndrôme prémenstruel carabiné – et maintenant je sais ce qui m'arrive. Ces jours-là, juste avant mes règles, si je ressens de la colère ou si je me sens vulnérable, je vais ressentir les émotions fois 10. Du coup j'ai appris à me reposer. Je prends de vrais week-ends, des week-ends où je repose ma créativité ; parce que ça demande de beaucoup inventer et réfléchir, mon travail ! Pendant le week-end, je lis, j'en fais le minimum syndical, repos. Ça ne coûte rien de se reposer – juste, me l'autoriser. Je vois vraiment la différence quand je prends soin de moi. À un moment je me suis demandé, Jusqu'où tu vas dans la course en avant ? c'est assez ce que j'ai. Ça c'est bon, je n'ai pas besoin d'aller plus loin. Je peux m'occuper d'autres domaines de ma vie que, progresser, progresser, progresser. Aujourd'hui, mes filles ont grandi, on fait plein de choses ensemble. Je me prends un vrai été de trois mois (je travaille un peu, de la maintenance, de la veille, des rencontres, une heure par jour) ; on va aller à la plage... C'est drôlement sympa ! je suis dehors tout le temps, sous mon chêne, sur la chaise longue à lire des bouquins ; je peux aussi faire de la route, prendre le train pour aller rencontrer des partenaires. À la fin de l'été dernier, je me sentais tellement heureuse, j'ai eu un vrai été et je ne me souviens pas la dernière fois où j'ai eu ça. Je ne compte pas prendre ma retraite. J'aime et j'ai besoin de me reposer... Un peu. Mais quand je ne travaille pas du tout pendant trop longtemps, je dépéris ! On peut faire ce qu'on veut quand on est freelance. On peut diminuer sans jamais arrêter. On a la chance d'avoir un travail accordéon. Et puis j'ai rencontré dans mon secteur, des professionnels qui ne s'arrêtent pas, des personnes qui continuent de tracer leur sillon – des gens géniaux qui donnent des coups de pouce. L'un de mes nouveaux role models, c'est Bruce. Il a 78 ans et il continue d'apprendre et de développer son business dans le domaine du chocolat. Il sait accueillir les nouveaux – il m'a prise sous son aile !

Et à mon tour, les nouveaux qui se lancent dans le secteur me demandent des conseils et me donnent de fait, l'autorité d'une « sage ». J'aime échanger avec eux, ça permet de modeler le futur de l'industrie. J'ai envie de les accueillir. Nos marchés ne sont pas en compétition, on n'a pas les mêmes réseaux, pas la même histoire, pas le même terreau géographique. Quand tu transmets, tu te positionnes en leader. C'est hyper stratégique.

Un conseil que je pourrais donner à une personne qui aborde cette période de sa vie ?

Si c'est une femme... renseigne-toi sur la ménopause et périménopause ; et notamment, sur les conséquences des changements hormonaux. Une fois que tu sais et que tu adaptes ton rythme, ça va beaucoup mieux.

Avec cet âge, il y a aussi un côté « c'est maintenant ou jamais » ; on a la chance d'avoir suffisamment d'expérience et de sagesse, et d'être encore assez en forme pour faire plein de trucs. Faut en profiter, profiter de mieux se connaître pour assumer ses choix. Ça peut vraiment être une super période. Ce n'est que le début, le fun commence. Tu as la confiance, si tu as pu mettre un peu d'argent de côté, tu as une forme de stabilité financière, profites-en. Tu pensais que 20 ou 30 ans c'était fun, mais tu n'as encore rien vu. Convergence de sagesse, d'expérience ou de confiance en toi. Profites-en !

Estelle ! ton énergie me fait du bien ! Ton écologie de vie aussi. À t'écouter et te regarder vivre de loin, tu sembles avoir trouvé l'équilibre entre donner à tes pairs ; facturer (cher) un super produit ; diversifier tes sources de clientèle. Ton alchimie personnelle est à la fois très élaborée, et évidente – éminemment personnelle en tout cas.

CE N'EST PAS PARCE QUE JE SAIS ÉCRIRE, QUE MON ÉCRITURE FAIT VENDRE

« Ce n'est pas une *fatalité*. »

ANDRÉ DE CHATEAUVIEUX

Mars 2020, premier confinement, tout s'est arrêté – en tout cas pour moi. Le livre que je venais d'écrire, *Changer avec le kaizen* est sorti en librairie le 13 février – bien joué ! Je n'ai pas encore commencé à coacher mes clientes au téléphone (comment ai-je pu attendre si longtemps avant de coacher mes clientes au téléphone ! moi qui aime ***tant*** le téléphone !) Et les formations par Zoom ou à distance ne sont pas encore entrées dans ma pratique. Le point mort, professionnellement. Je mets à profit cette liberté pour faire tout un tas de trucs passionnants – notamment en publiant sur mon blog maviesansmoi.com des chroniques de la corona, sur le thème « comment puis-je être utile ? ».[42] Au bout d'un mois, cependant, une publicité de Marie Forleo sur « comment vendre avec son écriture » me mène à penser : *ça tombe bien, j'ai du temps pas trop d'argent, mais il est possible de payer la formation en plusieurs fois – je décide alors que le moment est venu d'apprendre à vendre avec mon écriture.*

42. Si lire ces chroniques t'intéressent, tu peux googler « maviesanmoi et chroniques du corona » : tu vas tomber dessus !

SAVOIR ÉCRIRE ET SAVOIR VENDRE AVEC SON ÉCRITURE NE SONT PAS LA MÊME COMPÉTENCE

Le premier conseil que je donne aux personnes chargées de vendre, et qui veulent communiquer sur leurs produits ou services *via* les réseaux sociaux ou une *newsletter*, c'est de se former au *copyrighting* - vendre avec « sa copie », utiliser les mots pour toucher et donner confiance à ses futurs clients. Pourquoi ? Parce que je mesure l'arrogance dont nous faison preuve nous, les « doués avec les mots » - nous croyons que nous savons faire, que nous n'avons pas besoin d'apprendre à vendre avec les mots. Or, savoir raconter des histoires, trouver les mots qui s'aiment, c'est l'une des composantes nécessaires de la vente, mais pas suffisante et loin de l'être. J'ai commencé *le business* à mon compte en mars 2001 ; j'ai attendu mai 2020 - 19 ans ! pour me former au *copyrighting*. Quel manque de discernement - de croire que savoir écrire me dispensait d'apprendre à vendre avec mon écriture. Écrire, cela demande de savoir raconter des histoires, rendre une ambiance, faire des ellipses, créer des mondes...

Vendre avec son écriture, cela demande de se brancher « à fond » sur la personne à qui je désire vendre - écrire « pour elle ». Cela demande aussi, ainsi l'ai-je appris lors de la formation suivie en avril-mai 2020 et depuis, « un travail de fourmi » qui n'enlève pas sa part à la virtuosité mais - faut y mettre de l'huile de coude. Cela demande aussi de l'imagination, de l'empathie, et de la constance - je ne vais pas communiquer une fois mais plein de fois, concevoir autant de messages qu'il le faut pour vendre mon produit ou créer une présence à l'esprit. Il y a des jaillissement comme dans l'écriture « habituelle », mais il y a aussi « de la mécanique », de la rigueur, du *brainstorming*, de la répétition... C'est un travail très différent.

CRÉER SON AUDIENCE

Marie Forléo raconte que ses meilleurs alliés, au début de son entreprise, ont été son *legal pad*, son stylo et son bloc ligné jaune sur lequel elle demandait aux gens qu'elle croisait dans toutes les circonstances, de lui donner leur adresse e-mail. C'est ainsi qu'elle a constitué au fil des années (elle a ensuite utilisé des moyens plus modernes) une liste de contacts qui sont d'accord pour recevoir ses messages par mail. J'ai reçu pendant des années cette lettre, puis je me suis désabonnée - il arrive que l'on se lasse d'une voix, orale ou écrite. J'ai regardé presque tous les épisodes de Marie TV, jusqu'au moment où elle est passée aussi au podcast - l'audio, c'est plus ma came. Je continue à la suivre assidument sur les réseaux sociaux, de même que j'ai plaisir à écouter un épisode sur deux de son podcast. Je n'ai en revanche aucune patience pour les personnes qui m'insèrent d'emblée dans leur liste de diffusion. Et oui, ça s'appelle du *spam* - une personne a récupéré mon adresse e-mail et n'a pas fait l'effort de me donner l'envie de m'inscrire par moi-même à sa lettre : je me désinscris *illico*.

Oui, ça demande du travail de susciter l'attention et le désir, même pour un contenu gratuit. J'écris pour ma part une lettre mail depuis 2008 ou 2009, avec des interruptions et des changements de formules et d'objet et de nom. Aujourd'hui, elle s'appelle *Plenty of paper* et s'adresse à 688 personnes, toutes « volontaires ». Parmi ces personnes, il y a ma mère, des lectrices de mon blog, des amis de longue date, l'ex de mon ex, l'ancienne *babysitter* de mes filles, ma voisine, des anciennes clientes, des nouvelles clientes... et des tonnes d'inconnus ! Enfin, des tonnes, dans la limite de 688 personnes, ce qui est une toute petite liste comparée aux « mastodontes » américains et même comparé à mes copines françaises. Bon. Je ne me désespère par car ma liste a un taux d'ouverture de 70 % et un taux de clics de 15 %. Ça veut dire que les lecteurs... la lisent et en reveulent. De quoi elle parle cette lettre ? d'abondance, d'exploration. Et elle pose des questions. Et elle donne accès à des ressources en anglais et en français. Oui, un peu comme ce livre !

COMMENT DÉVELOPPER SON AUDIENCE

Comment développer l'audience de ma lettre hebdo ? La question est d'abord : pourquoi. Je me suis aperçue que la lettre est un super lieu de démonstration de « qui je suis, comment je travaille » - même quand je n'ai rien à vendre. Elle crée une intimité avec le lecteur, la lectrice, un lien de gratitude mutuelle : la personne est reconnaissante que je lui écrive et lui offre des ressources, des questionnements, des idées, un « déplacement » ; et moi, je suis reconnaissante d'avoir une audience intéressée, et d'avoir des prospects pour mes futures propositions. En dehors même de l'aspect « prospection », je suis heureuse de partager mes trouvailles, certaines de mes réflexions et questionnements et faire connaître tel livre, tel podcast, tel blog ou compte Instagram.

PARTAGER MES ÉMERVEILLEMENTS

C'est aussi, l'écriture de cette lettre : un espace-temps de structuration de ma semaine. À plusieurs reprises, j'ai fait une pause (vacances, fatigue, autre chose d'important à écrire, genre, ce livre - je suis en pause de lettres cette semaine pour le terminer, justement) - et j'ai vu à quel point au moins dans les premiers jours, ce rendez-vous du vendredi (j'écris le vendredi) me manque. Car (même sans m'en rendre compte) je passe la semaine à noter des bouts de phrases, prendre des notes quand je lis tel ou tel article, écoute tel podcast, en vue de les partager peut-être dans la lettre du vendredi. Comme un oiseau prépare son nid, j'accumule du matériau et me laisse la liberté de l'utiliser ou pas. Mais si je ne construis plus de nid... à quoi me sert le matériau accumulé ? Et si je n'accumule plus de matériau , alors je fais quoi ?

J'aime partager. La lettre, vecteur d'intelligence et de « voilà le goût que ça peut avoir, de bosser avec moi » ; vecteur de confiance aussi, une confiance qui se mérite et peut prendre du temps à s'installer. Tous les cas de figure se rencontrent : certaines de mes clientes le sont devenues dès leur première lecture ; d'autres personnes, qui me lisent depuis 20 ans, n'ont pas franchi le pas de devenir des clientes, et ne le deviendront peut-être jamais. Les jours où ça m'énerve, je songe aux 11 ans qu'il m'a fallu avant de devenir cliente de Marie Forléo, 11 ans pendant lesquels j'ai « gobé » sa Marie TV, gratuitement. Et puis - j'aime partager.

DONC, COMMENT DÉVELOPPER SON AUDIENCE ?

Comment donner aux gens envie de me lire, et peut-être, ensuite, d'avoir recours à mes services ? Voilà les stratégies que j'utilise et qui ont porté leurs fruits. Enfin, des fruits relatifs - mais l'important est de se sentir progresser. La stratégie que je préfère et qui me semble fonctionner le mieux, c'est la stratégie « j'en veux plus ». Je donne une conférence ou un atelier sur un sujet... Je propose à la fin, « si vous voulez rester en contact, donnez-moi

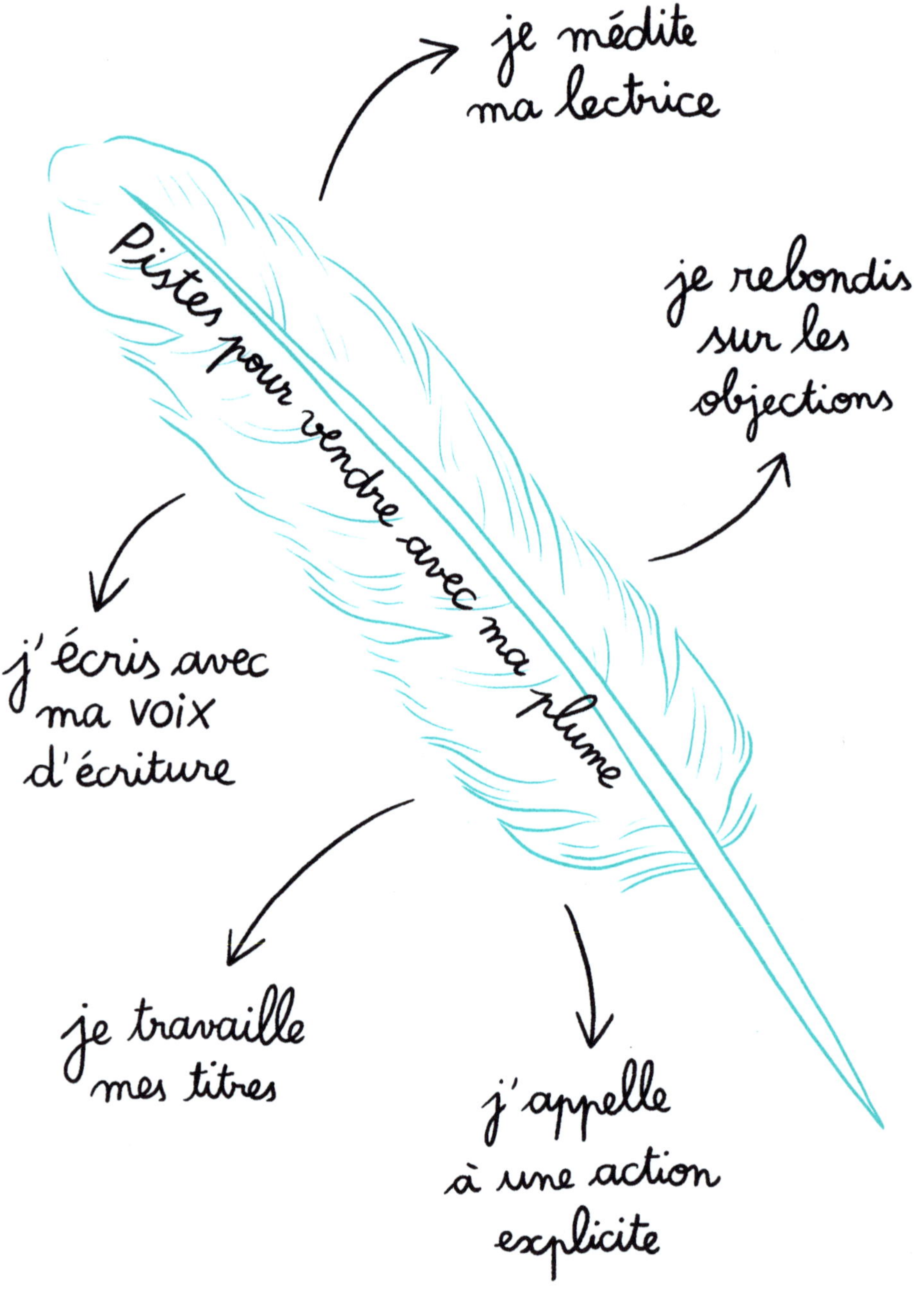
Pistes pour vendre avec ma plume
je médite ma lectrice
je rebondis sur les objections
j'écris avec ma VOIX d'écriture
je travaille mes titres
j'appelle à une action explicite

votre adresse e-mail et vous pourrez recevoir la *newsletter* hebdo où je parle de sujets connexes à celui que nous avons abordé ». *Idem*, j'ai un blog et un compte Instagram, et je dis de temps en temps « si vous aimez ce contenu, abonnez-vous à ma *newsletter*, ça ressemble-mais-c'est-différent » (ce qui est vrai ! le ton de ma newsletter est un ton « bien à lui »).

Une autre stratégie que j'utilise, c'est celle du goodie, à la fin d'une conférence ou sur mon compte Instagram. Je propose quelque chose de facile à partager, par exemple une bibliographie, et je propose aux gens de la leur envoyer par e-mail – dans la foulée, je propose de s'abonner à la newsletter et les gens la demandent la plupart du temps. (Le fait de demander le goodie n'abonne pas les personnes d'emblée à ma newsletter ; je désire qu'elles en fassent la demande spécifique). Une autre manière trop chouette de développer son audience... est qu'une personne qui a beaucoup plus d'audience, nous donne une tribune ou parle de moi avec le lien facile pour s'abonner. Et bon, il faut trouver la personne qui a une audience et envie de parler de ma lettre.

Une autre manière est de solliciter des témoignages aux personnes qui me lisent – et de publier ces témoignages. Une autre encore est de mettre un lien sur la home page et la page « about » de mon blog ; et aussi, un lien avec une petite phrase à la fin de mes e-mails. Aussi, avant d'envoyer une lettre, il m'arrive de poster une image sur Instagram en disant « elle part ». Et je fais mieux encore depuis que je communique avec l'angle « en quoi elle t'accompagne, toi, lectrice ou lecteur » – chose que j'ai pu faire en demandant à mes lectrices et lecteurs « qu'est-ce que vous lui trouvez à ma lettre ? » *What does that do to me ?* Qu'est-ce que je vais y trouver ? Du point de vue du lecteur ou de la lectrice : c'est vraiment l'angle à toujours, toujours utiliser.

Plenty of paper favorise la transition entre la semaine et le week-end ; elle m'aide au changement de rythme. « Plenty of papers est invitation à sortir de ma routine, une stimulation intellectuelle ». « Que de questions dans ta lettre, c'est cela qui fait sa valeur, c'est ton talent à faire naître des questionnements en moi, et donc à faire apparaître des réponses, car oui, sans toi je ne me serai jamais posé ces questions et serai donc passée à côté de tant de belles choses... ». Voilà des vrais phrases de lectrices, et des angles que je peux utiliser pour communiquer – ceux-là plus ceux que je trouve moi-même ; mais en essayant de ne pas perdre de vue que ce qui donne envie, ce qui fait la valeur de ma lettre du point de vue de l'interlocuteur. Je veux que toujours il se sente compris, concerné, pris en compte.

C'est un boulot en soi, de développer l'audience de sa newsletter. Mon objectif est d'y consacrer 10 minutes par jour, tous les jours – dans la réalité, j'ai plutôt des jours où j'y consacre une heure, et des jours où je ne fais rien, en fonction des idées qui me viennent et de l'énergie que j'ai.

Toi aussi, ma lectrice ?

Tu veux recevoir Plenty pf paper ? Le plus simple est de t'y inscrire via le lien qui se trouve dans la bio de mon compte Instagram : _ch_ri_st_ie_ (Ben quoi, 10 minutes par jour pour développer l'audience de ma newsletter on a dit !).

LA PUISSANCE D'UN BON TITRE

Une chose que j'ai retenue de la formation de Marie Forléo sur le *copywriting*, c'est l'importance de choisir mes objets de mails et de les travailler. Ce sont eux qui donnent envie, ou pas, d'entrer dans le texte - eux qui font que mon lecteur va se sentir attrapé par la manche. Marie recommande de *brainstormer* au moins 25 titres par *newsletter* ou par page de vente[43]. J'arrive rarement à ce chiffre - et c'est hyper précieux d'avoir une base de titres, d'objets, de sous-titres à ma disposition. Quand je suis en forme, je *brainstorme* - et quand j'ai un peu moins de jus, je pioche dans ma base de titres et j'en prends un tel quel ou je l'adapte. Et bim.

LA SINCÉRITÉ ET LE NATUREL

Même si une lettre doit s'adresser à un lecteur et lui parler de lui et de sujets qui le touchent, elle doit aussi refléter ma propre voix, mes centres d'intérêt et ma personnalité. Je ne dis pas que je vais être complètement authentique - je n'écris pas à mon thérapeute ou à ma meilleure copine ; quoique, pour la copine : l'idée d'une page de *copywriting* est d'être reconnue et que la personne en face ait l'impression que je lui écris à elle - ce qui est le cas. Je remplace le plus possible les adjectifs par des images ; je parle de là où j'en suis ce jour-ci. Un peu comme j'essaie de faire dans ce livre que j'écris pour toi.

LA MAGIE DU CTA – LE *CALL TO ACTION*

Un autre truc très utile que j'ai appris avec cette formation de Marie Forleo, et que j'applique depuis, c'est le *call to action* - l'appel à l'action en fin de chaque communication. Tu as attiré l'attention de ton lecteur ou ta lectrice sur un sujet - que veux-tu qu'il fasse de cette information ?

- « S'il vous plait achetez mon produit ! »

43. Une page de vente c'est la page internet créée et conçue pour présenter un service ou un produit. Normalement dessus y'a suffisamment d'informations pour permettre aux personnes intéressées de comprendre si c'est fait pour elles ou pas, combien ça coûte, quand ça commence, à quels objectifs ça répond.

- « Qu'en pensez-vous ? »
- « Avez-vous une expérience similaire ? »
- « Me donneriez-vous du *feedback* ? »
- « Et toi, ça t'arrive ? »
- « Et toi, qu'est-ce qui… ? »

Que la personne me réponde ou pas, si je formule une question ou une demande – un appel à l'action – je la mets en mouvement intérieurement et lui permets de nouer le dialogue avec moi. Avec l'appel à l'action, tu entres dans le dialogue avec ton lecteur. Tu le rassures aussi, en lui donnant sa place dans ton système. « Ton avis / ton retour / ton *feedback* / ton ressenti m'intéresse. Oui, ta participation éventuelle à l'un de mes prochains programmes m'intéresse aussi ! Mais ce n'est pas juste un intérêt commercial. » Par ailleurs, en plus de guider mon lecteur, le CTA aide à « tirer » le contenu de la page ou de la lettre. Qu'est-ce que je veux que mon lecteur fasse ? C'est la question que je dois me poser en premier, et tout ce qui précède est coloré par cette incitation que j'ai prévu de formuler à la fin de mon message. C'est très rassurant et contenant pour un lecteur de recevoir en conclusion un appel à l'action explicite. Ne t'en prive pas.

MES MEILLEURES AMIES, LES OBJECTIONS

Je suis en train de préparer, enfin, d'imaginer de relancer un programme de formation à distance qui m'enchante et dont l'outil est de poser des intentions. Rien n'est prouvé scientifiquement – et c'est un programme plébiscité par mes clientes et que j'adore animer. Quelle ne fut pas ma joie, l'autre jour, de lire sur Facebook, sous la plume d'une copine, le terme « pensée magique » en parlant de ses intentions à elle. Oh la belle, la merveilleuse objection pour ma collec ! Car oui, je collectionne les objections directes et indirectes (celles que l'on m'adresse directement, celles que je vais chercher en posant des questions et celles que j'attrape au vol comme celle-là, sans parler de celles que j'imagine). Les objections, ce sont des formidables leviers de vente. Quand je formule tout haut une objection que ma cliente pense tout bas, elle se sent comprise ; elle se sent rassurée car « je l'ai vu moi aussi ce truc ». On est sur la même planète. Donc, j'attrape au vol les objections et je vais les chercher, je demande à mes copines, à mes enfants, « d'après toi quelles seraient les objections pour ce produit ? » Trop cher/trop chronophage/trop foufou. Trois objections, ce n'est pas encore assez, je vais partir à la pêche de nouvelles objections qui seront des axes d'argumentation (ou d'évolution de mon produit ou de mon mix marketing). OK, quel est le rationnel derrière les intentions telles que je les pratique et te propose de les pratiquer ? OK, mes prix ont augmenté, ça fait face à quelle réalité ? Et à quelle valeur pour toi le client potentiel ? OK, ça prend du temps, forcément – et où est-ce que ça peut te faire gagner du temps, que vas-tu apprendre qui va te faire gagner du temps lors de ce programme ?

✓ **Tu ne perdras jamais de temps en écoutant un client et en entrant dans ses motivations et dans ses freins – avec bonne foi et sérieux.**

Oh la la ma lectrice ! Ce chapitre est beaucoup trop long ! et j'ai l'impression de n'avoir fait qu'effleurer l'art du *copyrigting*. J'aimerais te proposer d'attraper ton cahier et ton stylo, et de commencer à *brainstormer* pour un titre pour un prochain billet ou texte ou mail à destination de ta ou ton cliente chouchou…

À toi donc !

Mets ton minuteur sur 15 minutes et trouve le plus de titres possible – même des nuls ! on s'en fiche, c'est un **brainstorming**. Écris **tous** les titres qui te passent par la tête. Garde-les bien. C'est à partir d'eux, les mauvais comme les bons, que de nouvelles idées te viendront.

Mon autre conseil, celui que je donne à **toutes** mes clientes qui veulent vendre quelque chose : **forme-toi au copyright marketing** et travaille, travaille, travaille ce domaine. Un produit médiocre bien communiqué a plus d'écho qu'un produit top mal vendu. Ce serait trop dommage que ton produit ou service top n'aient pas l'écho qu'il mérite, parce que tu n'as pas appris à communiquer vis-à-vis de ton audience.

MON CADRE
je le réfléchis
je le communique
je le tiens
je le pose
je le fais évoluer

COMMENT JE CRÉE MON CADRE ?

Chère lectrice, *l'autre jour, j'ai eu affaire à un dilemme devenu familier cette année – arbitrer entre passer un moment avec l'une de mes filles, et un moment « autre » qui a du sens pour moi. Depuis la prime enfance, j'aspire au don d'ubiquité – pouvoir être à plusieurs endroits à la fois. Ma grande fille « Bruxelloise » était à Paris pour quelques jours ; elle rentre à la maison pour déjeuner le seul jour où ma grande amie Salomé est disponible. Je me suis donc demandé « de quoi ai-je le plus besoin ? » J'ai passé cette semaine-là deux beaux moments en tête à tête avec ma fille – avec un pincement de cœur et avec joie aussi, j'ai maintenu le déjeuner avec Salomé. Grand bien m'en a pris, Salomé et moi avons passé un moment empli de confiance et d'amitié et de soutien – et elle m'a posé une question qui m'a illuminée –* ***Comment crées-tu ton cadre ?*** *C'est-à-dire, comment tu définis la manière dont tu vas travailler avec tes clients ?*

C'EST LA BASE, BÉBÉ

Cette question m'avait déjà été posée au tout début de notre relation par Catherine, ma psy – comment tu crées ton cadre avec tes clients ? Cette première fois, je n'avais pas compris... Si aujourd'hui je devais tenter une définition, je dirais que le cadre est l'ensemble des conditions qui vont me permettre d'accomplir mon meilleur travail avec mes clients ; conditions qui vont me protéger, le ou la protéger, et permettre à la relation de prospérer et au travail de s'accomplir ; conditions clairement exposées, dès le début de la relation, et qui vont nous rassurer et nous motiver. Le cadre contraint, et son but est de nous permettre de travailler dans les conditions les plus confortables possible. Les éléments de cadre incluent par exemple (je te présente une liste non exhaustive) :

- Le lieu de la prestation (l'adresse physique, ou si c'est à distance, au téléphone ou en visio – et qui contacte qui) ;
- Le prix de la prestation ;
- Les conditions de règlement (quand la personne me paie-t-elle ; éventuellement, en combien d'échéances) ;
- La durée de la prestation ;
- La nature de la prestation ;
- Ce qui se passe en cas d'annulation ;
- Les prérequis pour que la prestation ait cours ;
- Comment se prennent les rendez-vous ?

Où, quand, combien, comment, quoi, qui… le cadre répond à ces questions.

Au moment où Catherine, ma psy, m'a présenté cette notion pour la première fois, j'ai fait un bond de cabri et lui ai assuré que je ne voulais pas contraindre mes clients avec un cadre. Elle m'a répondu que je n'avais pas le choix – que ce qu'ils achètent, précisément, lesdits clients – c'est le cadre. Au fil de nos séances, bien enveloppée dans le fauteuil blanc de son cabinet, pendant 55 minutes à une heure, toujours à la même adresse et avec un tarif horaire qui en 20 ans a évolué de 80 à 110 euros – réglables en fin de chaque séance, juste avant d'ouvrir mon agenda pour prendre le rendez-vous suivant ; j'ai compris à quel point savoir dans quel terrain je m'avance– l'expression qui me vient est *walk on firm ground* – marcher sur la terre ferme – est précieuse.

Jamais Catherine ne m'a posé un lapin ; les deux fois où elle a dû décaler l'un de nos rendez-vous, elle m'a prévenue plusieurs semaines à l'avance. J'ai toujours pu compter sur elle. Moi qui suis souvent pleine d'incertitudes, tant sur le monde en soi que sur ma propre personnalité, que dans mes relations – ce cadre ferme et contenant a été réparateur. Et en effet, c'est ce que je venais chercher auprès d'elle, même si j'ai mis quelques années à le comprendre. Et peu à peu j'ai compris le besoin de qui que ce soit, de savoir comment ça allait se passer si on travaille ensemble. Et l'immense valeur de préciser certaines choses !

« Tu es toujours à l'heure ». C'est ce que mes clientes me disent. Tes visios commencent à l'heure, terminent à l'heure. Tu es à pile l'heure aux rendez-vous de coaching, et tu les termines à l'heure. Je ne pensais pas que ce point de la ponctualité, qui semble si acquis et du ressort de la bonne éducation et du professionnalisme, soit à ce point valorisé par mes clientes. Et à vrai dire, c'est une angoisse pour moi de ne pas savoir comment me dépêtrer de la plupart des relations « non cadrées » (dans la vie quoi) : ça termine quand ? J'en sors comment ? Je m'arrange pour que les rendez-vous pour lesquels je suis « garante du cadre », commencent et se terminent à l'heure. Au risque parfois d'une certaine rigidité, à laquelle j'essaye d'être vigilante. La question est vraiment : « de quoi ai-je besoin pour produire mon meilleur travail ? »

Donc oui, j'ai besoin de ponctualité – et j'aime offrir cette réassurance de ponctualité (je ne fais pas attendre l'autre et l'autre ne me fait pas attendre pour commencer ; et à l'heure dite, quand le temps énoncé de la réunion ou du rendez-vous est écoulé, chacune est libre de retourner vaquer à ses occupations).

J'ai besoin que la question de l'argent soit rapidement évacuée – ou n'aie pas cours à chaque interaction. Pour le coaching, je fonctionne sur abonnement annuel (mes clientes me payent une fois par an) ; pour les autres prestations, quand j'ai le choix, je demande à être payée à réception de facture ou à l'inscription.

La méthode de coaching que je propose est basée sur mes trois outils préférés : l'introspection, l'intentionnalité et l'action. Je demande donc à mes clientes de m'envoyer un bilan écrit (développé ou non), de leurs actions depuis notre dernière séance et de leur intention pour la prochaine. J'aime aussi les relations au long cours – je privilégie donc ce coaching qui dure un an pour qu'on ait le temps de se connaitre et de développer le lien dans le temps ; de même que je suis fidèle avec mes prestataires et dans mes amitiés professionnelles et personnelles. Voilà, c'est cela le cadre – un ensemble de conditions et de questions auxquelles on répond et que l'on communique (mais pas forcément toutes) au client.

LE CADRE ÉVOLUE

Lorsque je propose un cadre, la plupart des personnes qui veulent travailler avec moi l'acceptent ; certaines cependant le négocient – ou me demandent des ajustements. Je propose un coaching d'un an. « Pourrais-je tester l'accompagnement sur 6 mois ? »

Je propose, sur le calendrier en ligne *Calendly* où mes clientes peuvent prendre rendez-vous, des rendez-vous le matin de 9 h à 11h45 – « Est-ce que 8h30 serait possible pour toi ? » « Est-ce qu'un rendez-vous en fin d'après-midi serait possible pour toi ? »

À chaque demande d'ajustement de mon cadre, je réfléchis et me mets à la place de ma cliente ; je regarde alors si c'est possible pour moi. Et j'ajuste le cadre – soit de manière ponctuelle (je te mets 8h30 cette fois-ci), soit de manière permanente (tous les mardis matin, j'ouvre un créneau à 8h30). Le cadre doit être confortable pour mes clientes aussi, je vérifie toujours, avant d'accpeter, que la demande est juste pour moi sinon je refuse !

IL Y A TOUJOURS DES TROUS DANS LA RAQUETTE

De la même manière que j'adapte mon cadre à mes clientes, quand cela m'est possible, (parfois – c'est non – je ne peux pas ou cela me semble contre-productif), j'adapte aussi mon cadre au fil du temps (et des ratés) pour mieux correspondre à mes propres besoins – et donc, pour continuer à offrir mon meilleur travail. Je remarque quelque chose qui me dérange – par exemple, je ne sais pas avant la veille de la date anniversaire, si l'une de mes clientes en coaching va poursuivre ou non pour une année suivante ; c'est souvent que mon cadre n'est pas assez bien défini. Je dois me demander *Tu as besoin de combien de temps de « préavis » pour savoir si une cliente poursuit ou arrête ? Je me le demande, avant de le formuler et d'adresser la demande à mes clientes.*

Parfois, mon cadre a besoin d'évoluer – je remarque que si je reste assise chez moi lorsque je coache mes clientes au téléphone, je fixe moins bien mon attention que si mon corps est en mouvement. Ça ne me convient pas, ni pour moi, ni pour l'objectif de fournir le meilleur travail possible. C'est ainsi que j'ai commencé à m'autoriser à marcher dans la ville avec mon chien, ou à ranger la maison ou à jardiner, lorsque je coache mes clientes au téléphone – être active m'aide à mieux faire mon travail. *Caminando se ven las cosas*, m'a dit Ely, la dame chilienne qui m'a accueillie chez elle pendant 6 mois lorsque j'avais 22 ans. C'est en marchant qu'on voit les choses.

On peut fixer certains points du cadre (ceux auxquels on pense !) au démarrage, et puis tous ceux qu'on a oubliés, ou qui sont mal fixés – la frustration vient nous avertir des trous dans la raquette ! Et alors, hop, je les réajuste.

COMMENT J'ANNONCE LE CADRE… COMMENT JE RECADRE… COMMENT J'ANNONCE LES MODIFICATIONS DE CADRE ?

Un des freins au fait de poser mon cadre, est de passer pour une emmerdeuse. Même au bout de 20 ans de posage de cadre, j'ai toujours peur d'être rigide. *Well*. J'essaye de réfléchir, de remettre en cause ce qui doit l'être ou peut l'être, de dire les choses avec douceur et humour.

Mon principe de base : peu de règles, mais bien tenues – et avec affection et respect, en donnant le sens. Je les expose de mon mieux en début de parcours, à l'oral et à l'écrit ; et je sais que pour certaines règles, et certaines personnes, je vais avoir besoin de les répéter et même plusieurs fois. Je sais aussi que ce n'est pas par mauvaise volonté de la part de la personne, c'est juste que certaines règles ne rentrent pas dans certains esprits ! Donc, je recadre systématiquement mes clientes, et je le fais avec douceur. « Il va falloir qu'on raccroche » « On ne peut pas prendre deux rendez-vous à l'avance, un seul rendez-vous à la fois » « J'ai besoin que le bilan que tu m'envoies soit un peu plus consistant pour pouvoir préparer efficacement nos séances ».

Quand mon cadre évolue (par exemple, quand j'augmente mes tarifs), je l'annonce aussi, « je fais évoluer mes tarifs ». Ce n'est pas la partie que je trouve le plus simple, l'annonce du cadre, de son évolution et le recadrage. Et avec l'expérience… et aussi avec la confiance de son utilité ! J'y arrive de mieux en mieux. J'ai fait le deuil de « un cadre pour toujours ». Un cadre fixé une fois pour toutes, ça n'existe pas ! Je vais évoluer, mes besoins vont évoluer, les demandes de mes clientes et clients vont évoluer – et donc, *fatal*, mon cadre va devoir évoluer.

C'est passionnant cette écoute mutuelle. Et cela prend du temps, les remontées à la conscience de ce qui doit et pourrait changer, des formes que ça pourrait prendre, de la décision puis de la communication de cette évolution du cadre.

Définir, poser, négocier, tenir, modifier un cadre, cela demande une infinie patience, vis-à-vis de moi – qui ai oublié de poser des termes hyper importants ! mais je ne savais pas au départ qu'ils étaient si importants ! – et vis-à-vis de mon client – qui oublie parfois des termes du cadre ou a tout simplement du mal à s'y conformer. Et c'est tellement précieux, cette relation contractuelle, posée – rassurante, dans le bon sens du terme – et qui parce qu'elle est sécurisante et sécurisée laisse de la place à l'innovation et à la liberté et à la confiance.

Et toi, ma chère lectrice ?

✓ Quels sont les termes du cadre actuel que tu proposes ou aimerais proposer à tes clientes et clients ?

✓ Y a-t-il un de ces points qui te fait réfléchir, hésiter ?

✓ Y a-t-il un point de ton cadre que tu aimerais faire évoluer ?

Le cadre idéal qui me permettrait de proposer à ma cliente ou mon client préféré, mon meilleur travail, ce serait…

Écris pendant 15 minutes dans ton carnet.

Profite de la confiance en toi que donne ce bel âge.

Entretien avec Céline VanSteenbrugghe

Céline et moi sommes amies depuis près de 30 ans. On s'est connues à HEC ; elle m'a accompagnée dans une passe difficile et depuis, « on s'aime ». Je suis aussi amie avec son mari – j'étais témoin à leur mariage, quel privilège ! Céline et moi nourrissons notre amitié de projets communs – ayant créé et animé ensemble plusieurs réseaux amicaux et professionnels, dont le fameux Club Bouquineuses, un super book club ! Nous avons couru ensemble très tôt le matin et je l'ai interviewée pour plusieurs de mes livres. Quand on n'a pas de projet, on s'offre un petit hammam ou un apéro, après notre journée de travail. Aujourd'hui nous avons un projet, et nous prenons un apéro dans notre nouveau « repaire » - au fil des années, elle et moi avons changé de job et déménagé – certains café ou restaus ont ouvert ou fermé – bref nos lieux ont changé même si nous sommes toujours heureuses de passer un moment ensemble. Nous sommes installées dans un café cosy pas très loin de chez elle et pratique pour moi. Fauteuils en velours, lumière tamisée, pour elle un verre de vin, pour moi un mojito, l'interview peut commencer !

Céline est directrice de la communication, spécialiste du secteur banque et assurance – elle a travaillé pendant 11 ans pour un groupe financier, et depuis deux ans a rejoint un groupe mutualiste…

« Le job que j'ai aujourd'hui est toujours le même job de communicant : je m'attache au fond et à la forme des messages. Tout est dans la façon dont on raconte les choses, dont on choisit le contenu. Et ça je pourrais le faire dans n'importe quel domaine, même si mon expérience est concentrée dans les secteurs financiers, la banque et l'assurance et aujourd'hui, une mutuelle.

Ce qui a changé entre mon job précédent et l'actuel, c'est l'environnement - Je me sens plus proche de la réalité du terrain et des « vrais » sujets. J'aime être active dans les enjeux sociétaux comme la prise en charge de la santé, et bien sûr comme tout le monde, je suis concernée !

Ce qui a changé par rapport à mes vingt premières années de carrière, c'est qu'auparavant je voulais surtout réussir, progresser et arriver à des niveaux où j'étais suffisamment influente pour jouer un rôle dans les décisions prises au sein de l'entreprise. Je veux toujours ça - même si c'est moins important peut-être que de me sentir utile, et d'apporter ma pierre à la société. J'ai reçu et à

présent j'ai envie de mettre mon expérience au service de ceux qui arrivent après moi – les plus jeunes.
J'ai moins besoin de toujours prouver qui je suis et ce que je vaux. J'ai mené à bien un certain nombre de missions – j'ai un track record, qui dit Voilà ce dont je suis capable. Je peux m'appuyer sur mes expériences et dans une certaine mesure, les laisser parler pour moi.

La fin avec mon ancien job – ça a été douloureux. Deux ans avant de partir, j'ai commencé à sentir que je n'avais pas de perspectives dans ce poste pour continuer à progresser. J'avais bien trouvé mon Ikigai (!) mais au bout de 9 ans ça commençait à devenir routinier... J'aurais bien aimé prendre le sujet RSE – la responsabilité sociétale de l'entreprise ; le patron a donné le poste aux RH. Il était temps pour moi d'aller regarder ailleurs. J'ai tardé à partir, parce que pendant longtemps, dans ce boulot, j'ai été très heureuse, j'ai appris, j'ai eu une très belle interaction avec mon patron. J'ai toujours cette envie que l'équilibre ne change jamais – mais les équilibres changent que je le veuille ou non, et ça me prend du temps de me réajuster et de tirer les conséquences de la nouvelle situation.
J'avais reçu de nombreuses propositions de postes avant mes 45 ans, propositions que je refusais. Et puis ça s'est arrêté presque net à partir de 45 ans. Un ami chasseur de tête m'a expliqué qu'après 45 ans : « Les services RH estiment que nous sommes en fin de carrière et trop chers. » C'est fou, j'étais exactement au milieu du gué : 20 ans derrière moi et 20 ans devant ! Aujourd'hui j'ai plus de temps et de disponibilité à consacrer à mon travail (ma fille est devenue de plus en plus autonome), et j'ai de l'expérience. Avec plus de 20 ans de carrière, j'ai de super réflexes - je suis prudente, je sais comment les choses peuvent être interprétées, comment les propos dits et surtout écrits sont susceptibles d'être réutilisés, déformés – En communication tu te méfies de tout ce que tu dis ! Entre mon expérience de 11 ans dans le groupe financier et le poste que j'occupe actuellement, j'ai vécu un épisode... inconfortable. L'équipe de direction qui m'avait embauchée a été remerciée deux mois après mon arrivée ; la nouvelle équipe avait déjà un directeur de la communication.

Pour la première fois de ma vie, je me suis retrouvée au chômage. Le jour où je me suis inscrite à Pôle emploi, j'avais les larmes aux yeux. J'ai eu l'impression d'un déclassement. J'avais pris l'ascenseur social et j'étais fière de ce

que j'avais accompli. Cette période de chômage m'a aussi remis la tête sur les épaules. Une chose qui m'a impressionnée pendant cette période de recherche d'emploi, c'est de me rendre compte à quel point j'avais construit un réseau étendu, et prêt à se mobiliser pour moi. « Sois la première à rendre service », ça a été mon mode d'action pendant toutes les années où j'ai été en poste (et même quand je ne l'ai plus été d'ailleurs, j'ai juste rendu service différemment). Mais le jour où j'ai cherché du travail, je n'en suis pas revenue d'avoir autant de portes ouvertes. J'ai mis 6 mois à retrouver un poste – a posteriori ça ne parait pas très long, mais sur le moment ça m'a paru interminable et m'a beaucoup stressée. Je ne voulais pas régresser, ni renoncer à des projets (et donc, des dépenses) importants pour nous. Mon mari lui était tranquille, il me disait, On aura ce qu'il faut, t'inquiète pas, on va se débrouiller. Il a toujours été plus détendu que moi sur lesquestions d'argent.
Et donc pour reparler de rendre service – à cette période d'entre deux jobs, je me suis engagée encore plus dans mes projets associatifs… Par exemple en aidant des jeunes issus des banlieues à trouver leur voie et préparer leurs entretiens ! J'adore aider les gens qui ont envie.

Dans mon nouveau boulot et mes engagements bénévoles, je me sens utile et à ma place !
Ma vocation c'est souvent de rappeler le sens, de demander dès que ça me parait nécessaire Pourquoi on fait ça ? Dans un codir ou une instance, j'essaie de redonner le sens.
Si j'ai pâti de moins intéresser les chasseurs de tête, je ne souffre pas au quotidien d'invisibilisation. J'ajoute des reflets blonds à mes cheveux devenus moins blonds, et je les ai laissé repousser. J'ai gagné de la tranquillité d'esprit en entrant dans le « middle age », le stress de ne pas y arriver m'a quittée. C'est plutôt un âge sympa, où je gagne en confiance en moi. Je me sens solide physiquement. Je ne ressens plus le besoin de me justifier, ni de me protéger ou de me vieillir comme j'ai longtemps essayé de le faire pour inspirer confiance.
Oui, j'ai gagné de l'assurance ; je me sens plus sûre de moi, « je sais ce que je vaux », je peux m'appuyer sur ce que j'ai fait. Je n'ai plus besoin de me vieillir, je ne cherche pas à me rajeunir – et le blond ça donne du peps. J'assume mes rides mais pas mes premiers cheveux blancs. Je veux me trouver jolie.

C'est quoi le plus important pour moi ? c'est une question que je me pose de temps en temps. Aujourd'hui, j'ai envie de me sentir utile à des plus jeunes. Notre fille est partie étudier à Milan. Son absence laisse un vide. Depuis son départ, j'ai du temps le soir - j'ai pris pas mal d'engagements associatifs. Nous avons aussi pris des engagements de couple : nous animons des diners pour les jeunes mariés dans le quartier. Nous avons la préoccupation de transmettre, notamment ce qui marche pour nous et ce qui nous tient unis. J'ai bénéficié de l'appui de mentors lorsque je commençais ma carrière et ma vie de femme ; aujourd'hui, c'est à mon tour d'être mentor : avec les stagiaires, les apprentis, avec les jeunes couples. J'essaie d'être sincère, j'ai beaucoup souffert qu'on m'envoie des images fausses...
Pour autant, je pense beaucoup à ma fille. J'espère qu'elle est heureuse, à Milan. Je ne suis jamais libérée de mon angoisse avec mon enfant ! Mon conseil pour l'entrée dans le middle âge ? Profite de la confiance en toi que donne ce bel âge. .

Lorsque je vois mon amie, canon dans ses robes parfaitement ajustées, canon avec ses cheveux mi-longs, à la recherche de son nouvel équilibre dans une vie avec sa fille au loin ; lorsque je l'entends par-ler avec honnêteté de ce qu'elle fait bien et de ce qui est plus difficile – je me sens chanceuse d'avoir une telle amie, et admirative de sa trajectoire. Et je me dis qu'avec l'intention de rendre service et du courage, rien n'est impossible.

DE QUELLE AIDE AI-JE BESOIN ?

Chère lectrice, ***mon amie Colombe vient de me téléphoner. On a déjeuné ensemble mardi, là on est vendredi – elle m'appelle pour proposer qu'on passe quelques jours de vacances ensemble cet été, elle viendrait me rejoindre dans la maison de vacances que je loue à Belle île avec Maman. Moi qui ai du mal à me projeter dans l'été – je suis heureuse à l'idée de ce mini-projet. Et je suis heureuse de me sentir tenue par les bretelles de la salopette, par une amie qui me voit flageoler dans mes équilibres. Comme c'est bon une amie qui me fait comprendre « je suis là » !***

De quelle aide ai-je besoin pour traverser cette période de transition ? De quelle aide ai-je besoin pour progresser dans ce que je veux donner au monde – progresser dans la qualité de ce que je propose, progresser en audience, progresser dans mon chiffre d'affaire - avoir le sentiment d'avancer ? De quelle aide ai-je besoin pour retrouver un nouveau souffle joyeux ? En posant ces questions je me souviens des maths au lycée, quand nous posions des lignes et des lignes d'équations à multiples inconnues. Merci les maths du lycée, qui m'aident à réfléchir !

NUAGE

Ce chapitre du besoin -de ce qui me manque - est le pendant du chapitre sur l'abondance. Cela me demande de la clarté de voir ce dont je dispose en abondance – de le voir et de le valoriser ; savoir que je ne l'aurai pas toujours, même si pour l'instant j'ne ai plein ! À l'heure où je t'écris, la lumière de mai est abondante, les feuilles et les fleurs explosent, le merle chante devant ma fenêtre – j'ai l'impression que cette explosion de nature va durer toujours, mais non ! L'été aveuglant puis l'automne mouillé puis l'hiver nu – toutes ces phrases vont se succéder, avant le retour timide puis prononcé du printemps. De la même manière, mon besoin – ce qui aujourd'hui me manque – ne sera pas toujours criant. Je ressens un nuage d'anxiété – une fébrilité – et je pourrais, telle la

Alors, qui j'appelle ?
Pas moi, pour une fois

maman d'un bébé qui pleure au moment du coucher du soleil, me prendre (métaphoriquement) dans les bras et me bercer longtemps et me murmurer des mots d'amour ; sans impatience, sans désir que les larmes passent plus vite. Être là, y être pour moi-même.

Hier soir, je me suis forcée à sortir – à aller marcher dans la lumière douce du couchant. Je ressentais un tel contraste entre cette beauté vue de ma fenêtre, et l'anxiété et qui me serrait le cœur ! Et ça n'a pas loupé, au bout de quelques minutes j'avais la tête dans le ciel rose et l'optimisme du merle en haut de l'eucalyptus des voisins, est venu réveiller mon propre optimisme ; qui n'était pas parti si loin que j'aurais pensé. Lorsque je me sens un peu plus calme, rassurée, accompagnée, je peux me demander « de quoi ai-je besoin, en ce moment ? »

LES PARTICULES DE JUS DE POMME DANS LA BOUTEILLE

Ce calme retrouvé me fait penser aux particules de pommes qui retombent au fond de la bouteille après qu'on l'a secouée et qu'elles aient été en suspension dans le jus. Je retrouve de la clarté et je peux me demander voir, ce dont j'ai besoin là tout de suite :

- *J'ai besoin de me sentir en sécurité* – ça tombe bien, je respire.
- *J'ai besoin de me sentir aimée et appréciée* – ça tombe bien, j'ai pris le temps de me promener pour me calmer et je me sens déjà aimée et appréciée par moi-même.
- *J'ai besoin de projets à moyens termes* – alors ça je n'ai pas trop d'idées… ah ben si ces vacances à Belle île où Colombe va me rejoindre !
- *J'ai besoin d'élargir ma base de lecteurs* – pour ça aussi j'aurais besoin d'aide !
- *J'ai besoin de reprendre un sport un peu tonique comme la course ou la natation.*

Pour satisfaire certains de ces besoins, je me débrouille pas mal toute seule ; pour d'autres… j'ai besoin d'être accompagnée. Et déjà le simple fait d'être partie marcher m'a calmée… puis de faire le point sur ce qui me manque… de voir là où je peux me débrouiller, et les endroits où j'ai besoin d'aide… Je me sens rassénérée et en capacité de progresser. Je peux me demander « où l'aide dont j'ai besoin est-elle disponible, auprès de qui puis-je aller la chercher ? »

DO NOT WORRY ALONE[44]

Quand j'arrive)à mettre en pratique ce mantra, il m'économise des heures et des heures de rumination - *ne t'inquiète pas toute seule.* Une idée peut si vite prendre racine - et si elle est anxiogène, elle peut aussi nous faire perdre beaucoup d'énergie sans que nous nous en apercevions. Alors, quand je perçois une idée anxiogène, j'essaye de m'ouvrir à un professionnel qui peut m'aider, ou à une ou un ami calme pour réfléchir avec moi et m'aider à y voir plus clair.

- Je pense à mes diners avec mon homme, Nicolas...
- Je pense à mes rendez-vous hebdomadaires avec mon amie Julie, chaque mercredi à 9 h du matin.
- Je pense à mon superviseur André et à nos séances de supervision de groupe.
- Je pense à mes conversations téléphoniques avec mon « petit » frère.
- Je pense à nos déjeuners avec mes amies intimes, Colombe et Salomé.
- Je pense à mon blog maviesansmoi !

Cette pratique quotidienne d'écriture dans mon journal extime, dans laquelle je trouve de nombreuses solutions par l'écriture elle-même comme par les messages de mes lectrices. Leur parler - non à tort et à travers mais avec confiance, m'aide à y voir plus clair et à sortir le problème de ma tête et à trouver une nouvelle perspective.

Lorsque j'accepte d'évacuer le problème et de le partager d'autres, calmes et/ou qualifiés, ledit problème ne tourne plus en boucle dans ma tête (en grossissant, à chaque tour), mais il avance ! Il acquiert une perspective ; un autre point vue ; il est ramené à sa taille réelle. Inestimable. De quel genre de problèmes je parle ?

- Principalement des problèmes relationnels.
- Des inquiétudes liées à mon travail.

44. Ne t'inquiète pas toute seule.

- Des sentiments que j'ai du mal à « processer » toute seule.
- De l'aide aussi pour mes obligations et objectifs administratifs et bancaires – auxquels cas je fais appel à Virginie, mon assistante administrative.

✅ Ah, merci les amis !

Et toi, ma chère lectrice et toi ?

Prends ton cahier, et complète si tu veux les phrases suivantes.

✓ Lorsque j'ai besoin de faire le calme en moi, je...

✓ En ce moment, j'ai besoin de...

✓ Une personne qui m'aide à remettre les choses en perspective, est...

Continue à faire ce que tu fais et regarde où ça t'emmène.

Entretien avec Martine Camilieri, artiste plasticienne

Martine est née en 1949. Elle a donc dépassé « l'âge de ce livre », le middle age. Depuis que je la connais, je l'interviewe pour tous mes livres. Je suis curieuse de sa sagesse et de son regard sur cet âge qu'elle a déjà traversé. J'ai connu Martine à travers l'un de ses livres – Ma petite cuisine au fond du jardin a accompagné les bricolages de mes filles lorsqu'elles étaient minus et qu'elles avaient, comme tous les enfants, envie de patouiller dans le jardin. Puis nous avons déménagé et – ô surprise – Martine était presque ma voisine. À l'occasion d'un pot de quartier, j'ai pu la rencontrer et lui exprimer ma gratitude pour ce livre – on s'est connectées sur Instagram – Martine a commenté et apprécié les dessins que je postais – ça m'a encouragée – et on est devenues amies.

J'ai rencontré Bernd aussi – son amoureux – qui depuis, est tombé malade, s'est battu comme un lion – a gagné plusieurs batailles mais pas la dernière.

Martine a vendu leur maison-atelier, loué un appartement, s'est aménagé une nouvelle maison atelier dans le Perche où elle a de nombreux amis. C'est à Paris, dans son appartement cosy et décoré avec.... Les lampes et les meubles uniques qu'elle chine, que nous nous retrouvons. Mon amie m'a préparé une dinette faite de salade à l'orange et à la poutargue ; de mon côté j'ai apporté des olives et on se régale de notre festin de retrouvailles.

« Pourquoi je me lève le matin ? C'est la lumière qui me donne envie de me lever. Après la nuit noire et parfois, une insomnie, je vois, j'ai envie de voir, j'ai besoin de voir. Ensuite, c'est la faim, j'ai toujours faim le matin. Je suis obligée de me faire un petit déjeuner. Je mange des tartines grillées et du beurre. Je bois du Nescafé. Le petit déjeuner à la française des années 50 ! Ensuite, la douche. Quitter le lit, quitter la nuit, cette eau qui ruissèle sur moi me sort des ténèbres. J'ai besoin de quitter mes habits de la nuit. Après ma douche, j'aime bien me pomponner, mettre mon rouge à lèvres. Je disais à Bernd « Si tu t'en vas je vais sombrer dans l'alcool » - « Non ! », s'est-il exclamé. « Tu deviendrais moche ! » Alors je fais attention à mon apparence pour qu'il me reconnaisse quand je le rejoindrai. Je bois du vin seulement avec des amis.

Depuis que je suis toute seule, mon réveil-petit dej-douche-pomponnage me mène vers 10 h du matin. Après, je butine sur ma to do list qui traine sur mon bureau, j'attends qu'une envie de faire les choses me vienne. Je fais une chose après l'autre. Si la première chose sur ma to do list s'est conclue de manière facile, j'entame la deuxième. Si c'est un patakès, je remets le reste des choses à faire à demain et je vais faire mes courses.
Je me suis aperçue que je ne supportais plus les horaires, je ne veux plus être l'employée du temps. Je ne veux plus de rendez-vous à heures très précises – bon, d'accord, je prends des trains, et les trains ont des horaires mais si j'en rate un, je prends le suivant. Le temps n'est plus qu'à moi, je veux juste en profiter au mieux.
Depuis que je sais que je n'ai plus beaucoup de temps, je n'ai plus envie de l'employer à n'importe quoi. En profiter, c'est goûter les mouvements du temps. En ce moment, je marmotte – comme une marmotte bien dodue, avec une bonne fourrure. Parfois je reste dans mon lit un long moment - les choses qui me font lever ou les choses qui ne me font pas lever me font autant de plaisir. Ce n'est pas de la dépression quand je reste au lit. L'envie de ne rien faire est une envie comme une autre.

J'ai remarqué que j'étais beaucoup plus en osmose avec les saisons. Je marmotte, je ne culpabilise pas de prendre un peu de poids, je mange des choses réconfortantes, j'ai résolu le problème des vêtements trop petits avec des jupes à tailles élastiques. Je sais que le printemps va revenir et que je vais mincir et que l'élastique va me suivre. Pour le moment, je me laisse en jachère – ce n'est pas du laisser-aller (qui serait dépressif) mais du lâcher-prise.
J'ai presque fini de ranger mes affaires. Je mets mes papiers en ordre, je fais l'inventaire de la collection de peintures constituée par Bernd et moi, et je dessine mon testament de bijoux. J'ai envie de laisser des petits mots pour mes enfants, mes petits-enfants, mes belles-filles, de dessiner les bijoux avec ce petit mot… Je trouve mes dessins moches et vais peut-être les refaire, ou pas. C'est ça pour moi, ranger mes affaires.

J'ai aussi fait le plan de la maison comprenant tout ce qui a été fait et son potentiel, tout ce que qui est à faire et les téléphones des intervenants… Je veux que ce soit simple pour tout le monde. L'après-moi, je le vois comme la réunion à laquelle je n'assisterai pas laissant une note abondante et copieuse.

Mais à part documenter, inventorier, préparer l'après – oui, j'ai encore des projets. Je suis bien obligée d'en avoir sinon je ferais quoi de mes idées, de toute mon expérience ? Je suis présidente d'une association d'art contemporain dans le Perche, le Champs des impossibles, je ne suis pas décideuse mais j'épaule la directrice artistique et fondatrice de ce festival. J'offre ce que je sais faire : de la comm, de la cuisine pour les buffets, de la médiation, je recherche parfois des artistes lors d'expositions à Paris – ça me passionne. C'est du bénévolat, j'aime ne pas être payée pour être libre de ne faire que ce que je veux. Sans obligation de rendement.

Il y a encore des projets cependant pour lesquels je suis payée, je touche des droits d'auteur : Les Minus *est une série télé un peu écolo-militante, créée à partir de mes livres jeunesse, que nous réalisons avec* Miam!animation*. C'est l'histoire de jouets abandonnés dans un grenier qui transforment les déchets de la poubelle de recyclage en objets de bien-être ou de survie ! C'est un vrai plaisir de travailler avec ma productrice Hanna et toute son équipe si jeune ! Eux inventent des histoires avec des problèmes fantastiques et moi j'invente des solutions avec mes objets recyclés ! Je suis donc payée en tant qu'auteure graphique et en tant que designer des objets qui servent à la réalisation.*
Juste avant l'an 2000, j'ai eu 50 ans. Pour moi, ça a été l'âge où je me suis dit, « Je vais m'offrir une deuxième vie, pour faire autre chose, plein d'autres choses » J'étais persuadée (et le suis toujours) de vivre juste à 100 ans.
J'avais consulté un médecin à 30 ans pour lui demander si j'aurai autant d'énergie ? et il m'avait répondu : « Non, un jour votre quota sera épuisé. » Alors au lieu de continuer à m'épuiser dans la pub avec un gros salaire, j'ai opté pour moins d'argent et la préservation de mon quota d'énergie.
J'avais envie d'une deuxième vie sans savoir laquelle – j'ai attendu, marmotté 3-4 mois, et au bout de 6, j'ai su au moins ce que je ne voulais pas. Je ne voulais pas faire, ni fabriquer, ni créer d'objets : on en avait assez sur terre !
J'étais dans ma maison, trainassant dans mon quotidien quand je me suis dit : « c'est ça mon sujet, mon quotidien ! Un quotidien presque sans objets ! » Avec la technique du détournement on pourrait les transformer…
C'est ainsi que j'ai eu l'idée de ce livre, Tables éphémères*, où en empilant des saladiers en Pyrex, bourrés de fleurs en plastiques on obtenait d'imposants chandeliers de fête sans avoir à en acheter… le lendemain ces mêmes plats reservaient la purée ! Ma mission était née, elle était irréfutable : militer*

pour limiter l'objet sur terre. Ce concept allait m'occuper tout au long de mes livres (17) et de mon travail artistique exposé dans des galeries, creative-lab, musées... Parfois il ne faut pas aller chercher loin ce qui peut nous motiver !
Mais avant de quitter l'agence, autour de ton âge, Christie, j'ai passé un moment assez difficile, bizarre sur un plan physique, sur mon style vestimentaire ; je n'étais plus assez jeune pour porter les fringues à la mode... Depuis mes 40 ans je m'étais bricolée un uniforme chic, chemise blanche, pantalon noir cigarette, veste APC, on admirait mon style et mon rouge Baiser ! Mais à 50 ans je finissais par ressembler en réunion à une institutrice austère. Mes cheveux commençaient à blanchir, je faisais des teintures qui me faisaient une tignasse mat, on voyait mes racines au bout de dix jours... J'étais entre deux âges, plus toute jeune pas encore assez vieille, en plein âge ingrat pour le jeunisme ambiant.
Et sur le plan moral, je n'aimais plus ce métier de publicitaire qui encourageait tant la sur-consommation. Je me sentais en décalage avec les jeunes créatifs, avoir des idées drôles pour toujours vendre plus m'apparaissait idiot ! On me trouvait trop écolo pour être drôle. Un trop gros salaire pour ne pas sourire.
C'est deux ans plus tard, lors de mes premières expositions que je me suis rendu compte que j'étais devenue artiste... par repentir ! Et que le Peu allait être la base de mon travail. Lorsque ce premier livre Tables éphèmères *a été publié, ça a été un vrai succès, j'ai eu plus de cent parutions dans les journaux, cette démarche était nouvelle... et comment faire du beau (ou du rigolo!) avec ce qu'on a de moche chez soi, ça intriguait tout le monde. Les gens étaient conquis à l'idée de moins consommer tout en s'amusant ...*

Bernd et moi avons fondé un lieu d'art contemporain à Malakoff, La Périphérie ; un lieu d'exposition pour les jeunes artistes sans galerie. On a découvert des artistes devenus des grands, on a eu beaucoup de presse, on s'est bien amusés. Heureusement on était soutenus par la Drac car ce qu'on exposait ne se vendait pas beaucoup, c'était souvent trop conceptuel.
Alors au lieu d'aller manger dans des brasseries des beaux quartiers, on allait dans des restaus vietnamiens tout aussi délicieux et bien moins chers.

Avec toutes ces activités l'âge est devenu une préoccupation secondaire. De vieille pubarde, j'étais devenue une jeune artiste (artiste depuis peu !), je faisais des choses qui m'amusaient, on m'en redemandait ! Tout de suite j'ai

exposé des énormes installations en galerie, au Bon Marché, à Milan... il me fallait pour travailler être à l'aise dans mes vêtements. Au début, j'ai porté les grands jeans de Bernd, lui ai emprunté ses pulls. Au niveau des chaussures, j'ai opté pour les baskets et les boots - confort ! Pendant ces mois où j'avais réfléchi, j'avais arrêté de me teindre les cheveux et cela a adouci mon visage, repulpé ma chevelure. Accepter mes cheveux blancs, plus ce nouveau look, plus aimer ce que je créais, cela m'a donné une deuxième jeunesse. J'avais l'air d'être une jeune femme qui avait déjà des cheveux blancs alors que je venais d'une période de middle âge qui essayait de cacher sa vieillesse, c'était une renaissance - qui allait parfaitement avec cette nouvelle vie de « jeune artiste » ! Et là tout m'allait... perfecto, veste d'homme ou froufrous ... car je me sentais à ma place, juste...
Et avec mes cheveux blancs et ma nouvelle allure, j'ai été à nouveau regardée. Fini l'invisibilité. Un artiste connu m'a peinte sur une grande toile haute de presque 2 mètres, deux photographes ont fait mon portrait, à nouveau j'intéressais les gens !
Quant à au poids... Depuis toujours j'ai fait des régimes variés et inventifs ! Mayo, Ducan, Dissocié, Sans Gluten, jeûne alterné, journée bouillon, Protéines ou avec fibres ajoutées ... pour être toujours au mieux de ma minceur, ce qui m'a réussi, en doux yoyo quand même , jusqu'à 48 ans... Ensuite, bizarrement, ça n'a plus fonctionné. J'ai pris du poids...Lorsque j'ai quitté mon métier à cet âge de 50 ans, que j'ai quitté mes déjeuners à la cantine ou resto, les réunions tardives avec livraisons de pizza ... j'ai recommencé à cuisiner pour manger. Et à mincir... enfin à me stabiliser... je n'étais plus grosse mais ronde, comme disait Bernd ! Et Hop ! Une préoccupation de moins !

Un conseil pour traverser cette période - te laisser aller à l'incertitude - pour voir ce qui pourrait surgir. Continue à faire ce que tu fais et regarde où ça t'emmène. Il faudrait que je fasse un point sur ce qui s'est passé depuis que Bernd n'est plus là. Je n'habite plus toute seule cette maison dans un hameau, c'était trop triste à vivre sans lui, je sentais que je m'éteignais. J'habite au village, à 2 km. À cette époque j'ai lu une très belle phrase de Toni Morrison « Est-ce que je vais faire mourir ma vie ou est-ce que je vais la faire mûrir encore un peu ?». J'ai choisi de mûrir, de grandir, d'apprendre et je suis devenue « architecte » en me lançant dans des travaux très imposants. J'ai acheté un garage dans un bout de bâtisse que j'ai transformé en maison à vivre. En gratouillant, soulevant des tôles lors des travaux, j'ai découvert des fenêtres à meneaux, l'emplacement d'une tour octogonale, des armoiries gravées... Et on s'est aperçu que c'était un manoir oublié du XVe siècle. Un des plus anciens bâtiments de mon village. Il a fallu que je trouve un tailleur de pierre capable de redonner son côté renaissance à mes fenêtres ! Depuis tout le monde au village m'appelle madame la baronne !

Pendant la Covid, des jeunes gens sont venus s'installer au village et ont repris des commerces. C'est ainsi qu'on a une super épicière bio, une libraire formidable, une fromagère miam, un chineur du Perche fan des années 60 et 70, une jeune tapissière... Notre village est un doux mélange de gens. Pas snob pour deux sous et très joyeux ! il y a souvent des dîners dans les jardins, j'adore toujours me pomponner et mettre une jolie jupe. J'aide la libraire à faire sa vitrine de Noël, celle du printemps, je teste des recettes pour l'épicière...

Tous les matins, après ma to do list, je fais mes courses, je rencontre, discute, prends un café ou pas, avec les uns ou les autres... ces petits moments mis bout à bouts sont ma séance de luminothérapie. L'après-midi je travaille à mes projets, en ce moment je crée des lampes avec des opalines trouvées dans des vide-greniers, ces lampes sont vendues en galerie. La semaine prochaine il faudra que je construise un vaisseau spatial pour les Minus. Je suis aussi jury pour un festival de court-métrages.

Tout mon printemps est occupé par le Champ des impossibles et par mes enfants et petits-enfants et amis qui profitent des ponts ! Et l'été sera festif, je le sais déjà.

À l'automne, mes travaux recommenceront. Je viens de racheter le dernier bout de ma bâtisse-manoir pour agrandir la cuisine, trop petite quand j'ai des invités. Je fais surélever le rez-de-chaussée, poser ne cheminée, mon tailleur de pierre reviendra restaurer ma nouvelle fenêtre à meneaux ...

Ah oui j'oubliais, pour préserver mon quota d'énergie, j'essaie de faire tous les jours une sieste ! »

Patience. Regarde ce qui t'intéresse. Observe. Trouve ton nouveau style. Bon Martine ça lui a pris 4 mois, à moi... je ne sais pas le temps que ça me prend. Et je me vois écrire, et je me vois parler et écou-ter mes clientes au téléphone, et je me dis, « Cela est bon ». J'aime aussi cette nouvelle beauté liée au style qui évolue radicalement. Je me sens en confiance, plus confiante. Merci Martinette.

MA COLLECTION DE SALOPETTES

Celle à rayures comme avaient mes filles bébé

La bien large comme a ma fille aujourd'hui !

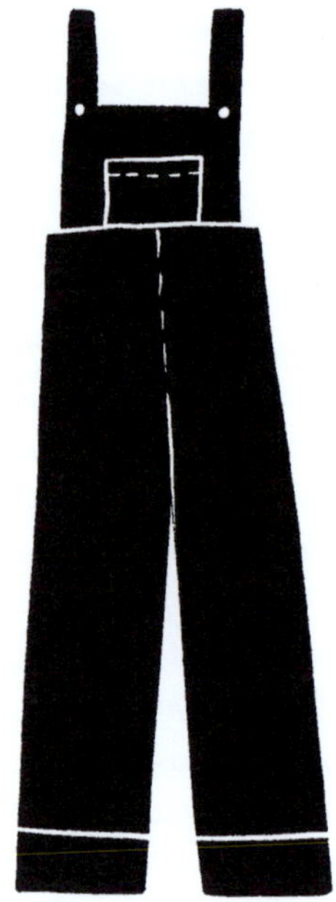

Celle en velours confortable pour écrire

HOU ! MA SALOPETTE !

Coucou ma chère lectrice ! *Je me souviens, au moment de mon mariage, Maman avait pile 50 ans et nous avions choisi ensemble sa tenue. On avait trouvé une robe rouge et noire brodée, qui nous plaisait beaucoup, à elle et moi. Je n'ai pas « bordé » le chapeau, ni le maquillage... et voilà que débarque une dame avec un chapeau rond et des joues très rouges... Où était passée ma ravissante maman sous ce chapeau, pas terrible, et ce maquillage trop appuyé ?*

Lorsque ma grand-mère maternelle est morte, en 2007, j'ai vu sa fille aînée, ma tante, devenir subitement une vieille dame. Lorsque je me suis mariée, en 2000, Maman s'est-elle sentie reléguée au rang des matrones ? Moi-même, quand ma fille aînée a eu son premier copain sérieux, ça m'a fait un coup. Pas facile l'accession de son enfant au stade supérieur. Et régulièrement, ma fille cadette me prévient, « Maman, 'tu te mémérises' ». Hum. C'est vrai que c'est tentant. Nous avons passé le réveillon du 1er janvier sur la Côte d'Azur. Un matin, nous nous sommes baladés sur le marché. Tous les stands de vêtements étaient en beige et blanc, des pantalons amples, des pulls en V flottants, des chemises à froufrous.... J'étais à la fois attirée et repoussée... Une espèce d'élégance de troisième âge et j'ai pensé, 'Woops. Pourvu qu'elle ne passe pas par moi'.

Comment trouver son style à l'entre-deux-âges ? Je ne suis plus une jeune fille... je n'ai pas envie de m'imposer des tenues inconfortables... et à la fois, trop de confort tue le style !

JE DIS NON À LA DOUBLE PEINE

Il y a une période où j'ai grossi. Il y a plusieurs périodes où j'ai grossi – un an au Chili entre 22 et 23 ans, et tous les dîners à base de pain (j'habitais dans la *poblacion*, un quartier très pauvre, où les habitants sont clairement mal nourris et je prenais mes repas du soir avec eux) : + 5 kilos. Le démarrage du télétravail entre 25 et 26 ans, + 5 kilos. Mes bébés un et deux, à 27 et 30 ans – j'ai arrêté de compter les kilos. Bref, je suis passée d'une taille 36 au 40. Puis il y a eu le confinement quand j'avais 45 ans – pendant deux mois, *mioum*, on a beaucoup cuisiné. J'ai arrêté de me peser, je me suis dit, *On tient le coup, on a le moral* – mais c'est vrai qu'on a beaucoup cuisiné. Oui, il y avait le petit verre de vin à l'apéro. Dans mon apparence, il y a eu un « avant » et un « après » Covid. Mes jolies affaires du 40 ont commencé à me boudiner. J'ai été vexée et... je suis passée au 42.

MERCI LES COPINES

Je ne remercierai jamais assez Bérengère, la collègue journaliste de mon premier boulot dans un journal financier où j'étais supposée faire du marketing. Bérengère était tirée à quatre épingles, enfin non, elle était super bien habillée. Elle avait le même âge que moi mais en termes de style, j'adorais son clacissisme classieux. Je lui demande *Mais Bérengère, où t'habilles-tu ?* On prend rendez-vous pour déjeuner et le jour-dit, elle m'emmène dans sa caverne d'Ali Baba, une boutique de vêtements de seconde main à 10 minutes du bureau. J'ai découvert des vêtements de créateurs au prix de vêtements Zara.. et je ne suis plus jamais retournée m'acheter des habits neufs (bon, sauf les culottes et quelques exceptions). Au fil des années, j'ai eu la joie de découvrir dans mes pérégrinations des boutiques animées par des acheteuses exceptionnelles, et dans lequelles j'ai trouvé des pièces uniques (pour moi), à un prix que je n'aurais jamais pu payer pour ces mêmes vêtements neufs. La joie et le chagrin, car mes boutiques adorées ont pour la plupart disparu au fil des années, bien avant l'apparition de *Vinted*. Dur-dur de vivre du commerce d'habits de seconde main.

Quant à *Vinted*... initiée par ma copine Marie, je m'y suis bien mise, fort bien mise. Surtout pour l'achat. J'en suis au point où j'ai dû désinstaller l'appli de mon téléphone... Mais oui, acheter des affaires de marque en taille 42 à des prix accessibles, quel soulagement ! quelle joie ! C'est très marrant de « chasser » la bonne affaire, de trouver les super marques sous-cotées, la fringue en super très bon état que la personne a tellement envie de vendre que le prix est très bas... J'achète principalement des marques que je connais, pour être plus sûre de la taille, des matières, des coupes ; et j'ai aussi fait des découvertes grâce au *Guide de la mode vintage* de Judith Prigent, de marques sous cotées et super bien coupées comme les chemises Renoma, les vestes Gaston Jaunet et les foulards Madeleine de Rauch... À moi les fringues de créateurs à moins de 15 euros ! Quant à mes (nombreuses) erreurs d'achat, je les confie à mes filles pour revente, ou à ma copine qui tient le dépôt vente du coin (où j'achète aussi des vêtements !), ou encore à Emmaüs. Elles ne restent pas dans mes placards. Même destin pour les habits trop petits : vente par mes filles, don à ma copine du dépôt vente ou Emmaüs. Une fois par an cependant, et depuis 2008, ma copine Camille et moi organisons un vide-dressing intitulé *Ça t'ira mieux qu'à moi*. J'y ai trouvé et vendu nombre d'habits !

D'AUTRES ROLES MODELS[45] NIVEAU STYLE

Les Catholiques, tu sais, quand ils ne savent pas comment agir, se demandent *Que ferait Jésus à ma place ?* Eh bien, côté vestimentaire, j'ai mes propres *roles models*. Quand je ne sais pas comment m'habiller pour une situation donnée, je me demande *Que porterait Anne à ma place ?* Anne c'est ma belle-mère, la maman de Nicolas. Je l'ai toujours trouvée *mega* stylée. Nous nous sommes rencontrées il y a 31 ans et j'ai pu admirer l'évolution de son style, toujours avec une allure folle, fidèle à certaines marques (American Vintage, Cotelac, Eric Bompard) dont je m'offre parfois des modèles de seconde main. Si on me disait, *Tu ressembles à ta belle-mère*, je prendrais ça pour un compliment. Bon faut juste que je ne lui ressemble pas *trop* (quand je m'habille trop pareil que sa mère, ça fait bizarre à son fils, qui est aussi mon mari). Et il y a de la marge[46]... J'ai mes idiosyncrasies ; j'ai un principe froissant et salissant qui fait que je ne peux pas garder une paire de chaussures propres plus de deux heures après l'avoir cirée ; un pull net après avoir fait un câlin à mon chien qui m'a collé plein de poils blancs ; et un jour sur deux, il reste un peu de dentifrice sur le coin de ma bouche.

45. personnalité dont le comportement, l'exemple ou le succès est (ou peut être) imité par des tiers
46. En vrai je ressemble beaucoup beaucoup à ma tante Brigitte, la sœur de Papa.

INDULGE IN MY IDIOSYNCRASIES[47]

Il y a quelque chose que je fais de plus en plus en ce qui concerne les habits, c'est me demander ce que j'aime et le porter le plus souvent possible.

Depuis l'enfance, je suis fan de salopettes ; ma mère trouvait ça moche. À présent j'en ai 4, j'en porte une au moins une fois par semaine au-dessus d'un t-shirt, d'une marinière ou d'une jolie chemise. Oui, la salopette est plus gracieuse portée sur une silhouette d'enfant ou de personne mince - cela ne m'a pas motivée à mincir, et depuis que j'ai minci[48] je suis heureuse d'encore mieux porter mes salopettes. Je te signale au passage que la salopette est idéale pour écrire (en station assise une grosse partie de la journée, donc) car elle ne serre pas le ventre et laisse tout bien respirer !

- J'aime les rayures bleu et blanches - à moi les marinières, les pulls marins, les chemises rayées blanches et bleu, ma robe fétiche à rayures blanches et bleues.
- J'aime les pois bleus marine et blancs - je les porte en dose homéopathiques mais fréquentes, dans les chaussettes, dans les foulards.
- J'aime les robes amples un peu bonne sœur, et les mini jupes, le tout en tissu pas fragile.
- J'aime les t-shirts à col V ou à large encolure ronde.
- J'aime les pulls marins et les grands gilets en laine épaisse.
- J'aime les vestes de travailleurs et ma veste en velours noir Gaston Jaunet !!! pour les grandes occasions.
- J'aime les bottines d'hommes, les tongs, les sandales grecques, les Doc Marteens, ma paire de Stan Smith, mes sandales Salt Waters qui vont dans l'eau !! Pratique pour marcher dans les rivières !! J'aime aussi mes petite tennis Ben Simon.
- J'aime les foulards en soie et en coton - et ma grosse écharpe bleu marine et blanche que je porte bien trop souvent.
- J'aime superposer plusieurs colliers en or, et je porte des boucles d'oreilles dormeuses fines et discrètes, ou de fins anneaux dorés.
- Je privilégie le bleu marine, le blanc et le noir.

47. me livrer à mes particularités
48. Merci les quelques minutes de yoga quotidiennes !

- Mes manteaux préférés sont mon caban bleu marine et mon ciré jaune et ma veste en jean près du corps et l'hiver, ma parka idéale (mais moche dit ma fille) Uniqlo.

Voilà mon style version « années 2020 ». Je ne me sens pas toujours belle mais j'aime mes habits. J'aimes leurs matières (principalement du coton et de la laine, avec un peu de soie), j'aime leur robustesse, j'aime leurs poches ! Merci mes vêtements de m'aider à me sentir *safe and sexy*.

Mes trois colliers d'or

Je suis fan d'Instagram. J'y trouve des idées, de l'inspiration, je me connecte à des personnes que je connais déjà - notamment mes copines de blog avec qui on se fréquente depuis 20 ans ! mais je rencontre aussi plein de monde, et je progresse en photos, et je trouve des idées pour dessiner et de recettes de cuisine.

C'est le seul réseau social que je garde sur mon téléphone - les autres, *Vinted*, *Linked In* et *Facebook*, sont dans les favoris de mon ordi mais je les ai retirés de mon téléphone ; et les autres ; *X-ex Twitter*, *BeReal*, *TikTok*, je n'y suis pas du tout. Donc, Instagram est mon ami et ma résidence secondaire. Un allié business aussi (j'y publie toutes mes pubs professionnelles).

Ma règle sur cette appli : si une personne m'irrite, je la *unfollowe* - soit que je sois jalouse à m'en rendre triste, soit que son ton soit prétentieux, soit qu'une photo soit trop moche ! Je vais sur Instagram pour me nourrir de beauté, d'échanges positifs et d'idées ; pas d'émotions désagréables dont j'aurais pu me passer. Je suis davantage les comptes *food* que les comptes fashion - hormis trois personnes très fines, dont la manière de parler de la mode est poétique et érudite[49]. Et c'est sur un compte mode qui m'irrite, que j'ai découvert la règle des trois colliers. Cette règle est simple : pour un super effet, superposer trois colliers. Préférablement, de longueurs différentes. Moi qui suis une fan des colliers, je les portais chacun leur tour. J'ai fait des essais et j'ai trouvé le super combo « trois colliers » qui habille toutes mes tenues.

Les trois colliers d'or ou plaqué, que je porte la moitié du temps, non seulement se complètent du point de vue de leur longueur, mais ils ont tous les trois une histoire et marquent une époque de ma vie. Le plus court et le plus ancien des colliers est une fine chaine d'or avec 7 perles, ramené par

49. J'ai cité Yvane Jacob et son compte sapécommejadis ; Judith Prigent et son compte Moujik ; et Sophie Fontanel et son compte énonyme.

mon père après l'un de ses voyages au Japon quand j'avais 11 ans. Pour moi qui perds tout et brise tout, c'est un miracle que ce collier soit encore « en vie ». D'ailleurs je l'ai perdu et cassé un certain nombre de fois, une perle s'est dévitalisée et je l'ai fait agrandir de 3 centimètres par un bijoutier car mon cou a forci. Mais il est toujours là, ce collier adoré de mes 11 ans. À ce collier, j'adjoins une chaine un peu plus épaisse, qui supporte la médaille de mariage offerte par ma grand-mère à l'occasion de mon mariage. Nicolas a la même – elle ressemble à une médaille de baptême, excepté que c'est une médaille reçue pour notre mariage. Comme nous avons deux filles, chacune aura « sa médaille » quand nous ne serons plus là. J'ai copié cette tradition de mes arrière-grands-parents maternels : Maman a hérité de l'une des médailles de mariage de ses grands-parents et j'aime l'idée, aujourd'hui je porte presque tous les jours ce bijou de mes 25 ans. À 45 ans, j'ai eu envie et l'idée d'une chaine un peu plus grosse, en plaqué or, vue sur un compte ami sur Instagram. La vendeuse et ses clientes disaient que cette chaine habille tous les autres colliers et en effet, je ne quitte pas ma chaine des 45 ans qui va si bien avec ma chaine de médaille et mon collier parsemé de perles.

L'avantage de ces trois colliers associés, en plus de résumer ma vie, est qu'ils habillent et rendent un peu chic n'importe quelle tenue, et cela sans y penser puisque, en dehors des moments où je me baigne dans la piscine, la rivière ou la mer, ils ne me quittent pas.

Et toi ma lectrice ?

Où en es-tu avec ton style « pas mémé post 45 ans » ?

Attrape ton carnet, ton stylo, et complète les phrases suivantes :

- ✓ Mes roles models pour le style vestimentaire sont…
- ✓ Je leur ai emprunté (telle pièce de mon vestiaire)…
- ✓ Quelques-unes de mes préférences vestimentaires depuis que j'ai 45 ans sont…
- ✓ Lorsque je m'habille, j'ai envie de me sentir…

LA NOUVELLE RELATION AVEC LES PARENTS

L'été dernier, nous étions en vacances en Corse, reçus par mes beaux-parents. Ce séjour était particulier, c'étaient les dernières vacances en famille avant le départ de nos filles. Je m'étais promis de ne pas (plus) pleurer jusqu'à ce qu'elles soient parties ; j'ai tenu ma promesse mais cette perspective a tout de même coloré les vacances d'une nuance « fin d'une ère ». La nostalgie anticipée, je l'anticipais – je n'anticipais pas en revanche cette petite jalousie qui m'a mordue – elle mord toujours à des endroits inattendus, la jalousie : nous étions avec deux de nos beaux-frères et belles sœurs et leurs enfants bien plus jeunes, de 5 à 15 ans, et toutes leurs familles seraient entières à la rentrée, alors que Nico et moi nous retrouverions tous les deux avec le chien. Je n'anticipais pas non plus l'émotion mélangée qui m'a saisie en passant 8 jours avec mes beaux-parents.

PETITES CHOSES

Je les ai connus tous les deux, il y a 30 ans, à 43 et 44 ans – dans la force de l'âge, plus jeunes que mon âge d'aujourd'hui ! Cet été, ma belle-mère se remettait d'une opération à l'épaule, et mon beau-père attendait une opération du genou. Pour la première fois vraiment, tous les deux et chacun, je les ai trouvés « petites choses » – dans le sens « fragiles physiquement » du terme. Pour la première fois j'ai pensé « ils ne sont pas éternels » – j'ai perçu cette « non-éternité » inscrite dans leurs chairs. Ma belle-mère nous a fait peur plusieurs fois au cours des dix dernières années, à cause de sa santé, mais là ce qui accentuait cette impression de fragilité c'était que tous les deux et en même temps, mes beaux-parents semblaient fragiles ; y'en n'avait pas un pour compenser pour l'autre. Constater, ressentir cette fragilité, me les a rendus attachants autrement. Et aussi, j'ai pensé à mes parents.

Mais non, notre relation n'est pas figée. Maman tu ajoutes du poivre, Papa du sel !
Ok bébé !

FIERTÉ ET ÉMERVEILLEMENT

Mes parents, c'est une autre mayonnaise. Du même âge que mes beaux-parents, ils ne vivent plus ensemble et chacun prend grand soin de sa vitalité, de ses aventures, de ses apprentissages. Papa travaille toujours (il est investisseur professionnel à plein temps). Il apprend le thaï et l'espagnol. Il skie. Il randonne. Il fait ses étirements. Maman apprend l'italien. Prépare un bac théologique à la faculté. Est prof de cathé et prépare des cathéchumènes au baptême. Organise chaque année une randonnée d'anthologie autour de la Bretagne. Fait du yoga et de la rando régulière. Se rend disponible pour ses enfants et ses petits-enfants. Ah oui, elle skie aussi, et fait partie très dynamique qui produit dans toute la France des concerts innovants et émouvants.

Mes parents, mon père, ma mère. Leurs cheveux sont tout blancs, ils sont moins rapides qu'autrefois, et cependant, ils ont toute la vie devant eux. C'est du moins ce que je pensais avant d'avoir passé quelques jours avec mes beaux-parents et avant avoir été ébranlée par leur état de santé. Je me suis dit « Anne et Peter ne sont pas éternels, mais... Papa et Maman non plus ». Oui, je le savais théoriquement. Soudain le scandale d'un monde qui allait potentiellement devenir « sans eux », m'est apparu plausible.

LA LENTEUR ET LA GRÂCE

Bon, OK, mon temps avec mes parents est fini dans le sens où, un jour, il prendra fin. De la même manière que savoir que mes filles allaient partir m'a aidée à profiter de leur présence, j'ai décidé de changer d'attitude avec mes parents - mon père et ma mère, puisque depuis 25 ans environ je ne les vois plus jamais ensemble.

Je suis devenue intentionnelle dans le fait de les voir ou de leur parler régulièrement ; intentionnelle dans le fait d'être douce et patiente. Je ne voudrais pas pleurer toutes les larmes de mon corps une fois que l'un ou l'autre de mes parents « sera passé de l'autre côté », parce que je n'aurai pas été le plus affectueuse possible. Bien sûr je verserai toutes les larmes de mon corps, et notamment parce que je n'aurai pas assez bien aimé l'un et l'autre, mais, au moins, j'aurai essayé de progresser.

Comment se manifeste ma douceur accrue ? Je retiens mes paroles d'agacement (et de ce fait, elles me viennent moins, sachant que je vais les refouler à l'entrée). Je tente aussi de sacraliser les moments passés ensemble - mon coup de fil hebdomadaire à Papa, le yoga + dîner hebdomadaire avec Maman. Le départ des filles me laisse plus de temps et un besoin accru de contacts - ça m'aide, pour la patience et la consistance.

SE RÉADOPTER

Je déteste les relations qui stagnent. Même avec les personnes que j'aime le plus au monde, j'ai envie de sentir que notre relation progresse. Je sais certaines choses que j'aimerais changer ! En plus de ma patience et de ma douceur ! Et quand j'ai mis le doigt dessus : soit je tente de changer d'attitude, soit je cherche le moyen de communiquer mon besoin.

Ce processus de faire évoluer une relation, est long ; il demande écoute, observation, patience et finesse - et il me stimule et renforce mon intérêt pour ces liens. D'autant plus que je me dis « Profite, profite de leur présence aimante, alerte et en relative bonne santé. »

C'est émerveillant cette période - de voir mes filles prendre leur envol et leurs premières décisions d'adultes, et de voir mes parents poursuivre leurs chemins de fécondités et d'étude et d'exploration. Nous ne sommes plus collés comme nous avons pu l'être, moi à mes parents puis mes filles à moi - et, cependant, nous sommes proches et en soutien les uns des autres.

Je prie pour que ça dure le plus longtemps possible, et puise dans ce moment d'harmonie, des forces pour plus tard.

Et toi, ma lectrice ?

Où en es-tu dans ton lien avec tes parents ?

Prends ton carnet, ton stylo, et termine les phrases suivantes.

✓ Une chose qui m'émerveille avec mon père c'est...

✓ Une chose qui m'émerveille avec ma mère, c'est...

✓ Une chose que j'aimerais changer dans notre relation, avec l'un ou l'autre de mes parents, c'est...

J'AI DÉJÀ DÉCIDÉ

Coucou ma lectrice ! *Nicolas et moi arrivons au bout d'une série télé qu'on aime beaucoup regarder le soir, après le dîner - Shôgun, d'après le best-seller des années 80 que lisait... mon papa (je me rappelle la couverture du pavé dans notre bibliothèque du couloir). On aime bien regarder la télé ensemble... C'est pratique d'avoir une série qui nous plait à tous les deux et qu'on regarde, pas tous les soirs mais un ou deux soirs par semaine - on ne se pose pas la question, on met l'épisode suivant. Il nous reste un épisode - après nous allons devoir choisir quelle nouvelle série nous tente l'un et l'autre.*

Quand on est en famille, avec nos filles, et qu'on cherche un film qui pourrait nous plaire à tous les quatre, tu connais sans doute la séquence, on peut passer un bon quart d'heure - vingt minutes à scroller sur nos plateformes, et se rabattre sur un choix qui satisfera rarement tout le monde. Idem quand on décide de jouer à un jeu de société - hormis quand nous sommes « dans notre période coinche ou tarot », où là on ne pose pas la question, on emporte le jeu partout avec nous et en voiture Simone ! Tarot à l'apéro, tarot au dijo (ou à la tisane hein, on ne passe pas notre vie à picoler). J'adore ces périodes-là, où la décision se prend toute seule.

STOP À LA DÉCISION FATIGUE

Nous devons prendre tellement de décisions au cours d'une vie, année, semaine, journée ! Et si certaines d'entre elles on les prenait : une fois pour toutes, ou bien, déjà, un bon moment ? Plus je « vieillis », plus je me simplifie la vie avec des décisions déjà prises.

Oui, je me lave les dents chaque matin au tout début de la journée... et une autre fois dans la journée. Oui, je lève les volets et je fais mon lit tous les matins sans me poser la question. Mais il y de nombreux moments nécessitant la prise d'une décision. On part où en vacances ? On fait quoi ce week-end ? Comment je commence ma journée, comment je la termine ? comment je m'habille ?

Je suis heureuse, « avec l'âge », de simplifier ma vie et d'avoir pris certaines décisions que je ne remets pas en cause tous les matins. Ainsi – à la question « comment je m'habille », mes uniformes été (une robe ample ou une mini-jupe avec un t-shirt, et sandales grecques) – la question est vite répondue ; hiver, chemise d'homme jean boots d'homme pull ou gilet – ou salopette chemise baskets – et le tour est joué. Ainsi, à la question « que fait-on ce week-end ? », nous savons qu'un week-end sur deux nous allons partir en Bourgogne, et un week-end sur deux rester à Malakoff. *Grosso modo.* Ainsi, j'ai décidé que j'écrivais chaque jour ouvrable sur mon blog – même un article pourri, même quand je n'ai que 5 minutes, même les jours où je n'ai rien à dire.

La question du « est-ce que j'écris » est évacuée – la réponse est OUI. Reste, la question de « qu'est-ce que j'écris ? » qui est bien plus intéressante mais qui prend soin d'elle-même, puisque je me mets à mon ordi, pose les doigts sur mon clavier et *zou*. Les mots fusent.

Quand certaines décisions sont prises à l'avance, il nous reste de la place pour toutes les autres décisions. : « Ce que je mange ce soir », « Quelle sera notre prochaine série », « Qu'est-ce que j'écris sur mon blog ? »... et toutes les autres.

COMMENT COMMENCER ET CLÔTURER UNE JOURNÉE

Un beau jour, je parlais à l'une de mes psy[50]. Quand je lui ai dit « Je suis d'une nature très angoissée », elle a bondi et m'a répondu, – « Mais pas du tout ! »(...) – Ah ben pardon mais je vis avec moi depuis 35 ans, je sais que je souffre d'anxiété depuis aussi longtemps que je suis consciente... –« tu souffres d'anxiété depuis longtemps mais elle ne fait pas partie de toi ; tu verras, tu peux en guérir ». Elle avait l'air si sûre d'elle que je l'ai laissée dire. Quelques mois après qu'elle m'a eu « adressée ailleurs », j'ai rencontré les pages du matin (j'écris chaque matin 3 pages au réveil) et la méditation pleine conscience (je

50. Je n'en ai pas eu tant que ça. Ma relation avec cette dernière a duré 3 ans et s'est terminée le jour où elle m'a dit « Je ne peux plus rien faire pour toi ! ».

pose quelques instants ma conscience sur mes sensations corporelles, mon souffle, mes appuis).

Ces deux « outils » m'ont été transmis grâce aux enseignements par les livres de Julia Cameron et Thich Nath Hahn. Le jour où j'ai rencontré les pages du matin, j'ai décidé que je les écrirais jusqu'à la fin de mes jours. Je ne sais pas comment j'ai pris cette décision, mais c'était aussi évident que celle de commencer la journée par une douche – d'ailleurs ces pages me servent précisément à cela, une douche intérieure durant laquelle je sors de moi toutes les petites scories, obsessions, soucis, signaux faibles.

C'est aussi le lieu où j'élabore mes idées. Par exemple, ce matin, j'ai eu l'idée de mon billet de blog du jour. Quand j'ai commencé à écrire les pages du matin, j'ai parlé de choses tristes pendant deux ans. Deux ans à pleurer et me lamenter, avec quand même dans la dernière demi-page, parce que j'en avais assez de squatter le bureau des pleurs, une idée pour égayer la journée. Ça m'a fait flipper cette histoire de tristesse qui s'écoulait, qui s'écoulait, semblant ne devoir jamais se terminer. J'ai néanmoins continué à écrire les pages, car je voyais tout le bon qui en résultait et puis ça me faisait du bien d'évacuer la tristesse. Puis, un beau jour, j'ai parlé d'autre chose. J'avais épuisé le stock de tristesse ! Ne me restait plus que les tristesses « flux », celles qui venaient une fois de temps en temps – mais c'était comme vivre dans une rivière au débit modéré, comparé à une rivière en aval d'un barrage dont j'aurais ouvert les vannes.

Depuis que je sais que chaque journée va commencer par les pages du matin – je sais que j'ai un espace pour m'exprimer et rêver ma journée, relire les éléments de la veille, me plaindre si je veux – j'éprouve beaucoup moins d'angoisse ; de temps en temps, quand y'a une crise, mais ce n'est pas le tremblement intérieur quasi permanent que j'éprouvais avant de commencer à les écrire. Paradoxalement, commencer chaque jour ma journée de la même manière et m'organiser pour écrire ces pages quel que soit le programme du jour, est une aide pour vivre des journées toutes différentes !

L'autre point qui m'a aidée à faire baisser l'anxiété est la pratique de la pleine présence – plusieurs fois par jour, prendre conscience de l'eau qui coule sur mes mains pendant la vaisselle ; de la présence de personnes aimées alors qu'on se met à table ; de mon pas qui se déploie lorsque je marche dans la ville ; de mes appuis pieds, avant-bras et fessiers, quand je suis assise en train de

POURQUOi DES RiTUELS ?
Faire baisser l'anxiété
La décision fatigue
Le gain de temps bébé !

t'écrire. Quelle chance de vieillir – apprendre et appliquer ce qui nous fait du bien !

LES DÉCISIONS PRISES POUR UN TEMPS

Certaines de mes décisions et habitudes ne sont pas gravées dans le marbre comme les pages ou la douche du matin – je les prends pour un temps donné et après, on voit. En général, je me sers de moments de crises pour donner du carburant à mon désir de changer.

Lors d'une transition professionnelle inconfortable (j'ai arrêté bien trop tard un métier que je n'aimais plus… sans savoir ce que j'allais faire ensuite), pour me soutenir, j'ai décidé « de novembre à Noël » de noter chaque soir, dans le carnet posé sur le rebord de ma table de nuit, trois joies du jour. C'est-à-dire que chaque soir, je notais au moins trois mercis pour ce qui c'était produit au cours de la journée.

- Merci pour la visite de mon chien à ma table de travail, qui attend sa caresse.
- Merci pour les myrtilles du petit déjeuner.
- Merci pour la belle achillée millefeuille contemplée lors de ma balade.
- Merci pour Nicolas qui cuisine tandis que j'écris ces lignes.
- Merci pour l'écriture de ce livre, qui s'achève et m'a procuré tant de joies, de grain à moudre, m'a tellement bien accompagnée cette dernière année !

Voilà mes mercis « minute » - voilà ce que je fais chaque soir. Ce rituel de soir n'a pas (en apparence) révolutionné ma vie, mais m'empêche, avant de m'endormir, de rester sur une note triste ou anxieuse. Oui, je t'ai dit que mon niveau d'anxiété a baissé et c'est vrai – hors crises ! Et, à la fin de la « période d'essai » du rituel, j'ai décidé de le poursuivre tant que ça me ferait du bien – et depuis lors, le rituel a évolué mais je continue chaque soir ou presque, à remercier pour quelque chose de beau, ou à regarder ce que j'ai créé de valable pendant cette journée. Je m'endors sur une note où je contemple les choses positives, quelle qu'ait été la tournure de la journée – même et surtout quand je l'ai trouvée « pourrie ».

J'aime ces décisions « prises pour un temps » : on fait un test. En vrai, la plupart des décisions le sont – prises pour un temps. La série est la série du moment jusqu'à ce qu'on ait regardé tous les épisodes ; le jeu est le jeu du moment, jusqu'à ce que l'un des joueurs en ait marre. Mais j'aime aussi me demander « ce rituel me/nous sert-il toujours ? m'aide-t-il à vivre ou m'encombre-t-il l'emploi du temps ? ». Je me le demande avec honnêteté et je n'hésite pas à décider de laisser tomber si ça ne marche plus pour moi.

D'un autre côté il y a des rituels que j'ai laissés tomber un moment, et dont je prends conscience du manque. Ainsi, à la rentrée, j'avais décidé « de septembre à décembre de faire 5 à 10 minutes de yoga tous les matins », notamment pour me consoler de l'absence de nos filles avec qui je passais un petit moment sur ce créneau. Bon, j'ai adoré, j'ai tenu, ça m'a assoupli la silhouette, j'ai minci. Top ! J'ai donc décidé de poursuivre... Puis, à la rentrée des vacances de Noël, je n'ai pas repris l'habitude. Et en février, une de mes copines à qui j'avais parlé de mon yoga du matin m'a dit qu'elle s'y était mise.

Ça m'a vexée : « Quoi elle y arrive et pas moi ! » Mon squelette m'a dit « Ça me manque, il m'a même offert une petite attaque de torticolis pour terminer de me convaincre. » Alors j'ai décidé de reprendre sans dérouler mon tapis, pratiquant à même le sol : c'est moins satisfaisant mais ça va plus vite, c'est plus simple et, donc, ça me met moins d'obstacles. J'essaye de placer ces quelques minutes de yoga avant la journée de travail, ainsi, j'ai un repère temporel et je commence assise sur ma chaise avec le corps souple et délié.

TROP DE RITUELS ?

Pour moi, le terme « rituel » (qu'en réalité je n'aime pas trop !) est là pour remplacer celui de « bonne habitude prise consciemment ». Cetains jours, cependant, je me demande si je n'en ai pas trop, des rituels. Quelle est la place laissée à la spontanéité et aux autres ?

Mon antidote contre le « trop de rituels », est de les examiner régulièrement - je ne questionne pas le fait de faire mon lit ou celui des pages du matin au réveil, mais le yoga ou ma pratique des mercis le soir, ou encore tous les autres. Je me demande : « Alors, suis-je plus heureuse avec ou sans ? »

Quand la réponse est claire, je tranche. Quand elle n'est pas claire, j'essaye un moment sans - et je vois si l'habitude me manque, ou pas. Quant à la partie « avec les autres », il y a plein de rituels que je peux accomplir en compagnie des autres. Par exemple, les pages du matin j'ai commencé à les écrire lorsque mes filles étaient petites, avec l'une flanquée de chaque côté en train de se réveiller doucement.

Ce matin, mon chien gémissait, il fait ça parfois quand il n'a pas envie d'être seul – après être allé chercher son panier et l'ai mis dans la cuisine et j'ai continué à écrire mes pages en lui parlant et en le caressant de temps en temps du bout de l'orteil. Nous avons le chien et moi, des rituels de promenades, au moins une le matin et une le soir ! qui nous ancrent.

Mes rituels sont des habitudes qui m'aident à vivre – pour longtemps ou pour passer un cap. Leur présence m'épargne des tonnes de décisions chaque jour et me laisse de l'espace mental pour les décisions qui surgissent. Je me protège de la sclérose en les requestionnant régulièrement, et en testant des périodes « sans ». Ainsi, ma journée, rythmée par quelques habitudes choisies et rechoisies – comporte de nombreuses plages de temps non ritualisé – ouf !

Et toi, *dear* lectrice ?

Quel rapport entretiens-tu face aux rituels, habitudes et décisions prises pour un moment ?

Prends ton carnet, ton stylo et complète les 3 phrases suivantes

- ✓ Un rituel que j'ai adopté pour longtemps, c'est…
- ✓ Le dernier rituel que j'ai adopté, c'est…
- ✓ Un rituel que je pourrais questionner, c'est…

EN GUISE DE CONCLUSION

Ah ma lectrice ! ***Je ne suis pas douée avec les fins. Ou plutôt – je ne suis pas douée avec les fins,*** *mais* ***je me soigne.*** **I write because it gives me something to do,** ***écrit Zadie Smith. J'écris parce que ça me donne quelque chose à faire…***

JE CRÉE LES CONDITIONS DU MIRACLE

Ce livre – le méditer, te méditer, méditer les aspects de ma vie, t'écrire le plus honnêtement possible, avec les bons détails ! – ce livre m'occupe depuis un an. Je n'ai pas fini de m'en occuper bien sûr – un livre n'est pas un enfant et il y a des points communs, on l'accompagne pendant un moment après sa naissance et on devra l'assumer tout le reste de notre vie ! Tout à l'heure au téléphone, j'ai dit au revoir à Philomène, l'une de mes clientes en coaching et formation. Nous avons clôturé deux années d'accompagnement. Je regretterai nos entretiens hebdomadaires, car j'ai pour elle une grande affection, une admiration, une curiosité. Et elle a décidé qu'il était temps de prendre son autonomie ; c'est le sens de toute relation d'aide ou même de compagnonnage – à un moment, les chemins divergent.

To create a vacuum is required so I would do the hard game of filling the vacuum, explique Seth Godin à Tim Ferriss dans un épisode du podcast le Tim Ferriss show. « Créer un vide est un passage obligé, qui me contraint à faire le travail difficile de remplir le vide ». Seth Godin a arrêté de produire et d'animer Akimbo, un podcast qui cartonnait. Ce vide lui a notamment donné le temps, l'espace mental et « la faim » de s'intéresser à l'IA. Philomène va remplir le vide laissé par nos conversations – d'une manière qui lui appartient, ou peut-être de plusieurs manières. Se proposer de nouvelles aventures ; rencontrer de nouveaux « mentors » ; relire et revivre certaines de nos conversations. Le vide intentionnel a cette fécondité !

De mon côté, je regarde avec un mélange de tristesse, de peur et d'envie le vide que va laisser dans ma vie la fin de l'écriture de ce livre :

- Joie de ne plus être attachée à ma table bleue !
- Tristesse de terminer mes conversations avec toi !
- Peur du vide que laisse toute fin de projet.
- Excitation de commencer autre chose !
- Peur de passer à autre chose !
- Peur que cet autre chose soit moins fort que d'écrire ce livre !
- Peur que ce livre soit nul !
- Peur de ne jamais réécrire un autre livre.

Toi aussi tu ressens ces sentiments mêlés (ou d'autres), quand l'un de tes projets de cœur se termine ?

Au-delà de ces émotions, dont je suis familière, à 49 ans passées, je me sens à peu près équipée pour les accueillir et vivre avec elles !

Je me demandais ma lectrice, avec quoi ai-je envie de te laisser ? Sur quelle note ? Avec quel « viatique » ? C'est la question que je me suis posée tout à l'heure aussi avec ma cliente Philomène – et que je lui ai posée : « De quoi as-tu besoin ? »

Elle m'a parlé des *artist dates*, les mini-aventures en solo hors de chez elle qu'elle a envie de s'offrir davantage pour étendre son territoire. Randos ou petites balades, visites de librairies, de boulangeries, d'expos, concerts, visite de brocantes, ciné... Tout est bon pour un *artist date*, pour aller explorer un lieu ou rencontrer le travail d'un artiste ou d'un artisan qui va peut-être inspirer le nôtre , ou, du moins, enrichir notre imaginaire.

Tout est bon, du moment qu'on le fait en solo, et hors de chez soi – une mini-aventure qui nous enchante, on a dit. Pour cet aur revoir entre nous, ma lectrice, j'ai envie de parler d'un sujet qui me tient tant à cœur : la générosité.

LA GÉNÉROSITÉ, C'EST LA CHANCE QUI VA DANS L'AUTRE SENS

Ma copine Emmanuelle m'adresse sa newsletter qui parle des ateliers de *Journal Créatif* qu'elle conçoit et anime. Ils ont lieu à Cluny, bien loin de ma maison – et soudain je pense à deux femmes que je connais, qui sont des voisines d'Emmanuelle et qui pourraient être intéressées par les ateliers, ou en parler à leurs amies. Je leur transmets l'e-mail.

Je me souviens que chaque recommandation et chaque encouragement pour mes livres ou ma *newsletter* ou mon travail me fait tellement plaisir ! Ma copine Claire se libère pour venir à une réunion qui va finir tard le soir – j'ai prévu de venir en voiture, je lui propose de la ramener. C'est une jeune maman. Je me souviens, quand mes deux filles avaient l'âge des deux siennes, un et 4 ans, toute l'aide, toute la gentillesse était bienvenue. J'aime cette phrase lue sur mon blog chéri, *Cup of Jo*, « maintenant que tu es une maman, toutes les mamans sont potentiellement tes alliées » ; j'essaye, à présent que mon rôle de maman est allégé, d'être une alliée pour les autres mamans.

Une des manières que j'ai de créer les conditions du miracle, c'est – malgré ce que j'ai pu t'écrire au sujet d'une générosité bien comprise – rarement résister à une occasion de donner ou de rendre service. Je tente de ne pas donner de manière indiscriminée – mais quand c'est facile pour moi et quand la personne « en face » se donne du mal pour les autres, bref dès que je peux, je file un coup de main. Je vérifie (je tente) que c'est juste pour moi ; que c'est joyeux ; que la manière de rendre service est « mienne ». Comment cette générosité me revient ? Eh bien d'abord cela me fait plaisir de donner librement à des personnes que j'apprécie ; de les aider dans leur travail d'humain et à un coût juste pour moi. Ensuite, il y a quelque chose de réparateur dans le fait de donner à des personnes avec lesquelles j'ai des points communs – connecter une « jeune entrepreneuse » à des clientes potentielles, alléger le quotidien d'une jeune maman.

Quand j'ai été jeune maman, j'ai reçu beaucoup d'aide et il y a aussi eu des moments où je me suis sentie fort démunie. Mener de front une carrière et la vie avec de jeunes enfants… C'est passionnant et épuisant. Enfin, les services que je rends m'informent sur ce dont j'ai besoin aujourd'hui – je vais demander des recommandations pour mon activité et les demander très clairement ! Je vais demander de l'aide dans ma vie personnelle, parce que si je ne suis plus une jeune maman, j'ai toujours besoin de soutien pour m'aider à porter certains enjeux de ma vie. Quand je donne, c'est d'abord à moi que je donne.

LES QUESTIONS SONT LA PORTE DE L'ÂME

Ma lectrice – dans quelques lignes nous allons nous quitter ! Ou plutôt, dans quelques lignes, je vais laisser partir ce livre, ce qui lui donnera une chance de te rencontrer. La dernière chose que je voulais te dire est « Note les questions que tu te poses ».

Natacha mon amie d'enfance me grondait, d'un ton exaspéré *Mais pourquoi tu te poses autant de questions !* Je sais à présent que mes questions sont mon trésor. Je les note ces questions qui me viennent, car la réponse surgit quand elle veut, entre « tout de suite» et « 17 ans plus tard» en passant par « quelques heures » ou « quelques semaines ». Donc je note toutes mes questions qui m'informent sur le désir de mon cœur, dévoilent des éléments de réponse au jour le jour ou un peu chaque jour, et quand j'ai la réponse au bout de 17 ans, je l'accueille comme l'enfant prodige, *Ah te voilà toi !* Je les note aussi mes questions car ainsi j'ai l'opportunité de retomber dessus au bout de quelques jours, semaines ou mois – et de voir à quel point elles m'ont agi, à quel point ma vie a été une réponse à ces questions – et à quel point je suis passée à d'autres questions, ou bien suis revenue à ces anciennes questions mais d'un point de vue différent puisque tout une tranche de vie s'est déroulée depuis.

Mes questions du moment :

- Comment créer les conditions du miracle ?
- Si c'était simple, comment ce serait ?
- Quel sera mon prochain coup d'éclat ? – c'est-à-dire, l'action ou l'évènement ou le projet auquel je vais m'engager, qui va m'amener un peu plus haut, un peu plus loin !

J'ai confiance dans ces questions pour m'emmener un peu plus haut, un peu plus loin – là où je dois être, exactement !

Ah oui et « bien sûr » - quand j'obtiens une réponse à l'une des questions, je l'agis – j'agis en fonction des réponses que me donne mon intuition quand je la questionne.

Ma lectrice, les voilà mes viatiques avant de te quitter :

✓ donne, donne avec sens et simplicité !

✓ et questionne, questionne et patiente, en sachant que les réponses te viendront tôt ou tard.

Ah ! C'était bien ce bout de route avec toi.

Je te souhaite une superbe deuxième partie de vie !

Enfin t'as fini d'écrire ! On va pouvoir jouer.
Adios !

MERCI !

« *Heavy on gratitude !* »[51] Coach Sarah

Je remercie les personnes qui me donnent envie de vivre aujourd'hui. Nicolas, Hush, Chimène, Alma, Julie, Laure, Steph, Jean-Antoine, Antoine, Sylvie.

Je remercie les personnes qui m'ont donné la vie, Anne, Patrick, Gil, Jean, Thérèse, André.

Je remercie les personnes qui me donnent envie de vieillir, Marie-Do, Martine, Minh, Maxime ma gentille sorcière, Clotilde, même si tu n'es pas vieille du tout.

Je remercie les personnes qui m'aident et m'inspirent dans ma deuxième partie de vie, Anne, Peter, Mariel, André, Seth, Julia, Kevin, Adam, Catherine, Sarah.

Je remercie Louise, Valérie, Valérie, Marion, Anne, Laetitia, Virginie, Amélie, Maurine, Martha, Louise, Valentine, Emmanuelle, Marine, Marianne, Yasmina, Sandra, Véronique, Mélanie, Aurélie, Caroline, Marie-Claude, Carole, Yael, Laurence, Claire, Sophie, Anne-Liesse… Vous savez pourquoi…

Merci aussi à Guillemette, Martine, Carine, Sylvia, Philippe, Céline, Jean-Charles, Estelle, David, Florence, d'avoir partagé avec moi votre sagesse.

Merci aussi à vous Anne et Aline, pour votre confiance et votre patience qui m'ont donné des ailes.

Merci aux livres et à ceux qui les écrivent et aux merveilleux personnages qui m'accompagnent nuit et jour – *Que serions-nous sans le secours de ceux qui n'existent pas ?* demande Paul Valéry.

Enfin merci à toi ma lectrice, d'avoir été la destinatrice de ce livre, de l'avoir tiré, inspiré, et de m'avoir aidée sans le savoir à aller jusqu'au bout.

51. Avec la gratitude, n'y vas pas avec le dos de la cuiller.

DES RESSOURCES (SI T'AS ENCORE FAIM)

Tu vas bosser ton anglais ! Un peu, car 2/3 des ressources que je propose sont en français, 1/3 en anglais. Mais elles sont toutes riches empathiques généreuses gratuites ou peu chères et (la plupart) sont drôles.

QUELQUES LIVRES QUI M'ONT FONDÉE

Si tu as des milliers de choses à exprimer mais ne sais pas comment les faire advenir… ce livre est pour toi. *Libérer sa créativité*, Julia Cameron

Le manuel gourmand de la ménopause et les comptes IG de leurs auteures, Elvira Masson et Jennifer Hart Smith – ça c'est si l'alimentation t'intéresse !

La 25ème heure c'est un livre sur le temps. Je le trouve très chouette et très pragmatique. Il se lit et s'applique (pas tout mais de nombreux conseils) facilement.

Le miracle de l'instant présent, Thich Nath Hahn. Un très beau livre pour entrer dans la pleine conscience !

ARE BLOGS STILL A THING ?

Oui ! et notamment trois blogs merveilleux, deux en anglais et un en français

Seth's blog, le blog de Seth Godin sur lequel il donne tous les jours à réfléchir aux entrepreneurs et aux humains qui veulent « faire quelque chose » (https://seths.blog/, en anglais). Une mine de générosité et d'encouragements.

Cup of Jo (cupofjo.com), un « blog – magazine en ligne » hyper fin, drôle, riche, une conversation intelligente et humaine entre femmes. J'ai eu un nombre d'idées avec ce blog ! De livres, de recettes, de soirées, oh la la !

Et *Talent Social*, le blog de Brice de Margerie. Plein d'idées pour penser le monde, le regarder avec des yeux nouveaux, renouvelés.

Ce n'est pas un blog mais une newsletter, *Vives !* pour les femmes de 45 ans et plus. Tu peux t'y abonner via leur compte Instagram, *Vives media*.

DES PODCASTS QUI DÉPOTENT (ET LES COMPTES INSTAGRAM ASSOCIÉS)

Le podcast de Marie Forleo ! trop bien. Elle a aussi un compte Instagram inspirationnel.

Le podcast *Chaud dedans*, par Claire Fournier – invite des femmes et hommes pour s'informer sur la périménopause et la ménopause. Une mine d'infos, d'humour et d'empathie.

Le podcast *Ma juste valeur*, d'Insaff El Hassini, nous apprend à mieux négocier notre rémunération ou nos honoraires.

Enfin j'adore le compte Instagram d'Adam Grant qui est psychologue des organisations et son podcast en anglais, *work life*, où il interviewe des entrepreneurs, artistes, chercheurs sur comment repenser nos équilibres perso / pro. Je simplifie, ce podcast est plein de sagesse et d'idées renouvelant la pensée et la conception du monde.

TROIS COMPTES INSTAGRAM ET UN COMPTE LINKEDIN

Alors d'abord je te recommande chaudement le compte Instagram de Philipe Mangeot, sous son pseudo Philippe Duke. Erudit sensible engagé, un magnifique portrait d'homme qui se dessine jour après jour.

Kevin Kelly's Instagram - des super maximes de sagesse.. Il en a fait un livre aussi *Excellent advice for living, Things I wish I would have known earlier.*

Et un compte Instagram très drôle, *Whatsthemenopause* - parce que mieux vaut en rire qu'en pleurer…

Si tu n'es pas allergique à LinkedIn, FONCE suivre le compte d'Estelle Tracy – elle donne tellement d'idées d'intelligence de sagesse « business » et humaine !

UNE SUPER APPLI

Pour cerner et nommer tes émotions : *how we feel* (gratuite, en anglais)

ET SI TU AS ENCORE FAIM… DE MOI

Tu peux me suivre sur mon compte Instagram _ch_ri_st_ie_

Tu peux aller lire mon fameux blog quotidien ! maviesansmoi.fr

Tu peux t'abonner à ma lettre hebdo, *Plenty of paper* (tu trouveras le lien d'abonnement via Instagram ou mon blog). Elle est top, super enthousiasmante.

Tu peux lire un de mes livres précédents ! *Changer avec le kaizen, Trouver son ikigai*… Le vent dans la robe… Aujourd'hui, je choisis la joie ! Tu peux les trouver neufs pour certains et d'occasion pour tous, notamment sur *Vinted* !

Bonnes découvertes !